前言 PREFACE

　　1962年，为纪念郑成功收复台湾300周年，在厦门举行"郑成功研究学术讨论会"，我参与了会议的工作，从此开始研究台湾历史，至今已经50年了。我对台湾历史的研究侧重在清代移民社会，出版了《清代台湾移民社会研究》一书，此外也写了一些与移民社会无关的文章，现在汇集成册出版。

　　本书第一部分主要是就有关台湾研究的史观与方法问题，与台湾学者商榷。由于两岸分隔多年，在史观上存在不同的看法完全是可以理解的，可以通过学术讨论，取长补短，共同提高。后来在李登辉、陈水扁时期，台湾当局在修订历史教科书上做出了"大动作"，推行"去中国化"，力图抹杀甚至"割断"台湾与大陆的历史关系。台湾历史学者在参与编写教科书的过程中，既表现出尊重史实、客观中立的一面，但也受到"政治干预"的困扰。这个问题至今仍未解决，由此而造成的"历史记忆"，对两岸关系的和平发展是不利的，值得引起大家的重视。

　　第二部分针对台湾早期及清代初期历史的一些史实，提出一些不同的看法与学术界展开讨论。例如，早期台湾称为"夷洲"，史书上与"夷州"混用，它是地名，而非建制，有人说"早在1800多年前台湾就是中国的一个州"，那是完全错误的。元代设置澎湖巡检司，属于福建省晋江县。明代澎湖不属于同安县，明代在澎湖设置巡检司一事，缺乏史料依据。

1980年代史学界流行一种史学要"为现实服务"的观点，例如对于郑成功的评价，有人认为他的动机是抗清、是为了海商集团的利益，因而贬低收复台湾的意义。有人则从收复台湾这一后果"逆推"他的动机，认为他是"为了维护祖国领土的完整，为了维护人民的利益，为了'反对殖民主义'而举兵东征的"。我们不赞成上述看法，认为应当把动机和效果联系起来，进行全面的考察，不仅看到他的历史功绩，而且看到他的阶级局限和历史局限，历史主义地给予评价。

对于康熙的评价，有人就从统一台湾这个后果去"逆推"动机，把康熙塑造成一个英明皇帝的形象，说他"早已看出台湾地位的重要，从统一祖国的美好愿望出发而进取台湾，完全符合于全国人民特别是台湾人民多年来的愿望和要求"。有人把康熙拒绝郑氏提出的"照朝鲜例"说成是"统一与分裂、爱国与叛国"的斗争。我反对这种"现代化"的说法，认为"把三百年前的皇帝和百姓同今天进行简单的类比和混同，把古人打扮得如同我们一样，那就会贬低我们自己的事业"。

至今还有人认为郑经强调"照朝鲜例"不肯剃发，是"分裂祖国""割据台湾""背叛郑成功事业"，我也不赞成这种看法，指出"照朝鲜例"不是郑经发明的，郑经没有背叛郑成功，不能用现代的标准要求300多年前的郑经。

第三部分则是针对台湾方面有人蓄意制造"历史失忆"，我根据具体历史事实对台湾的历史作出自己的解读。主要观点有：

台湾历史不仅在经济上、文化上、社会关系上，而且在政治上与中国大陆（特别是福建）有着密切的关系，这样的"历史特色"是任何人所无法抹杀的。

荷兰人与郑成功都承认台湾属于中国，早在荷兰入侵以前很久，中国大陆移民就已进入台湾从事生产和开发，即使在荷兰占领时期，开发台湾的主力仍然是中国大陆的移民。所以，说"台湾历史是从荷兰人入台开始"的观点是错误的。

郑氏在台湾建立的政权是明朝的一个地方行政单位，是中国人的政权，既不是"独立政权"，也不是"外来政权"。

大陆向台湾移民基本上是"开发型"的，从事开垦，寻求生路。他们与祖籍地保持着密切的关系，并没有"断绝关系""放弃中国"。

台湾开港以后，与厦门港的关系密切，与大陆的其他港口互相贸易。当年台湾两个港口与中国的其他港口一样成为对外贸易的口岸，并没有"脱离中国"、形成"自己的、绝对不属于中国的经济圈"。

在日本侵占台湾之前，台湾经过近代化建设，已经成为最先进的省份之一，并不是"荒芜之地""最落后、野蛮的地区"。

日本侵占台湾是蓄谋已久的，日本是侵占台湾的罪魁祸首，清廷腐败无能，被迫割地求和，"出卖"台湾的绝不是祖国和人民。

日据时期所谓"自由选择国籍"是一句空话，所谓"地方自治选举"具有欺骗性，所谓台湾人民"生活水准急速提高"完全不符合事实，曾经生活在日据时期的台湾知名人士的口述历史中，有充分的资料可以反驳这些错误的说法。

历史教育，特别是历史教科书的编纂，对于建构历史记忆有重要的作用。历史记忆不等于历史事实，历史记忆的一个重要功能则是重构过去，以满足当今的需要。当前台湾历史教科书延用了过去"去中国化"的办法来建构历史记忆，进行"我群"与"他群"的划分，制造出不少"历史失忆"，这就必然造成把台湾历史与大陆分割开来的错误观念，其严重后果已经引起台湾有识之士的担忧。因此，如何正确地看待台湾的历史，给予实事求是的解读，重构有利于两岸关系和平发展的历史记忆，应当是两岸学术界必须重视的一个问题。

第一部分 [003-092]

台湾史研究的史观问题 003
一、台湾史学界存在不同的史观 / 二、史观问题归根结蒂是认同问题 / 三、对"认同台湾"要作具体分析 / 四、要开展平等的对话

关于"台湾岛史"和"台湾史观" 018
人民立场 / 汉人中心 / 世界史视野 / 独立的历史舞台

台湾史的分期和框架 024

台湾学者对台湾历史的研究 030
一、总的印象 / 二、基本情况 / 三、一些重要的观点

台湾历史与两岸关系 037
要有是非标准 / 不需要强化的记忆 / 共性与个性 / 不应当有的"历史失忆" / 对待两岸关系的不同态度

台湾文化与中华文化关系的历史探讨 045
一、台湾文化与中华文化的一致性 / 二、台湾文化的特殊性 / 三、台湾文化、中华文化与世界文化

中国传统文化与台湾社会变迁 056
一、从移民社会到定居社会 / 二、从传统社会到殖民地社会 / 三、从农业社会到工商社会 / 四、两个问题的讨论

《认识台湾（历史篇）》平议 068

有尊重史实、客观中立的一面 / 政治干预的表现 / 主事者的苦衷

《认识台湾》教科书引起的争议 076

一、争议的过程 / 二、教科书的主要问题

评所谓"台湾汉人"与"大陆汉人" 083

史明的"理论"及其修正 / 理论上的错误 / 实际上讲不通

评台北"福尔摩沙特展" 092

不惜代价　留有遗憾 / 精心策划　去中国化 / 从哪里寻找台湾的前途和位置？

第二部分 [103-240]

夷洲非"夷州"辨 103

元置澎湖巡检司考 106

隶属 / 年代

澎湖不属同安考 113

元代澎湖属于晋江县 / 明代澎湖不属同安县 / 关于"澎湖游兵" / 明代澎湖是否设巡检司

郑成功研究学术讨论会综述 121

郑成功所处时代的社会主要矛盾 / 郑成功抗清的性质和评价 / 郑成功收复台湾的主要原因及其伟大意义 / 其他问题

郑成功收复台湾战争的分析 127

一、战前双方力量的对比 / 二、三个战役的分析 / 三、结语

台湾历史学界对郑成功的研究 146

郑成功收复台湾的研究 / 郑成功抗清活动的研究 / 对郑成功及其他人物的评价 / 其他方面的研究

郑成功研究学术讨论会述评 159

李自成·多尔衮·郑成功 165

三种政治势力各自的愿望 / 三个人物的个人意志和互相间的矛盾 / 三个人都为历史进程作出贡献

郑成功评价的方法论问题 176

朝鲜与郑成功父子 190

一、朝鲜当局担心郑经进攻朝鲜 / 二、朝鲜当局对郑经的态度 / 三、清朝方面曾经担心郑经与朝鲜"连兵"抗清

郑氏官兵降清事件述论 197

一、第一次降清高潮（1657—1659）/ 二、第二次降清高潮（1663—1664）/ 三、第三次降清高潮（1667—1680）/ 四、降清原因的综合考察

为郑经平冤 214

今人加给郑经的罪名 / "照朝鲜例"不是郑经发明的 / 郑经没有背叛郑成功 / 不能用现代的标准要求郑经 / 需要公道的评价

康熙二十二年：台湾的历史地位 222

施琅史事的若干考辨 240

施琅与郑成功 / 施琅与康熙 / 施琅与李光地 / 施琅与姚启圣

第三部分 [259-350]

台湾历史的"失忆" 259

一、台湾历史的特色 / 二、台湾历史的开端 / 三、明郑政权的性质 / 四、移民与祖籍地的关系 / 五、台湾开港后与大陆的关系 / 六、是荒芜之地，还是先进省份？ / 七、谁应当对《马关条约》负责？ / 八、所谓"自由选择国籍" / 九、所谓"地方自治选举" / 十、所谓"生活水准急速提高" / 十一、怎样看待日据时期的建设

前仆后继五十年 *312*

台湾属倭　万姓不服／愿为岛国　永戴皇清／黑旗义军　拼死疆场／七年奋战　血染山河／报仇雪耻　孤军犹斗／民族运动　祖国意识／雾社起义　灭族深仇／民族意识　牢不可破

雾社65周年祭 *324*

抗战胜利与"台湾光复" *329*

一、台湾光复与抗战胜利有没有关系？／二、台湾光复与台湾民众有没有关系？

台湾英烈永垂青史 *333*

台湾同胞本来并没有忘记／台湾人可以引以为荣／唇齿相依　荣辱与共

血浓于水 *338*

一衣带水／闽海雄风／台厦一道／御制龟碑／唇齿相依／唇亡齿寒／人员对流／山重水复

《台湾历史纲要》的学术特色 *350*

第一部分

台湾史研究的史观问题

两岸史学界都有一部分学者正在从事台湾史研究,由于两岸社会制度的不同,彼此之间存在不同的史观,那是必然的,不足为奇的。由于史观的不同,很容易产生这样的现象:各自认为自己的观点正确,而对方的观点则有问题。这样,在两岸交流过程中,只能各说各话,无法交集,很难取得共识。因此,要推动台湾史研究和交流,就必须对双方的史观有一个清楚的认识,了解分歧的所在及其原因,找到关键问题,进而展开对话,在交流的过程中寻求解决分歧、取得共识的途径,推进台湾史研究水平的提高。

一、台湾史学界存在不同的史观

早在 1996 年台湾的《历史》月刊就制作过一个"两岸对峙下的台湾史观"专辑,邀请台湾和大陆五位学者(王明珂、陈芳明、陈映真、陈其南、陈孔立)参加笔谈。编者指出,近年来台湾史研究已经成为"显学",并且已经有了一定的成果,"但不同的认知取向所建构的'台湾史',却呈现了相当大的差异。观念的分歧不仅反映在学术界的众说纷纭,同时在某些层面上,也是现实政治的投射"。制作这一专辑"希望通过几个不同'台湾史观'的深刻论述与思考,让我们来共同关心这块土地的问题和未来"。显然这里所说的"台湾史观"不是一个共同的观点,而是指对台湾史研究的各种观点。[1]

在这个专辑中,五位学者都发表了各自不同的"史观"。

王明珂指出:"近年来愈来愈多'骄傲的中国人',变成'骄傲的台湾人'。现实政治经济环境的变化,是这种认同变迁背后的驱动力,而历史记忆与失忆则是推动认同变迁的工具。"

陈芳明则提出他的"后殖民史观",他指出,荷郑、清朝是封建殖民时期,日据是现代殖民时期,战后(国民党统治)是"再殖民时期",1987年解严以后是"后殖民时期"。他把台湾历史看成是一部殖民史,并且要用这种史观来研究台湾史。他认为"国民党史观"与"中共史观"则"极力避开触及台湾的殖民经验"。

陈映真主张用"社会史观"解读台湾历史,他把台湾社会分为:殖民地社会(荷据),豪族封建社会(明郑),与清朝统一的封建社会,台湾统一在一个半殖民地的中国,殖民地社会(日据),1945年台湾组织到半殖民地、半封建的中国,两岸统一,1950年美国全面介入台湾事务,使台湾沦为新殖民地,而两岸分断分离。他还明确指出:"台湾从来不是一个自来独立的社会或国家。因此,在殖民主义和帝国主义的世界史中,台湾的反殖民地、反帝国主义斗争,就不是恢复原未曾存在的独立这样一个问题,而是祖国复归的问题。"

陈其南指出,台湾史研究无法摆脱政治立场的纠葛,他批评台湾学者有的强调台湾历史经验的本土性和特殊性,"有些论著更是清楚地在为台湾的政治独立寻求历史研究和学术理论的根据";也批评大陆学者"几乎毫无例外地笼罩在统一论的民族主义旗帜底下。符合这样一个目的的任何史实和论证不但不会被遗漏,而且被一再强调。至于那些可能唤起台湾历史经验中的独特性和不同政治立场的解释,如果不是加以忽略就是否认其意义"。他自己的观点则是:"台湾社会基本上仍然是中国或汉人社会，台湾人不论如何强调其本土意识，在历史文化上仍无法否定此一事实。"

陈孔立的观点是："台湾历史作为中国历史的一个组成部分，它与全国的历史有着共同性；但台湾作为中国的一个比较特殊的地区，它的历史也必然有其特殊性。如果只强调共同性，而忽略其特殊性，就不能正确地认识台湾的历史，也不能正确地认识台湾的现实；如果只强调其特殊性，而忽略了共同性，就不能正确地认识历史上的两岸关系和当前的两岸关系，也无法正确认识和对待台湾的前途问题。"

显然，十几年前就已经存在不同的史观，根据陈芳明的看法，那时"真正的台湾史观"尚未建立，"而中华民族主义的'中原史观'、'帝王史观'、'国民党史观'、'共产党史观'，至今仍然还渗透于台湾历史的研究之中"。[2] 那么现在的情况呢？

台湾的历史学者张隆志提出这样的看法："1980年代台湾史研究可溯自十九世纪后期以来的日本殖民地研究、战后以来的中国边疆及地方史研究，以及1960年代以来的西方区域研究等多重知识传统。"此外，战后海外反对运动及岛内民主运动的台湾史论述，则包括史明与王育德等日本"台独"运动者所撰写的台湾历史，党外运动杂志所体现的台湾历史意识与本土史观，但也出现了台湾结与中国结的论争。他认为提倡"台湾中心观点"，即以台湾岛屿及人民历史为主要问题意识的研究取径，是当代台湾史研究的重要特征之一。学者抱持不同政治立场与理论观点，使得台湾史学界呈现出多元异质的现象。"由于族群及国族认同问题，因解严后台湾岛内、两岸及国际政治情势的转变而更加政治化，台湾史成为政党和媒体的论争场域。"[3] 他没有明确指出有哪些不同的史观，但却明确指出不同的政治立场也在史观上得到反映，而史观则体现了"国族认同"的问题。

台湾的政治学者张亚中从政治的角度论述两岸不同的史观，并且明确地给予"定性"。他指出:"两岸现有的史观包括国共两党所共有的'内战史观'、'统一史观',以及台湾所独有的'台独史观'与'偏安史观'。"他从政治角度研究"台独史观"与"偏安史观"的形成与发展。他指出,从"台独史观"到"分离史观"是民进党与李登辉的成果,他们提出"两国论""一边一国""同心圆史观"以及"认同'台湾主体'与认同'中国主体',两种价值观是无法和解而共生"等等主张,极力推行"分离史观"。国民党的"分治史观"变质为"分离史观",国民党"中华民国在地化"的"转型史观"就是"独台史观",如果放在整个中国的历史经验来看,这就是"偏安史观"。[4]尽管张亚中主要是从政治角度分析不同的史观,但实际上在当代台湾史研究中确实可以看到这些史观的存在与较量。此外,还有一些其他说法,例如,过去的"反共史观"已经由充满悲情的"反中史观"所取代。这个史观主张,台湾历经外来政权统治,民主化后理所当然应由所谓本土政权当家做主,对外力抗隔岸的"中国",对内排斥其他政党及族群。[5]还有"统派史观""皇民史观""以世界史为框架的史观"等等说法。台湾史研究专家许雪姬从史学角度归纳为两种立场、两种史观,她说:"因受台湾政治气氛的影响,学界至今仍存在'以中国看台湾'与'以台湾为主体看四邻'这两种立场与史观互争的现象,此为台湾史研究难以避开的政治难题。"[6]我个人认为在"以台湾为主体"的史观方面,还可以分成两种,一种是"台独史观",另一种是"台湾史观",二者有联系也有区别。"台独史观"是一种政治主张,在台湾史研究上表现为"同心圆史观""后殖民史观"等等,他们强调"台湾主体",目的是"突显台湾与中国之别","扭转'中国主体,台湾附庸'的认识方式","脱离中国的规范","脱中国化"。他们主张"把台湾史作为国史","中国史作为外国史"。"台独史观"已经在台湾史研究、教科书编撰方面发生严重的影响。"台湾史观"

是一种学术主张，一般不涉及政治，不愿意让政治干预学术，"无意卷入统独之争"。持此论者也主张"台湾主体"，强调"以台湾人的立场"研究台湾历史作出评价。根据这种观点，他们对不同时期的台湾历史作出不同的定位：荷据以前，台湾是以"原住民"为主的历史，澎湖则是元明两朝的地方史；荷西时期，台湾史属于外国史；郑氏治台时期，台湾史是"国史中的国别史"；清领时期，台湾史是清廷的地方史；日据时期，台湾史属于外国史；光复初期（1945—1949）台湾史是中国的地方史；"中华民国在台湾"时期（1949年迄今）是"国史中的国别史"。这种主张，从表面上看是客观的，对所有的统治者一视同仁，实际上关键在于它回避了一个要害问题，即台湾主权的归属问题。

从以上介绍可以看出，台湾方面对台湾史的研究存在各种不同的史观，相互之间存在分歧，而这些史观与大陆学者的分歧更大。因此，史观问题是从事台湾史研究必须重视的一个问题。那么，为什么会出现这些不同的史观？不同史观的关键问题何在？这是需要探讨的问题。

二、史观问题归根结蒂是认同问题

在台湾史研究方面，两岸现有不同的史观都是与政治立场分不开的。大陆坚持两岸统一的立场，在史观上必然认定"台湾史是中国史的一个组成部分"；"台独"主张"一边一国""独立建国"，在史观上则力图切断与大陆的联系，"去中国化"；有些人主张"维持现状"，在史观上则强调"台湾主体""台湾中心"，淡化和模糊与中国大陆的关系。张亚中在谈论史观问题与政治问题的关系时提出一个重要的见解,他认为"史观"是"论述"的基础、"论述"是"政策"的依据,"政策"的实践又会强化"史观"的认知,三者之间有着因果关系。[7]这个观点值得重视。

从史观与政治的关系必然引出认同问题,许多研究历史与教育的台湾学者不约而同地谈到这个问题。王汎森指出:"不同的历史教科书把人们划分成不同的历史世界,而历史知识之不同亦大幅影响了人们的政治认同与政治抉择。"[8]刘阿荣认为"台独"的"去中国化"是"将中华文化的文化认同及中华民国的国家认同,转化成为台湾文化或隐含的'台湾国'的文化认同与国家认同"。[9]王晴佳指出:所谓认同本土,在实际的层面上,也就意味着要认同台湾。所谓从人民立场出发,就是认同台湾的历史是台湾人的历史。"台湾史教学与研究的广泛开展,本身反映了台湾人历史、认同意识的转化,同时这些教学与研究的开展,又促使台湾民众与知识界更深入地考虑认同的问题。"[10]蔡笃坚指出研究口述历史,是要"勾勒出与台湾认同发展相关的视野","开创台湾认同的定位"。[11]陈翠莲在《台湾人的抵抗与认同》一书中,描绘了从战后初期台湾人认同祖国,到"认定台湾与中国的差异、我者与他者的区别",直至"国族认同"的转变过程。[12]宋佩芬则认为历史教科书从"国编本"到《认识台湾》再到"一纲多本","台湾史的诠释转变,并没有改变台湾借由教育,以国族历史形塑国家认同的本质"。[13]

总之,台湾许多历史书籍力图"强化台湾认同","建构台湾国家认同","独"派学者明确提出"台湾史才是国史",[14]近年来的中小学的历史教育也在这个方面发生影响。"事实上,改变台湾青少年的历史认同与国族认同,从小学历史教育即已着手,现在已经达到目的了。通过历史教育,让青少年意识到台湾史是我们的历史,中国史是中国人的历史,进一步意识到:我们是台湾人,台湾的历史才是我们的历史。在本质上,这已经不是教育改革,而是'国族认同'的改造了。"[15]

政治学者张亚中更明确地提出:"史观不同,认同则必然相异。同样的,去其认同必先去其史观。""杜正胜的'同心圆史观'是绿营用来建构一边一国认同的工具。"[16] 杨开煌也指出:所谓"台独史观"是指那种企图以台湾的史料来证明台湾不属于中国,以便为"台独"政治主张寻找证据和历史合法性的一种解释台湾历史的观点。他们企图"掌握台湾历史的解释权,只有透过历史,才有可能去塑造新的认同,才有可能将反中国的斗争长期延续"。[17] 大陆学者张海鹏所写的《关于台湾史研究中"国家认同"与台湾史主体性问题的思考》一文,也敏锐地观察到在台湾史研究中"认同"问题是一个关键。[18]

三、对"认同台湾"要作具体分析

所谓认同问题,就是要回答"我是谁"的问题,在台湾,关键就是"认同台湾"还是"认同中国"的问题。这里存在四种可能:一是"认同台湾,不认同中国";二是"认同台湾,也认同'中华民国'";三是"认同中国,不认同台湾";四是"认同台湾,也认同中国"。

对大陆学者来说,关键是如何理解"认同台湾"的问题。"台湾认同"一方面是对"我者"的归属感,另一方面则是对"他者"的区隔,而这"他者"就是"中国",因为国际上认同的"中国"是中华人民共和国。于是出现两种对立的看法:有人认为认同台湾人,就是不认同中国人,是对中国的背叛,就是"台独";有人则认为认同台湾人只是与认同"中国大陆人"相区别,表明二者有不同的特点,并非与"中国人"处于敌对关系,认同台湾不等于认同"台独"。

关于"台湾认同"要作具体分析，至少要考虑以下几点：第一，生活在台湾的环境中，认同台湾是正常的现象。大家都住在台湾这个地方，大家都受到台湾现有的文化（包括语言、文字）的影响，大家都经历过台湾近几十年的历史，有共同的历史记忆，大家都生活在台湾现有的政治、经济、社会制度之下，有共同的生活经验。这一切都使得台湾民众对台湾这块土地有"归属感"，也把他们与不是生活在台湾环境下的人（大陆人）区别开来。第二，认同台湾不完全等同于政治态度，或者说认同台湾主要是一种社会认同。目前台湾多数人选择维持现状，那些以认同台湾来与大陆对抗、主张"台独"的人毕竟是少数。所以认同台湾不等于认同"台独"，同样，"台湾意识"不等于"台独意识"，"台湾史观"不等于"台独史观"。第三，认同台湾与认同中国不一定对立。生活在台湾，认同台湾，要建立台湾命运共同体，这是正常的。如果生活在同一地区、同一社会制度下的台湾民众都不能认同和尊重自己所属的"台湾人"群体，他们怎么可能接受生活在不同地区、不同社会制度下的"大陆人"群体并形成"中国人认同"、建立起命运共同体呢？所以，"只能认同中国，不能认同台湾"、"必须抛弃'台湾认同'，而以'祖国认同'来取代"的看法是不切实际的。

现在台湾已经有不少人主张台湾应当建立"双认同"，即"我是台湾人，也是中国人"，还有人提出"双重认同""共同认同""两岸认同""重叠认同""整个中国认同""两岸人民的认同"等等，这种可能性是否存在，值得研究。

现在认同"既是台湾人，又是中国人"的占40%左右，加上认同中国人的已经在四成以上。换句话说，有四成以上不排斥、不放弃"中国人认同"。在民族认同方面，大约有八成认同"中华民族"，约有六成认同"两岸同属中华民族"。在文化认同方面，大约也有七八成认同自己是"文化上的中国人"。青年一代也有不少人存在"双重认同"的意愿。随着两岸交流交往的发展,两岸人民在友好合作方面将建立美好的共同的集体记忆,在这种情况下,以往排他性的认同就有转化为双重认同的可能。从两岸关系和平发展的方向来看,"双重认同"是符合两岸人民共同利益的一种取向,实现双重认同的可能性是存在的。当然,这种建立在新的关系的基础上的双重认同不会是自然形成的,需要经过两岸双方共同努力消除种种障碍,有意识地、有计划地共同去建构。[19]所以,不要害怕认同上的差异,而要努力建构新的认同,在这个方面,两岸台湾史研究可以通过交流与对话作出自己的贡献。

四、要开展平等的对话

两岸学者在台湾史研究方面存在不同的史观,对具体历史也有不同的看法,如果各自坚持自己的史观,就无法开展对话。对于大陆学者的观点,台湾方面很可能视之为"中共史观",一概拒绝,而台湾学者的观点,大陆方面很可能认为是片面的"台湾史观",甚至是"台独史观",而加以批判,或是"各讲各话,永无交集"。这不是两岸交流的正确态度。

台湾学者杨渡指出:"两岸对于1949年以前的共同历史,或国共内战的历史,实际上也有歧异,因为对于过去的抗日战争和国共内战,国民党写国民党的版本,共产党写共产党的版本,以致两岸对历史的解释很不一样,对历史真相所注重的点也不一样。因此,如果对过去共同历史的认知都不一样,或者认识不足,两岸要真正的了解对方,或者形成共识,就会有相当的难度。"[20]陈福裕也指出:"多年来我在推动两岸青年交流工作过程中，两岸在历史解释上的不同（例如关于国共两党在抗日战争中的角色和贡献），就经常成为台湾青年在国家认同上的障碍。因此，要正确处理台湾人民的认同问题，首先就要正视两岸在近代化过程中历史经验的差异性，并且通过这种对差异性的理解和包容，为一百多年来，两岸人民在帝国主义压迫下追求民族生存、发展与复兴的奋斗过程，书写出民族的共同篇章。"[21] 这里提出一个重要的问题，即两岸在历史解释上的不同会导致认同上的障碍，抗日战争史如此，台湾史也是如此。所以，我想有必要针对两岸在台湾史解释上的不同，以及"两岸在近代化过程中历史经验的差异性"，展开平等的对话，争取作出能够互相理解和包容的解释，这可能是两岸台湾史研究交流中的一项值得重视的工作。

我认为两岸台湾史研究在史观方面都存在一些问题，包括长期形成的一些并不正确的"固化的观念"和"既定的结论"，因而对台湾史的解释存在许多差异，这需要双方作一番整理与反思，选择一些重要问题，深入研究，展开对话。

就大陆方面来说，在历史研究和教学方面就有不少"固化的观念"和"既定的结论"，诸如"大一统""五阶段论""起义模式""变法模式"等等。[22] 这些观念是否正确，大家没有去认真思考。这也涉及对台湾历史事实的看法。葛剑雄教授举了一个例子："过去的历史教科书都强调早在三国时期孙权就派卫温、诸葛直到了台湾，以此证明台湾自古以来是中国的领土，却从未讲到卫温、诸葛直去的目的是什么。（谭其骧）老师让我们查阅史料，一看才知道他们是去掳掠人口的。书本以此证明大陆跟台湾从那时起就是友好往来，这一方面是歪曲历史，另外对促进两岸统一也没好处。"[23] 同样，有人为了论证"自古"的观点，竟然说早在"一千八百年前台湾就是中国的一个州"，把"夷洲"说成是临海郡的"一个州"，我曾经写过文章批评这个错误。[24] 此外，有人说元代在澎湖设置巡检司"管辖台澎地区"，实际上巡检司的巡检只是一个最小的官，九品或从九品，澎湖36岛都管不了，怎能管辖整个"台澎地区"？这说明"自古"的说法并不准确，我曾经在中国社会科学院台湾史研究中心召开的一次学术会议上表示："严谨的学术语言应当与政治语言有所不同。"

同样，我们常说的"台湾史是中国历史的一部分"这句话也值得推敲。1895年以前的台湾史可以说是中国历史的一部分，但1895年后台湾在日本殖民统治之下，它的历史就很难说是中国历史的一部分了。陈福裕指出："中国大陆从乙未割台之后，走过了戊戌变法、辛亥革命，最后在半封建半殖民社会基础上，通过新民主主义革命自力更生地走向今日的'社会主义初级阶段'的发展道路；台湾则在日本殖民统治、战后新殖民体系的附庸性发展下完成了国家资本主义积累，最后在后冷战时期实现了资产阶级民主。"[25] 是的，这个时期的中国史经历过中华民国的建立、军阀混战、北伐战争、土地革命、抗日战争、解放战争，这些历史过程台湾都没有参与，台湾史怎能成为中国史的一部分呢？1949年以后的中国史是社会主义革命与社会主义建设的历史，台湾史也不可能成为这样的中国史的一部分。当然，即使在日据时代或战后，台湾的历史与整个中国的历史都有密切的关系，抗日战争导致台湾光复，近几十年来两岸关系的变化和发展，就是一个证明。但"一部分"的笼统说法毕竟是不够贴切的，需要研究出一种更加准确、更有说服力的提法。

台湾方面也有"固化的观念"，例如，有不少台湾史的论著和教科书对日本殖民统治时期的"近代化建设"采取完全肯定的态度，有所谓"糖业王国""米糖王国""糖业现代化"之类的说法，对于"近代化的民生设施"，用"交通的整顿、电子资源的开发、新式教育的建设、发展米粮经济、灌溉埤圳的整顿、嘉南大圳的贡献、农作物品种的改良、金融环境的革新、财政的独立自主"等等话语全面歌颂日本殖民者的功绩,却不提及殖民主义的掠夺本质及其对台湾民众的伤害。这样的史观当然不能令人信服,在台湾也有不同的意见。

两岸在具体历史的看法上也存在差异。例如,对郑成功收复台湾的看法。大陆肯定郑成功收复台湾,台湾有的学者也有同样看法,但另一些学者则认为不能说"收复台湾"的问题,只能说是"攻占台湾"或"进取台湾"。[26] 对郑成功进军台湾的动机也有不同看法。[27] 对于郑成功的评价,一方面出现中国大陆、台湾以及日本都把他称为"民族英雄"的情况:日本人把他当做"日本民族的儿子",认为"日本血统赋予郑成功尚武精神和勇气",使他成为"伟大的武士","蒋介石的中华民国从郑成功抵抗大陆敌军的故事和他跨过海峡光复失地的渴望中吸取了灵感。作为三军统帅,蒋介石自己有时候也被称为现代郑成功,但是台湾显然想要避免郑氏家族的命运";中国大陆的教科书把"郑成功称作中华民族的英雄,这是为了纪念他英勇地从荷兰帝国主义侵略者的魔爪中'收复台湾'。他的丰功伟绩是'爱国主义历史'叙述中的关键部分,这种叙述给郑成功反帝国主义者的身份提供了证明"[28]。另一方面,也有分歧:"对荷兰,郑成功乃残暴者。对大清帝国,郑成功由逆臣渐变为御外英雄。对日本殖民当局,郑成功展现大和魂,其节操源自母系日本血缘。而蒋介石,视郑成功为志在'光复大陆'之复台英雄。对北京当局,郑成功又为驱逐外国势力,收复台湾回归中国之英雄。现今,台湾主体论者,则有外来政权之质疑。"[29] 民进党在这个方面看法有过一些变化:"以前民进党尚未执政前,因为郑成功将台湾改名为'东都',郑经又将东都改为'东宁',自称'东宁王国'。当时英国人还称他为'台湾王国'或'福尔摩莎王国',所以把他当作'台独'的象征。但如今面对大陆的崛起,经济上越来越依赖对岸,当权者在政治上为了教导人民'仇中恨中'（戒严时代叫做'仇匪恨匪'），于是他又变成了讨厌的'外来政权'。"[30] 最近民进党人士许添财表示："因为有郑成功，在东南半壁维护了海权，当时明末清初这样脆弱的社会阶段，才不至于被西方霸权所侵占。"他指出，郑成功文化中的国际精神、开拓精神、和平精神非常值得借鉴。[31] 看法与以往不同。

总之，两岸存在不同的史观，这就影响到对具体历史的不同看法，类似这样的问题，应当可以通过两岸的交流，得到切合实际的处理。因此，为了提升台湾史研究的水平，两岸学界有必要建立台湾史研究的交流平台，先进行广泛的交流，畅所欲言，提出各种各样的问题，然后加以整理，有步骤地开展平等的对话和交流，相信这对双方都会有好处的。

（2013年6月）

注释：

[1]《"两岸对峙下的台湾史观"专辑》，《历史》月刊第105期，1996年10月。

[2] 陈芳明：《探索台湾史观》，自立晚报社，1992年，第25页。

[3] 张隆志：《当代台湾史学史论纲》，《台湾史研究》16卷4期，2009年12月。

[4] 张亚中：《建立两岸共同体史观（一）：现有史观的问题在哪里》，《中国评论》2010年11月号。

[5] 苏起：《台湾的历史与地理》，《联合报》2010年9月2日。

[6]《战后史观与台湾史研究演讲侧记》，203.68.236.93/doc/discuss/taiwan/1010309-01.doc

[7] 张亚中：《建立两岸共同体史观（一）：现有史观的问题在哪里》，《中国评论》2010年11月号。

[8] 王汎森:《历史教科书与历史记忆》,《思想》杂志,2008年第5期。

[9] 刘阿荣:《全球在地化与文化认同——台湾文化认同的转化》,《全球在地文化研究》,桃园:元智大学通识教学部出版,第123—129页。

[10] 王晴佳:《台湾史学50年》,麦田出版社,2002年,第118、123、126页。

[11] 蔡笃坚:《口述历史实践与台湾认同发展》,http://wenku.baidu.com/view/8a7ce94669eae009581bec77.html。

[12] 陈翠莲:《台湾人的抵抗与认同》,远流出版社,2008年。

[13] 宋佩芬等:《台湾史的诠释转变》,《教育科学研究期刊》,第55卷第3期,2010年。

[14]《学者:台湾史才是国史》,《自由时报》,2010年2月27日,http://www.libertytimes.com.tw/2010/new/feb/27/today-life9.htm。

[15]《台湾历史课纲涉大是大非》,http://www.chinareviewnews.com/2010-12-26。

[16] 张亚中:《异化的史观与认同:从我者到他者》,《中国评论》,2012年4月号。

[17] 杨开煌:《透析"台独"史观,解构"台独"教育》,http://www.huaxia.com/zt/2001-19/32997.html。

[18] 张海鹏:《关于台湾史研究中"国家认同"与台湾史主体性问题的思考》,http://jds.cass.cn/Item/523.aspx。

[19] 参阅陈孔立:《台湾民意的三个层次》、《从"台湾人认同"到双重认同》,《台湾研究集刊》,2012年第1期、第4期。

[20] 杨渡:《台湾最大优势 深厚中华文化底蕴》,http://www.huaxia.com/jjtw/rdrw/2010/01/1721013.html。

[21] 陈福裕:《从文化认同过渡到国家认同的契机》,引自张方远编:《高中历史课纲烽火录》,海峡学术出版社,2013年。

[22] 王晓渔:《历史教科书的两个怪圈和两种叙事》,《同舟共进》,2013年第5期。

[23] 葛剑雄:《历史教科书的"底线"》,《同舟共进》2013年第5期。

[24] 参阅陈孔立:《夷洲非"夷州"辨》,《台湾研究集刊》2001年第1期。

[25] 陈福裕:《从文化认同过渡到国家认同的契机》,引自张方远编:《高中历史课纲烽火录》,海峡学术出版社,2013年。

[26] 知乎:《郑成功收复台湾,还是攻占台湾》,http://www.zhihu.com/question/20126670。

[27] 参阅孔立等:《郑成功评价的方法论问题》,《厦门大学学报》1983年第1期。

[28]《经济学人:如何纪念郑成功》,http://bbs.tianya.cn/post-worldlook-531135-1.shtml。

[29] 辛在台:《郑成功盖棺难定论》,《自由时报》2007年5月10日。

[30] 管仁健:《郑成功为何要屠杀荷兰牧师?》http://go.paowang.net/news/3/2006-10-17/20061017234442.html。

[31]《许添财赞郑成功维护海权》,http://paper.takungpao.com/html/2013-01/27/content_5_6.htm。

关于"台湾岛史"和"台湾史观"

近来台湾正在组织力量编写"台湾近代史",我们作为台湾历史研究者,对此感到十分高兴。这是在修志的基础上又向前跨进了一步。近年来台湾史学界在台湾历史研究上有了显著的成绩,涌现出一批比较年轻的学者,他们有扎实的功底和开阔的视野,如果能够依靠这支力量,相信会写出颇具水准的学术著作。我愿祝他们获得成功。

关于怎样研究和编写台湾历史,台湾学者有过不少议论,其中不乏精辟的见解。现在仅就"台湾岛史"和"台湾史观"两种主张,提出个人的一些看法,参加讨论。

曹永和先生提出"台湾岛史"的概念,目的在于"跳脱国家单位的范围,而朝人民的、区域的历史去发展",以利于"研究境界的提升,显露台湾历史的真实面貌"。台湾岛史显然和以往用过的"台湾史""台湾通史""台湾人……史"之类的概念有所不同,它强调的是"以岛上人群为研究主体",而淡化"政治的变迁"和"汉人的观点"。

陈芳明先生认为在台湾历史研究中存在着"中原史观""帝王史观""国民党史观""共产党史观",为了"摒除这些外缘性的解释",必须"回归到台湾史观"。所谓"台湾史观",根据陈先生的文章,似乎强调的是"台湾历史的内在结构"和"台湾人民的主体性","亦即以台湾住民、台湾社会为主体的历史解释"。

以上两个概念都很新颖,也有一定的道理。例如,在历史上,台湾曾经是福建省的一个府，或是中国的一个省，或是荷兰的台湾长官、日本的台湾总督统治下的一个殖民地，从来不是一个国家，所以用"台湾史""台湾通史"都不恰当，而用"台湾省史"也不能涵盖各个历史时期，用"台湾人……史"是别出心裁的，但它却具有明显的政治含义，相比之下，用"台湾岛史"不失为一种可取的办法。至于强调人民的主体性，重视本地社会的内在结构等等，也都是很好的见解。

曹、陈二先生以及其他学者的文章涉及以下三种观点，即人民立场、世界史视野、独立的历史舞台，我想就此加以讨论。

人民立场

人民立场，即"站在人民的立场研究历史、解释历史"，强调台湾人民的主体性。这个主张是针对过去的帝王史观、站在统治者的立场研究历史而提出的，也是针对只重视政治史，或对台湾历史任意作"政治性解释"的倾向而提出的。从唯物史观看来，这个看法是正确的。人民是历史的主体，写历史就要写人民的历史，要站在人民的立场解释历史。研究历史不能只研究政治，而且要研究社会、经济、文化等领域，从经济基础到上层建筑都要进行综合性的研究。因此，在台湾历史研究方面，我们重视普通人民的历史，重视移民在开发台湾过程中的生活状况，透过对社会结构、社会组织、社会矛盾、社会变迁等方面的考察，进而探讨各阶层人民的精神文化和思想意识。我们认为只有在全面深入研究的基础上，才能得出科学的结论。多年来台湾学者开展跨学科的研究，广泛进行田野调查，努力发掘各种契约文书以及族谱等资料，这些工作是很有意义的。

现在的问题是怎样才能体现人民立场。过去有几种著作都表明自己是站在人民的立场写历史，例如：庄嘉农的《愤怒的台湾》，作者在自序中就表明了这个观点；王育德写《苦闷的台湾》则强调"从台湾人的观点出发"；史明《台湾人四百年史》更明确地指出该书是"站在台湾人劳苦大队伍的立场"。但是，众所周知，这三本书的立场却相距甚远，前者被看做是"左翼史观"或"共产党史观"的著作，后二者则被列为"台独史观"的代表作，当然，还有右派与左派之分。可以说，在当今历史条件下，几乎没有人会表明自己要站在帝王的角度、统治者的立场来写历史，大家都说自己站在人民的立场，可是写出的历史却大不一样。可见标榜人民的立场和真正站在人民立场是有差别的。怎样才算站在人民立场，怎样才算体现了"台湾人民的主体性"，这些问题不仅在理论上，而且在写作实践上，都有必要通过讨论得出明确的看法。

汉人中心

在台湾人民主体性方面还涉及"汉人中心"问题。有的学者指出，过去探讨台湾历史"多以汉人为中心"，现在则倾向于"族群互动的关系"，"以求去除汉人唯我中心主义的观念"。

在历史研究中，反对大民族主义，反对民族歧视，提倡各民族一律平等，尊重少数民族的历史，这都是对的。问题在于如何实事求是地反映多民族地区的历史面貌。如果一个少数民族地区的历史，不以该民族为主体，而以汉人为中心，那当然是不对的；但是，如果在以汉人为主的地区，不以汉人为中心，那也是不对的。写台湾历史，肯定会涉及台湾少数民族，但毕竟在很长的时间里，汉人占台湾人口的绝大多数，如果不以绝大多数人为中心，那怎么能够体现台湾人民的主体性呢？如果把主要精力用于研究台湾少数民族，或研究"族群互动关系"，而忽略了移民社会、汉人社会的研究，那岂不是本末倒置吗？看来在批评一种倾向时，就应当防止出现另一种倾向。

世界史视野

研究一个地区的历史，不能只限于本地区，应当从更大的范围来研究，要有更广阔的视野，有人还提出历史研究应当"立足全世界"的概念。我们认为一个地区不能孤立地存在，它必然与外界发生各种各样的联系，这种联系本身就是历史研究的对象，也是本地区历史的一个部分。至于了解世界的"大气候"，对于了解一个地区以及对本地区的"定位"也具有重要意义。可是台湾一些学者强调"国际架构""世界史视野"，似乎是为了摆脱中国的影响。他们主张"台湾史的研究不能只局限于中国史的范畴之观点立论，只有站在世界史的观点才能看到台湾在历史与未来所扮演的角色"，根据这个观点，他们得出台湾历史经常不在"中国大陆政治圈"和"中国大陆经济圈"之内的结论。

根据系统论的原理，可以把世界看做一个大系统，各个地区文明，如欧洲文明区、中国文明区、印度文明区、中亚文明区等则是它的子系统。在子系统内部，整体与部分、部分与部分之间的关系，一般说来要比这个系统以外密切得多。这是符合系统论层次性原则的。"世界史视野"可以帮助我们弄清台湾在系统中的地位，台湾与周围地区及其他地区的相互关系；弄清这些关系的大小、亲疏、深浅，才不会把不同层次的关系等同起来。戴国煇先生指出，"在地球上，而且在亚洲太平洋圈，加上在中国大陆的周围，台湾地区本身所占坐标轴的重估，可能也是迫切的课题。"我想，在研究台湾历史时，也需要在世界史视野之下，找到各个时期台湾所处的位置。

独立的历史舞台

独立的历史舞台，或"将台湾史视为一个独立的发展的单位"，这显然是针对"把台湾史作为中国史的一部分"，或"把台湾史当做母国历史的一个支流"而提出的。论者未说明"独立"的含义，究竟是指在政治上、经济上、文化上独立于中国之外，还是指台湾历史有其特殊性，需要作为一个独立的单位来进行研究。其实，现代史学中的"地区研究"或"区域研究"就注意到各个地区有其特点，因而对它们逐个地进行单独的研究。这种研究有助于发现这一地区不同于其他地区的特殊性和特殊规律，甚至一个地区独有的发展道路，这不仅体现出历史的多样性，而且可以补充和丰富国别史的内容。但是，如果过分强调特殊性，把某个地区当做孤立的地区进行研究，而砍掉它与其他地区实际存在的种种联系，"其结果必然会倾向于把这些地区同总的历史割裂开来"（Geoffrey Barraclough：《当代史学主要趋势》）。

"独立的历史舞台"又是作为所谓"中华民族主义指导下的历史解释"的对立物而提出的。后者可能是指不顾台湾历史的特殊性，硬把台湾历史塞进中国史的框架里，"硬性把推翻满清、北伐统一、抗战剿匪、反共抗俄的四段论法套在台湾现代史上"之类的做法。这种只讲历史的共同性，不讲历史的特殊性的观点当然是不对的。但是，如果反过来只讲特殊性，不讲共同性，也不符合历史的真实。在台湾历史研究中，已经出现过以反对"中华民族主义"为名，而实际上却宣扬一种更为狭隘的民族主义的现象,甚至还制造出"特殊民族"之类的"理论",那距离科学的历史观就更远了。

(台湾《中国论坛》1991年8月)

参考书目:

1. 曹永和:《台湾史研究的另一个途径———"台湾岛史"概念》,《"中研院"台湾史田野研究通讯》,第15期,1990年6月。
2. 陈芳明:《朝向台湾史观的建立》,《美洲时报周刊》,316—317页,1991年3月。
3. 郑钦仁:《生死存亡年代的台湾》,稻乡出版社,1989年2月。

台湾史的分期和框架

《中国论坛》三十一卷第十一期刊出《"台湾史研究"的历史反省》一文，黄富三、许雪姬、郑钦仁三位教授就台湾史研究的一些重要问题发表了很好的见解。我想就其中有关"断代"和"框架"这两个问题，提出一些意见参加讨论。

所谓"断代"，指的是"时代的断限"，但"断代"也容易被理解为"改朝换代"，因而很自然地会与"政权兴替""统治权力的更迭"相联系。实际上，断代就是分期，在几位教授的谈话中这两个词是交互使用的，大陆学者则习惯于使用"分期"这个词。

那么，台湾史应当怎样分期呢？我们和台湾学者一样，通常把台湾史分为六个时期：即古代（或称早期）、荷据时代、郑氏时代、清代、日据时代、战后。这样的分期实际上只是图个方便，如果深入地加以分析，就会发现不少问题。正如几位教授所指出的，以政权作为断代的依据，忽略了以人民为历史主体以及社会经济的变革等等重要问题。这里就涉及一个重要的理论问题——历史分期究竟要以什么为标准。

以政权兴替、权力更迭为标准，是传统的分期方法，现在看来是不很科学的。

唯物史观认为，一定社会发展阶段上生产关系的总和，构成这个社会的经济基础，而建立在一定经济基础上的社会意识形态以及与它相适应的政治、法律制度则是这个社会的上层建筑。一定的经济基础和上层建筑的有机的统一，构成特定的社会形态。社会形态性质和特征就是由经济基础和上层建筑的相互关系所决定的。依据这个原理，人们就可能对人类社会的结构及其发展规律作出科学的解释。一些历史学家把这个原理应用于历史分期，用社会形态作为分期的标准，从经济基础和上层建筑的各个方面，说明后一时期不同于前一时期的本质特征，从社会性质的高度对历史时期作出科学的划分。

就台湾史来说，从古到今，社会形态经历过如下的变化：

古代，基本上处在原始社会阶段，在其后期，汉人开始移入台湾，在社会经济方面开始出现一些变化，但由于时间较短，社会形态并没有发生根本的变化。

荷据时代，台湾西部和北部的部分地区沦为荷兰、西班牙的殖民地，在"王田"制度下，殖民者成为领主，耕种者成为农奴。

郑氏统治时期和清代前期（1661—1660），可以划为一个时期，这时大陆社会的经济关系以及政治制度等逐渐移植到台湾，台湾的社会形态和大陆传统社会基本上一致，即地主与农民构成社会的主要生产关系。

清代后期（1860—1895），外国势力逐渐侵入台湾，安平、淡水、鸡笼、打狗四个口岸先后开放，岛内经济的发展和城镇的繁荣，资本主义生产关系逐渐形成和发展，社会形态向半封建半殖民地转化。

日据时期，日本垄断资本，包括国家资本、金融资本、产业资本，全面控制了台湾经济，在农村则是封建的土地关系，台湾沦为殖民地社会。

战后台湾逐步向资本主义社会转化。

如果采用这样的分期，就可以避免以政权更迭为标准所带来的问题。首先，它不仅考察政治变革的历史，而且重视经济、社会发展的历史，它可以说明，生产力的发展、经济的进步引起生产关系的变化，经济基础和上层建筑也相应发生变化，由此导致整个社会结构的变化和社会形态的更替。其次，它也可以说明上层建筑对经济基础的反作用，政权更迭对与它相适应的经济基础的形成、巩固与发展所起的作用。再次，它有助于阐明人民主体的观点，说明人民群众在生产发展以及经济、社会和政治变革中的作用。最后，它也有助于说明台湾历史的特殊性，因为按上述标准，台湾历史的分期和中国历史既有共同点，又不完全一致，从而显示出它的特点。

所谓框架问题，实际上就是在台湾史研究中，究竟应当把台湾看作一个单一主体，还是应当把它看作是中国史的一部分。三位教授的看法可以简述如下：

一、台湾框架：台湾社会是汉人建立的，受中国因素的影响永远是最强烈的，但在异族统治时期饱受外来影响，所以台湾社会不能等同于大陆社会，而应当把它当成单一主体进行研究。

二、政权归属框架：清代台湾可以纳入中国历史的框架，日据时代则要放在日本殖民地的框架下，1945—1949年回到中国框架，此后两岸隔绝，就不再纳入中国框架。

三、世界史框架：不能只用中国或台湾的眼光来衡量，要从世界史的角度来思考。

对这个问题，拙作《关于"台湾岛史"和"台湾史观"》一文（《中国论坛》三十一卷第十一期）曾经提出如下看法：1."世界史视野"，可以帮助我们弄清台湾在世界史上的地位，台湾与周围地区及其他地区的相互关系；弄清这些关系的大小、亲疏、深浅，才不会把不同层次的关系等同起来。2.对一个地区的历史进行单独的研究，有助于发现这一地区不同于其他地区的特殊性，但过分强调特殊性，而把某个地区孤立起来，砍掉它与其他地区实际存在的关系，就会产生割裂历史的错误。这就是说，台湾史研究既可以有"世界史视野"，又可以把它作为一个单一主体，但都要避免片面性，这是研究方法问题，应当可以多样化。问题在于，"框架"的要害是：台湾历史是不是中国历史的一部分？

台湾是中国领土的一个组成部分，能否由此推论，台湾历史就是中国历史的一部分呢？这个问题之所以提出，主要是由于台湾曾经先后沦为荷兰和日本的殖民地，近40多年来又同中国大陆处于隔绝状态。因此，笼统地说台湾历史是中国历史的一部分，在某些时期似乎讲不通，于是有人干脆给予否定的回答。

我们不妨按照上述分期做一下具体分析。

古代，由台湾少数民族和汉人移民开发台湾，影响最大的是来自中国大陆的因素。荷据时期，台湾在政治上、经济上受到荷兰入侵的影响，但整个社会仍然以台湾少数民族住民和汉人移民为主体，他们是台湾的开发者和主人，台湾历史并没有成为荷兰历史的一部分。郑氏时期和清代前期，台湾和大陆的关系日益密切，台湾历史成为中国封建社会晚期历史的一个组成部分。清代后期，台湾历史是中国半封建半殖民地历史的一个组成部分。

关键在于日据时期，需要加以着重考察。台湾沦为日本的殖民地长达50年之久，在这个时期台湾在政治、经济、社会生活各个方面与日本有十分密切的关系，而与中国大陆的关系则疏远了。但是台湾人民与中国大陆人民建立在共同文化基础上的民族意识则是相连的，这种历史文化关系是无法砍断的。日本殖民者所编的《警察沿革志》总序写道："汉民族系统的本岛人，虽已改隶四十余年，至今风俗、习惯、语言、信仰等各方面却仍沿袭旧貌，由此可见，其不轻易抛除汉民族意识。"日本军人松井石根也说："居住在台湾者，无论是福建人或是广东人，今天表面上虽说是日本国民，但由于其历史原因，大部分人却并未怀有这种心理。……从福建来的人，脑子中根深柢固的观念就是：台湾是福建的领土，是福建人即汉民族的土地。"（《台湾统治四十年回顾》，《东洋》特辑号，1935年）日据时代台湾发生过许多抗日活动，在前期提出"奉清征倭""驱逐日寇，光复本岛"之类的口号，在后期也还站在中国人的立场进行抗争。"台湾独立革命"负责人李友邦的话表达了在当时特定历史条件下台湾人民的心声："第一，必须以台湾作为日本帝国主义者的殖民地而向他争取独立；第二，又须以台湾作为中国之一部分而适应着全民的需求归返祖国。"（《台湾先锋》第一期）当时台湾人民的抗日活动和中国大陆有着密切的关系，中国人民的抗日战争更与台湾的命运息息相关。所以，从人民主体看日据时期的历史，应当说，当时台湾人民抗日活动的主流是站在中国人的立场反对日本殖民者，而不是作为"日本国民"去反对日本统治。

当然，强调这个观点并不是要抹杀日本统治对当时台湾的重大影响，而是为了说明，尽管在日本殖民统治之下，台湾已成为日本领土的一部分，但台湾历史和中国历史仍然有着不可分割的关系。所以，说到框架，即使在日据时期，台湾历史和中国历史仍然有着不可分割的关系。

至于1949年以后的40多年，两岸处于隔绝状态，这是一种相当特殊的历史现象，在这种情况下，两岸各自走出自己的道路，差异很大，两岸历史的发展就不能用同一个框架来解释。但是，隔绝不等于没有关系，从战争、敌对，到缓和、交往、竞争、对话、互动……都是相互关系的表现。就以台湾内部来说，长达38年的戒严令和维持到1991年的"动员戡乱体制"，还有临时条款、"万年国会"、省籍矛盾、庞大的军费开支以及当前围绕着台湾前途的统"独"之争，凡此种种，都是由台湾与大陆的关系所决定的，可见当代台湾历史不能摆脱与大陆的关系。

所以，关于框架问题，我想可以得出这样的看法：台湾史研究需要有"世界史视野"，也可以把它当做单一主体来研究。这里说的是研究方法，而不涉及政治归属。就政治归属来说，台湾是中国领土的一个组成部分。所以在正常状态下，台湾历史理应放在中国历史的框架中进行研究；而在非常状态下（如日据时期和当代），则应当根据当时台湾的实际，实事求是地反映它与中国大陆以及其他国家的相互关系。只用一个简单的框架，不足以说明台湾历史的真实。

（台湾《中国论坛》1992年1月号）

台湾学者对台湾历史的研究

本文是一份学术动态资料，提供有兴趣研究台湾历史的大陆学者参考。

一、总的印象

台湾学术界对台湾历史的研究，基本上是学术性的，但在不同时期有不同的政治内涵，有时还有相当强烈的政治色彩。过去台湾史的研究曾经是一个敏感的领域，人们不愿意或不敢去接触它，当然，传统的地方史的研究仍在进行，但没有引起学术界的兴趣和重视。

近年来，由于本土化的发展，人们要求了解本地的真实历史，有些人对过去的历史解释感到不满足，要求有新的解释。在这种情况下，台湾史研究成为一个热点，被视为"显学"。

台湾学者在史料收集方面下了不少工夫，除了文献资料以外，还复制了许多档案、地方文书的显微胶卷，并且进行广泛的田野调查，记述了不少口述历史。

在研究方面也是相当认真的，他们注意历史学与其他学科的结合，在理论上和方法上都有所创新，取得了一定的成绩。但是，有些中青年学者带着某种政治偏见，标榜以台湾为主体，力图割断台湾与大陆的历史联系，这种以台湾史研究为"台独"主张寻找历史依据的倾向，尚未引起台湾学术界足够的重视。

台湾学术界对大陆学者的台湾史研究已经有所评介，有些大陆学者有关台湾历史的著作已在台湾出版，有些论文已经在台湾报刊上发表或转载，有些论著已被台湾所引用。民进党籍"立委"便是以大陆有些学者专门研究台湾史而台湾却没有专门研究台湾史的机构为理由，要求在"中研院"设立台湾史研究所。总的来说，他们也认为大陆学者的研究是学术性的，但也有相当的政治色彩。过去大陆学者强调台湾自古是中国领土，而且讲得越古越好，强调台湾的风俗、习惯、文化、社会等等都与大陆相同，只讲共同性，不讲或少讲台湾历史的特殊性，引起台湾人民的不满。他们认为不了解台湾历史的特殊性，就不可能了解当代台湾人民的心态，就是不尊重台湾人民的表现。学术研究的生命力就在于它的学术性，只有从学术的角度进行深入的探讨，才能得出有说服力的论点，才能得到学术界的肯定。我们对台湾历史的解释，如果是建立在学术的基础上，相信会得到台湾学术界的重视。至于那些主张"台独"的人，他们有的已经把"台独"当做自己的信仰，无论是进行学术研究还是政治批判，要说服他们都是相当困难的。

二、基本情况

1. 研究机构

"中研院"台湾史田野研究室，1986年成立。由三民所、史语所、民族所、近代史所的有关人员组成。该研究室一方面从事资料搜集工作，整理地方古文书，包括寺庙台账、族谱等等，一方面按计划进行专题研究。他们做了不少田野工作。此外，还出版了一些书目和通讯。该研究室藏有"外交部""经济部"档案，总督府财务部档案，以及田野调查所得的古文书。民族学所从事汉人和少数民族民间社会调查，对家族、宗族、民间信仰等都作了比较深入的研究。三民所举办过多次"中国海洋发展史研讨会"，出版了五本论文集。

"中研院"学者们的研究水平较高，有理论框架，资料也比较丰富，注意进行多学科的综合研究，观点较新。他们的论文题目有：族群关系与文化分立、土地公庙——聚落的指标、宗族的发展与社会的整合、土地关系之形成与国家的角色、从政治精英角度分析"二二八事件"等等，在选题上都有所讲究。现在准备在该研究室的基础上成立台湾史研究所，已经设立筹备处，由台大历史系黄富三教授担任主任。属于"中研院"系统的研究台湾史的学者有庄英章、赖泽涵、陈秋坤、许雪姬、林美容、林满红、张炎宪、臧振华等。这个研究所成立之后，台湾史的研究将得到有力的推进。

台湾大学台湾研究室、历史系台湾史教研室，1990年成立。台大藏有日据时代留下的大批台湾史资料，其中包括淡新档案、岸里社档案以及荷兰文书等。近年又从英国、日本、荷兰等地复制了大批显微胶卷，有可能成为台湾史研究的另一个中心。研究人员有黄富三、吴密察、曹永和（已退休）等。

台湾省文献委员会，1949年成立，是台湾省属的研究典藏机构，在南投县中兴新村，有漂亮的建筑物和不少档案资料，主要有台湾总督府公文、专卖局档案、台湾拓殖株式会社档案、光复后省级机关逾期档案等。文献会从事本地历史、民间风俗和文物的研究，出版《台湾文献》。近来也进行"二二八"史料的收集和研究，并主持编撰《台湾近代史》，年底即将出版。该会联系了一批地方文史工作者，他们在地方文献的搜集和田野调查方面做了不少工作。

此外，吴三连台湾史料基金会、清华大学台湾研究室、林本源基金会、台湾史迹研究中心以及"国策中心"、财团法人台湾研究基金会等，也从事或赞助台湾史的研究。民间学术团体台湾史研究会也联络了一批研究者，他们是最早同大陆学者进行交流的学术团体。各大学开设台湾史课程的教师也是一支重要的研究力量。早在 50 年代，台大已经开设台湾史课，后来，主要在 70 年代以后，其他大学也相继开设。现在在各校讲授台湾史的教授有黄富三、吴密察、张胜彦、戴宝村、吴文星、石万寿、尹章义、黄秀政、张炎宪等。

2. 主要刊物和工具书

最早出版的台湾史刊物是《台湾文献》，1949 年创刊，省文献会编印。由林本源基金会发行的《台湾风物》也有 40 多年的历史，1951 年创刊。《史联杂志》由台湾史迹研究中心出版，创刊于 1982 年。中研院台湾史田野研究室出版的《台湾史田野研究通讯》，1986 年创刊，季刊，信息量相当大，是帮助我们了解台湾史研究动态的重要刊物。《台湾史料研究》由吴三连台湾史料基金会主办，半年刊，1993 年创刊，才出两期。此外，《中国时报》从今年 2 月开始，每月出版一期台湾史专刊，每期有一个中心。《联合报》、《当代》杂志、《思与言》杂志、《台湾春秋》、《台湾新文化》以及《中国论坛》（已停刊）等报刊都有台湾史的文章。各县的文史刊物，如宜兰文献等对了解当地的历史也有帮助。

近年来，台湾学者编出不少工具书，为研究台湾历史提供了方便，主要有:《台湾地区文献会期刊总索引》，高贤治编，1989 年;《台湾史关系文献书目》，张炎宪编，1989 年;《台湾汉人移民史研究书目》，张炎宪编，1989 年;《台湾平埔族研究书目》，庄英章编，1988 年。还有民族学所编的《台湾农业与农村发展研究文献书目》《台湾民间信仰研究书目》等等。

3. 研究课题与重要著作

近年来，台湾学术界相当重视对"二二八事件"的研究，这当然和台湾的政治状况有关，大陆学者编的"二二八"资料集也在台湾出版。此外，有关开发史和移民史的研究也受到重视，诸如移民的祖籍分布、族群关系、聚落与社群组织、家族与宗族、祭祀圈、租佃关系等，都作了相当深入的研究。

考古、传统民居等也是专业学者经常研究的课题。台湾学者对日据时期和光复初期也作了一定的研究，这是台湾史上值得深入研究的问题。近来报刊上发表有关台湾历史上的民主运动、台湾史上的五次谈判、两岸经贸三百年等，这可能是他们感兴趣的问题。

至今为止，台湾还没有一部公认的有水平的通史性的台湾史著作，已出版的最大部头的台湾史是史明的《台湾人四百年史》，但是台湾学者不认为这是一部学术著作，他们说这是一本运动性的书，实际上是"台独"的宣传品。王育德的《苦闷的台湾》也是一本宣传"台独"的小册子。至于方豪的《台湾民族运动小史》、郭廷以的《台湾史事概说》也都不是台湾史的重要著作。省文献会编的《台湾史》和《台湾省通志》都比较粗糙。当然，有水平的台湾史专著也不少，其中较具影响的有：戴炎辉的《清代台湾之乡治》、曹永和的《台湾早期历史研究》、陈绍馨的《人口变迁与社会变迁》、陈其南的《台湾的中国传统社会》、李国祁的《中国现代化的区域研究——闽浙台地区（1869—1916）》、李亦园的《台湾土著民族的社会与文化》等。戴国煇的《台湾总体相》、天下杂志的《发现台湾》是影响较大的通俗性台湾史读物。台湾省文献会约请了一批学者编撰《台湾近代史》，我们期待着它的出版。

三、一些重要的观点

台湾学者在台湾史研究方面提出了不少新的见解，这里只能就有关史学理论方面的一些观点加以评介。

1. "台湾主体论"。这是针对过去以中国为主体的做法而提出的。有些学者认为过去统治台湾的都是外来政权，过去的历史都是由当权者作出解释，其中充满着"中原史观"和"国民党史观"。过去美国、日本的学者把台湾作为研究中国史的代用品，也不是以台湾为主体，现在应当以台湾人民为主体，以台湾社会为主体，才能正确地解释台湾的历史。从唯物史观来看，以人民为主体无疑是正确的。但是现在台湾已经出现各种不同观点的台湾史著作，他们都说自己是站在台湾人民的立场，所以究竟是不是以人民为主体，还需要历史的检验。

2. "独立的历史舞台"。这是针对把台湾史作为中国史的一部分、把台湾史作为中国地方史而提出的。有人主张"将台湾史视为一个独立发展的单位"，强调台湾史的特殊性，反对所谓正统论、统一论、中国中心主义、中华民族主义、汉人中心史观等。历史学的地域研究就是注意地区的特点，而对它进行单独的研究，从而发现这一地区不同于其他地区的特殊性和特殊规律。但是如果过分强调特殊性，而故意砍掉它与其他地区实际存在的历史联系，那就不是科学的态度。

3. "世界史视野"。这种主张认为台湾历史应当与全世界的历史联系起来研究，其目的是要摆脱中国史的影响。研究任何地区的历史都不能脱离整个世界的历史，都要有全球的观点，才能站得高看得远，但是如果无视客观存在的实际联系，故意抹杀历史上的关系，那就不能在世界历史的坐标上找到这个地区在各个时期所处的位置。

4.台湾史的分期与框架。有些学者指出,台湾历史与大陆不大一样,不能以中国的标准对台湾历史进行分期,有的学者还认为不能用"政权兴替"进行断代,但是他们还没有提出究竟要以什么标准进行分期。至于框架,他们提出了台湾框架、政权归属框架、世界史框架三种。有人认为在日据时期,台湾是日本领土的一部分,应当放在日本殖民地的框架里研究,二次大战以后,台湾历史与大陆历史有很大不同,应当放在不同的框架中研究。这些学术性的问题当然需要经过深入的研讨,才能更加接近科学。但是,这里有一个要害问题,那就是台湾历史究竟是不是中国历史的一部分。这里需要明确的是,政治归属是一回事,历史研究的方法是另一回事,没有必要把二者混淆起来。

以上只是根据个人的接触作一个简要的介绍,从中不难看出台湾史领域还有不少可以研究的问题,这里还有一片广阔天地,希望有兴趣的学者参与研究,并且同台湾学者开展交流,共同促进学术水平的提高。

(《台湾研究》1994年第1期)

台湾历史与两岸关系

引起人们重视的历史研究，往往与现实生活有密切的关系。意大利哲学家克罗齐（Benedetto Croce）说："只有现在生活中的兴趣方能使人去研究过去的事实。因此，这种过去的事实只要和现在生活的一种兴趣打成一片，它就不是针对一种过去的兴趣而是针对一种现在的兴趣的。"（《历史学的理论和实际》）当前台湾历史之所以引起人们的兴趣，在台湾还被视为"显学"，主要是因为与现实生活中的台湾问题以及台湾的前途与历史有关，人们迫切希望从历史中寻求答案。历史的作用在于帮助人们去看清现实，因为现实本身是由历史形成的，是和历史不可分割的。

要有是非标准

最近我们出版了一本《台湾历史纲要》，概括地阐明了我们对台湾历史的基本看法。在台湾，有的学者认为这是一场"两岸的历史战争"，因为"一方强化台湾为中国一部分的记忆，一方以失忆来脱离中国认同，它可能正在为兄弟阋墙铺路"（《联合报》1996年6月21日11版）。其实，我们只是正面地阐明自己的观点，没有针对任何观点进行批驳，没有和任何人"作战"。如果正确地阐明历史事实被认为是"强化"的话，那么这种"强化"并不能算是什么问题；而有意的"失忆"则是企图抹杀历史事实、"再造历史"，那才是有问题的。因此，把"强化"和"失忆"同等看待，各打五十大板，甚至都扣上"为政者的意识形态工具"的帽子，这并不是公正的态度。因为这里应当有一个是非标准：凡是客观地实事求是地阐述台湾的历史，还历史以本来的面目，就应当看做是严肃的学术性的著作；而有意回避某些历史事实，甚至歪曲、捏造台湾的历史，为某种政治目的服务，那才属于"工具"之列。二者的区分是很明显的，不能混为一谈。

还有的学者认为《台湾历史纲要》的出版是为了"纠正"流行于台湾的历史"谬说"，这也是一个误会。实际上，在台湾历史方面，许多台湾学者作过相当深入的研究，在很多问题上，我们的看法是相同或相似的。《纲要》引用了不少台湾学者的观点，这是有目共睹的。我们绝对没有否定台湾历史学者的研究，更不会把他们的研究一概说成是"谬说"。当然，我们对某些学者或某些政界人士有关台湾历史的论说有不同的看法，在《纲要》中只是正面地阐述我们的看法，并没有针对不同的观点进行批评。我们认为有不同的看法是正常的，在学术问题上展开争论、对错误的观点加以批评和纠正也都是正常的。随着研究的深入，今后在这方面的讨论必然会增多，打打"笔墨官司"也不足为奇。但这里没有"战争"，也没有居高临下的"纠正"，我们追求的是真正的学术研究。

不需要强化的记忆

只要回顾一下台湾的历史，谁都不能不承认台湾是中国的一部分，这个记忆是不需要特别加以强化的。台湾是中国人民开发的，主要来自福建、广东的移民是开发台湾的主力。台湾的历史首先是中国人民在这块土地上生息、开发、交往、抗争的历史,过去如此,现在也是如此。台湾之所以有今天,是长期以来台湾人民共同奋斗的结果,这本来是众所皆知的事实,《纲要》也给予充分的肯定。可是由于有人企图抹杀这个事实,制造"历史失忆",把日本侵占以前的台湾说成是"无主之地",所以才需要讲讲台湾历史的ABC,帮助他们"恢复记忆"。我们提醒大家,荷据时期荷兰人曾经对日本人说过:"台湾土地不属于日本人,而是属于中国皇帝。"至于明郑时期和清代,台湾的归属更加明确,人们大概不会忘记台湾曾经是福建省的一个府,长达200年之久。

《纲要》用了一定的篇幅描述各个时期台湾经济、社会的发展进程,劳动、生产、交换、分配、土地的开拓、商业的发展、人们之间的相互关系、社会结构的演变、矛盾与冲突、交往与融合,这些日复一日、年复一年经常存在的最普遍、最平凡的社会历史现象,说明了台湾人民始终是这块土地的主人。台湾人民在长期的生活中,与福建、广东有着十分密切的往来,这本来是台湾历史的重要组成部分,如实地记载这方面的历史事实,可以更清楚地看出中国人民开发台湾、建设台湾、保卫台湾的历史功绩。这样的记忆是不应当淡忘的。

共性与个性

台湾历史作为中国历史的一个组成部分,它与全国的历史有着共性;但台湾作为中国的一个比较特殊的地区,它的历史也必然有其特殊性。如果只强调共同性,而忽略其特殊性,就不能正确地认识台湾的历史,也不能正确地认识台湾的现实;如果只强调其特殊性,而忽略了共同性，就不能正确地认识历史上的两岸关系和当前的两岸关系，也无法正确地认识和对待台湾的前途问题。

台湾是中国的领土；台湾人民都是中华民族的成员；台湾主要是由福建、广东的移民开发的；台湾的语言、文化、心理特点等等都和福建、广东相同或相似；台湾与福建、广东有着特别密切的关系。这些共同性是在台湾历史上经常起作用的因素。早在明郑时期，中国的政治、文教制度就已经移植到台湾。清代台湾在政治、经济、社会、文化等各个方面都与中国大陆，特别是福建、广东，有许多共同性。大到社会制度，小到民间信仰、社会组织，都很相似。在外国势力入侵的时代，两岸人民更是共呼吸、同命运，共同开展了反抗外国侵略的斗争。即使在台湾被日本侵占的时代，两岸人民建立在共同民族文化基础上的民族意识是息息相通的。连日本人也承认台湾人民的民族意识牢不可破，"故其以支那为祖国的情感难于拂拭，乃是不争的事实"（《台湾社会运动史》第一册）。

另一方面，台湾历史也有其特殊性。它作为开发比较晚的地区，在相当长的时间内，是一个移民社会，它与定居社会相比，有不少特点。诸如：人口结构以移民为主，游民在其中占有相当大的比重，社会结构以祖籍地缘关系为主进行组合，不同族群之间的分类械斗经常发生；在政权结构上，官府的力量比较单薄，无力进行有效的统治；在与母体社会（福建、广东）的关系上，比与其他地区要密切得多，但由于移民社会还处在组合过程中，各种社会关系、社会制度、文化教育等等还在粗放的、初级的、不完备、不稳定的阶段，和母体社会还有一定的差异；等等。当然，在日本统治时期和国民党统治时期，台湾与祖国大陆走上了不同的发展道路，不论在社会性质、经济结构、政治制度以及意识形态等方面，都存在很大的差别。这些历史的特殊性，是客观存在的，既不能任意夸大，也不能置之不理。它需要人们加以认真的研究，得到明确的认识，才能相互理解和正确对待。

不应当有的"历史失忆"

只要客观地对待台湾的历史，就会承认在历史上两岸有着密切的关系。一切企图制造"历史失忆"的人，说穿了就是要砍断历史上的两岸关系，进而砍断现实的两岸关系。他们把承认历史上的两岸关系的人，一律斥之为"大中华观念"，斥之为"民族主义"；在他们眼中，这些全是错误的消极的东西，不仅要在现实生活中把它铲除，而且要把它从历史上连根拔掉。他们已经"制造"了不少"历史"，这里只举几个例子：

有人说，台湾从荷据时代开始，就不在中国的经济圈内。这可能是"台独理论家"史明的发明，但在他那里还是羞羞答答的不敢肯定，他只说："台湾几乎已成为和中国不同的另外一个经济圈。"(《台湾人四百年史》上册)到了一个作家那里，就变成"台湾自荷兰起就已脱离大陆封建经济圈"。一所著名大学的某位历史学教授也持同样观点。看来这位教授的台湾史知识还不如史明，史明还不敢完全抹杀两岸经济往来的历史事实，而这位教授却无视于众多的史料。实际上，荷兰侵占时期台湾的海上贸易是中国海上贸易的一个组成部分，当年的大员是中国对外贸易的转运中心之一，主要将中国的生丝、丝织品、瓷器运往日本和巴达维亚。供应和推销货物也主要依靠大陆商人，特别是郑芝龙及其手下的大商人。在大陆发生战争、大陆商人参与争夺货源的情况下，台湾的转口贸易便渐趋衰落。至于清代前期，台湾基本上没有和外国发生什么关系。在贸易方面，台湾学者林满红指出："一六八三年清朝统治台湾以后，到一八六〇年台湾对西方开放贸易以前，大陆都成为台湾对外贸易的唯一对象。"（《四百年来的两岸分合》）到了近代，台湾和大陆沿海一些地区一样，开放了通商口岸，对外贸易有所发展，但台湾与大陆的关系仍然相当密切，仍有许多中国帆船航行在大陆和台湾之间，台湾的大米、蔗糖运往大陆，大陆的货物进口量比开港前有所增加。可见，台湾早已脱离中国"经济圈"的说法完全不符合历史的真实。为什么有人却热衷于"制造"这样的"历史"，而让真正的历史"失忆"呢？

有人说，台湾人的祖先来台湾是为了"放弃中国，不愿意受中国的统治，这种特性是台湾人民存在和发展的历史基础"（《彭明敏看台湾》）。还有人说，台湾人的祖先是为了追求自由而来的。这未免对台湾历史、中国历史、世界历史过于无知。当年的移民多数是失地或少地的农民，他们为了谋求生活出路而渡海来台，这是最主要的原因。还有一些有产者则以招佃来台开垦，作为致富的重要门路。除了那些逃犯以外，没有人是为了追求自由而来的，也没有人会对故乡怀有天大的仇恨，一定要"放弃中国"。相反，许多移民还返回祖籍地娶亲、搬眷、招徕乡党共同开发；在他们居住的地方，往往取了故乡的地名，诸如南安、同安、大埔、镇子以及田心、大溪、田中央等等，以示对故乡的怀念。移民们还经常回祖籍祭祖、修坟、盖祠堂、修祖谱；甚至在他们死后，还要在墓碑上刻写祖籍地名，如安邑、靖邑、银同、金浦、温陵等等，为他们的后代留下寻根的依据。这些大量存在的事实，充分说明了台湾人民向来没有忘记自己的故乡，人们至今还很容易在台湾找到这类根据。如果早期的移民得知自己的子孙后代竟然说他们是为了"放弃中国"而来的，不知道会把他们气成什么样子。

有人说，"日据当初，台湾是荒芜之地，可说是世界上最落伍、最野蛮的地方"(《彭明敏看台湾》),这是对台湾历史完全无知的表现。大家知道,经过台湾人民几百年的开发和建设,到了19世纪后期,台湾已经开始走上近代化的道路。当时台湾出现了全国最早的自办的电报业和新式邮政、全国最早投产的新式大煤矿,在全省出现了第一条铁路、第一台电话、第一枚邮票、第一盏电灯、第一所新式学校。台湾作为新建的行省,近代化的成绩后来居上,成为全国最先进的省份之一,这是台湾人民的光荣。可是那些制造"历史失忆"的人却妄图抹杀这一段光荣的历史,把当时的台湾污蔑为"荒芜之地",不但"最落伍",而且"最野蛮",这是对台湾人祖先最大的不敬和最大的污辱!

有人说,"中国是出卖台湾的国家"。他指的是甲午战争后台湾被日本侵占的事。不少台湾学者都指出,日本侵占台湾是蓄谋已久的。在当时帝国主义蓄意瓜分中国的形势下,日本早已将侵占台湾,建立"南进"基地,作为其扩张帝国霸权的目标。1874年日本出兵侵犯台湾,是实现这个图谋的第一次尝试。在甲午战争中,夺取台湾就是日本的一个重要任务。所以,《马关条约》首先是日本侵略中国的结果,其次是清朝政府妥协屈服的结果。上述论者既不谴责日本侵略者,又不谴责腐败的清朝政府,而把整个国家和人民作为批判的对象。似乎日本侵占台湾的罪责不仅要由当时的整个中国来承担,而且还要怪罪到现在的中国政府和人民,要今天的中国政府和人民为日本侵占台湾负责。这样的说法是以曲解历史的手法,煽动对祖国的不满,才真正是"对国人为害甚深"。

诸如此类的"历史失忆"还可以举出很多,但是其目的只有一个,就是极力丑化中国,力图抹杀台湾和祖国大陆的历史关系,为分裂祖国的政治目的服务。他们说的不是历史,更谈不上学术,但它制造出台湾历史的不少盲点,对不明真相的人们有一定的迷惑力和欺骗性，所以历史学界才有责任给予澄清。

对待两岸关系的不同态度

历史上的两岸关系是客观存在的事实，本来没有必要加以强调。只是由于有人有意制造"失忆"，有意切断历史上的关系，才把这些问题重新提到人们面前。当然，重提历史上的两岸关系，原因还在于"现在的兴趣"，人们真正关心的是现在两岸关系的发展。

现在的两岸关系是过去的两岸关系的继续和发展。由于近百年的分隔，两岸从对抗到缓和，从良性互动到实现统一，需要一个长期的、艰苦的过程。在这个过程中，出现一些曲折、反复是很自然的，不足为奇的。问题在于我们对当前的两岸关系应当采取什么样的态度。促进两岸关系的良性互动，直至实现祖国的和平统一、中华民族的振兴，是包括台湾同胞在内的全体中国人民的最大福祉。所有的促进两岸的团结，引向和平与统一的言论与行动，都是有利于人民的，应当受到支持和鼓励；所有煽动两岸对抗，导致战争与分裂的言论与行动，都是不利于中国人民和中华民族的，都应当受到批评和反对。

在台湾历史研究上，谁是谁非，自有历史的客观依据、学术的标准。同时，也有一个政治标准，那就是上述的两种态度。以这个标准来衡量，谁真正为台湾人民的福祉乃至中国人民的福祉说话，就会明明白白地呈现在人们的面前。

(《历史月刊》1996年10月)

台湾文化与中华文化关系的历史探讨

近年来，关于台湾文化与中华文化的关系问题，台湾学术界进行了一些探讨，提出了不同的看法。本文试图将台湾文化放在中华文化乃至世界文化的大背景下进行考察，通过历史的比较分析说明台湾文化与中华文化的关系，并且提出一些问题与台湾学者商榷。

一、台湾文化与中华文化的一致性

一般说来，"文化"包括三层涵义：首先，它是指人类一切创造性活动的成果，在这里，称之为"物质文化"，例如器皿、舟车、技艺，等等；其次，它是指制度，包括维持人与人之间关系、群体与群体关系的每个社会特有的社会结构和伦理关系，等等；第三，就是狭义上的意识形态范畴的精神文化，包括政治、宗教、艺术、科技、教育、心理、信仰、风俗习惯、价值观、道德观等等人类特有的行为模式、思想模式和感情模式。通常所指的文化偏重于第三层次，或称为行为文化和心态文化。

文化是民族的产物，民族是文化结合的第一层面。中华民族在数千年的历史过程中，通过各民族的融合，强化了中国境内各民族间的联系纽带，民族共同体诸因素日益完备，共同的民族文化也日益发展。中华文化就是在民族的拓展过程中，以汉族为主导，融合了各民族文化，而形成了自己的文化特质，体现出中华民族的民族精神。

从历史上看，台湾是一个移民社会，台湾人民是中华民族的成员，汉族向来占最大比重。台湾主要是由福建、广东移民开发的，随着移民不断移居台湾，中华文化也在台湾得以传播。人类学家常将文化分为高层文化（包括宗教、道德、政治、经济、文学、艺术、人生观、伦理观等决定社会群体进步和趋向的主要动力的主流文化）和常民文化（包括衣、食、住、民间信仰、风俗习惯等相对于主流文化的次层文化）。早期移居台湾的汉人（主要是闽、粤两省的福佬人和客家人）所带去的首先是常民文化，这种文化和高层文化相比，似乎更具有强韧性和适应性。我们不仅看到台湾和闽粤两省在衣着、饮食、居住、民间工艺等风格上十分一致，还发现两地有着共同的风俗习惯、民间信仰，诸如敬天思想、祖先祭祀、神祇崇拜、婚丧礼俗、岁时习俗以及长期盛行的养子之风，还可以在两地民众身上发现共同的朴实、健康、吃苦耐劳的个性心理和生活方式。随着移民数量的增加和台湾的开拓，大陆的政治制度、经济制度、伦理制度、家族制度、教育制度以及价值观念、道德观念等意识形态也逐渐传入台湾，甚至所谓的"精英文化"，诸如儒家思想以及其他传统文化也对台湾"上层社会"发生影响。

语言是文化结合的一个重要层面，语言是在共同的生产和生活实践中形成的。长期以来，台湾汉人社会使用的语言是和闽、粤两省一样的闽南话和客家话，直到现在，台湾所流行的还是和大陆一样的普通话（台湾称为"国语"）、闽南话和客家话，今天台湾的闽南话和泉州、漳州、厦门一带的闽南话之间已有细微差别，但彼此交谈并没有什么困难。这种状况就如同泉州腔和漳州腔之间，虽然有一点差别，但都属于闽南话。有人把台湾话以及用台湾话演唱的歌仔戏视为台湾文化不同于中华文化的一种表现，实际上台湾话即福佬话，完全来自福建的闽南话，被视为台湾文化瑰宝的歌仔戏，从故事、道具、服饰、乐器到唱腔，和闽南完全一样。客家话的情况也一样。同样，台湾使用的文字也是和大陆的主要文字一样方块汉字。用共同的语言和文字进行思考、表达和沟通，这是共同文化中的民族特点的一个重要的表现。

台湾人民和大陆人民在民族性格、价值观念这个层面上也体现了广泛的一致性，这就是所谓"民族特征的一致性"或"一致的国民性"。这种具有共同品质和风格的国民性，只能通过浏览两地文化构成的各种各样的特质和集结来领悟它，却很难用精确的语言来表述。在较普遍的观念中如好恶、心理取向、行为道德的通常原则、处理家庭关系及应酬人际关系等方面两岸有许多共同点。大陆和台湾不仅共同存在着中华文化的优良传统，而且在民族性格和观念中的弱点，也是十分相似的。换句话说，国民性的积极面和劣根性在海峡两岸都有所反映。在这个方面，外国人往往更加容易察觉和发现。正如菲利普·巴格比所说的"我们经常地用他的文化，而不是他所加入的社会来辨别一个中国人。他的服饰、言谈、习俗和如此等等之物，较之他究竟居住在台湾、新加坡、旧金山还是中国本土来得更重要"。[1]

总之，文化是具有民族特征的，民族语言、民族性格、民族传统等构成民族文化的独特性，这使得一种文化可以区别于另一种文化。以上我们粗略地从文化结合的几个重要层面上讨论了台湾文化与中华文化的关系，可以看出，二者之间的一致性是基本的、首要的。因此，我们可以说，台湾文化传承了中华文化的传统，在总体上和中华是一致的。

二、台湾文化的特殊性

唯物史观认为，文化作为上层建筑的一个组成部分，它的发展受到经济基础的制约，反过来，也对经济基础发生影响。社会物质生产的发展、社会制度的变化对文化发生作用。此外，文化结构内部各个层面、各个要素之间的相互作用，外部因素的影响（生态环境、政治条件与其他民族文化的联系等）也对文化的发展发生作用。中国幅员辽阔，各个地区的差异相当大，各个地区一方面具有中华文化的基本特征，另一方面往往由于特殊的历史背景、地理环境和社会经济条件，形成了地区文化的独特性。这就是"地区性文化"或所谓的"亚文化"。早期的秦文化、楚文化、齐鲁文化、吴越文化到近代的海派文化、内地文化的区分，都说明了这一点。

台湾由于地处海岛，开发较晚，历史上又曾受日本的殖民统治，近半个世纪以来与大陆隔绝，社会制度不同，与外族文化联系的情况也不同，诸如此类因素，使得台湾与中国大陆在文化上产生了一些差异。这种差异与同一社会性质条件下的地区性文化相比，更具有特殊性。因此，我们赞成用"台湾文化"一词，以便更深入地研究这种亚文化的特性。

文化是历史的投影，是历史可以理解的方面。台湾历史的特殊性造就了台湾文化独特性的一面。从历史上看，在汉移民大量来台之前，台湾本岛上居住的是台湾少数民族。公元16世纪末、17世纪初台湾西南部海岸还有四万余人的平埔人，"平埔各族人在汉人移入本岛以后，先后为汉人所同化。现在绝大部分人和汉人没有区别，已被归入汉人人口之中"。[2] 所以台湾少数民族文化（土著文化）构成台湾文化的一个独特部分，但只是次要部分。

1624—1662年台湾被荷兰殖民者侵占了38年，但因时间不长，范围不大，从现在看来，所谓"荷西文化"对台湾文化的影响可以说是微乎其微，更谈不上是台湾文化的一个组成部分了。

郑氏时代和清朝统治时期，共233年，大陆移民大量来台，除了带来原乡的传统文化之外，还在新环境的斗争中形成了一种较为独特的"移民精神"，包括热情浪漫、冒险患难精神和理想主义。同时，由于不同祖籍的移民之间频繁地进行"分类械斗"，在移民中逐渐形成了一种"分类意识"的狭隘的地方主义观念。

甲午战争，清朝战败，1895年将台湾割让给日本，此后50年，台湾成了日本的殖民地，在社会性质和政治制度上都和祖国大陆有很大差别。在文化领域里，大多数台湾人民仍然保持中华文化，保持了强烈的中国意识。但是日本极力推行同化政策和"皇民化"政策，要"把所谓'日本国民精神'渗透到岛民生活的每一个细节中去，以确实达到内台如一的境地"。[3]禁止使用汉文，代之以日文，封闭中国式寺庙，毁神像，改"参拜"日本神社，改中国服装为日本和服，改中国姓名为日本姓名（1940年的"改姓名运动"），禁止中国民间节日活动等等，强制台湾人民接受日本文化。日本殖民者的政策，虽然摧毁不了传统的中华文化，但却"在很大程度上侵犯了台湾同胞十分珍视的民族文化传统和独立精神，破坏了台胞世代相传的宗教信仰和生活习惯"。[4]同时，"在少数台湾人的意识中留下了始终不能平复的伤痕"，[5]造成一种"被殖民心态"，亲日媚日，在某种程度上产生了"日本化"的倾向，甚至少数台籍知识分子"老是依据日本人的观点去看问题，去判定事物"。[6]在日本殖民统治下，台湾居民产生了以下几种意识：认同于日本的"日本意识"；被遗弃、无力自救的"孤儿意识"；要求创造台湾独特文化、做台湾主人的"台湾意识"。可见，日据50年对台湾文化特殊性的形成发生了重大影响。

1945年台湾光复到现在40多年间，台湾和大陆走上了不同的道路，不仅政治制度、经济制度完全不同，在文化上也有明显的差异。中国大陆以马列主义、毛泽东思想为指导，批判继承了中华文化的遗产，吸收世界文化的优秀成果，正在建设有中国特色的社会主义文化。台湾方面，一面提倡中华文化的"复兴"，重视传统文化，很少进行批判，自认为在传统文化上比中国大陆"更具持续性""更具中国性格"；一方面接受欧美、日本文化的极大影响，不少上层官员和高级知识分子留学美国、日本等，亲美、亲日的舆论相当普遍，所以，西方文化在台湾社会生活中占据突出的地位。此外，还有人鼓吹建立"超脱于中华文化的台湾文化"。显然，当代台湾与大陆在政治、经济制度上的差异，导致文化上的明显差异。因此，在了解台湾与大陆在文化上的一致性的同时，不能不重视台湾文化的特殊性。

三、台湾文化、中华文化与世界文化

文化具有延续性和变异性，文化的自我保持是一种文化能够生存的必要条件，文化的自我更新是一种文化能够发展的必要条件。这里就涉及保持传统文化与吸收外来文化的问题。中华文化在它的发展过程中，曾经不断地吸收外来文化，使西方文化与中国传统文化相结合、相融会，但又保持自己的独立性，因此能够成为一个独立发展的文化体系。今后，中华文化仍然要吸收世界文化的优秀成果，使世界文化与民族文化相结合，现代文化与传统文化相结合，创造出中华民族的新文化。

中国各个地区由于与外来文化接触的情况不同，各地区性文化的组成成分也有所不同。例如：东北地区除了汉文化以外，还有满族文化，还吸收了日本文化、俄罗斯文化、朝鲜文化等；西北地区则保留了西域文化、伊斯兰文化的成分。

台湾文化在自己的发展过程中，也吸收了一些外来文化，这是不可否认的事实，问题在于应当怎样看待这个问题。某些台湾学者提出以下几种论点，我们认为有必要加以商榷。

（一）他们认为"中华文化只是台湾文化的一部分"，否认台湾文化和中华文化的一致性。这种观点认为台湾文化完全不同于中华文化，而是一个完全异于中华文化的独立文化实体；或者只承认中华文化是台湾文化众多成分中的一种成分。有的学者认为："台湾文化不同于中华文化或大陆汉文化，台湾文化自成一个系统。自长滨文化（一万五千年）开始到今天，它包括了山地文化、荷西文化、满清文化、日本文化、大陆沿海汉文化、国民党买办封建文化、美欧文化，错杂交汇，终而塑造了自己的面目，大大的与大陆传统的汉文化不同。以这个基础，就形成了'台湾民族'而和吞并主义的'中华民族'完全划开关系了。"[7]

有的学者认为台湾文化有五大渊源："原住民"文化、汉移民原乡文化、汉移民社会移民文化、各宗教教派文化、日本和欧美文化。[8]

以上"七种成分论"和"五大渊源"都想从台湾文化组成部分的纷繁复杂来证明台湾文化不同于中华文化。我们并不否认文化的多元性和地区性，也不否认不同文化的相互影响，关键是：所谓的各种文化成分和文化渊源在整体文化中各占多少比重？其中，核心的、占主导地位的文化成分又是什么？很显然，"七种成分论"和"五大渊源论"都回避了这些关键的问题，而不分清主次，就无法确定一个事物的性质。"七种成分论"中的"满清文化""大陆沿海汉文化""国民党买办封建文化"都属于同一成分、同一文化系统。所谓的"满清文化"，如果指的是以清代统治者为代表的满族文化，当时在中国各地多少有一些影响，而对台湾来说，影响则十分微弱，更没有形成台湾文化的一个组成部分。清代台湾文化和大陆（特别是闽、粤两省）文化基本上是一致的。同样，"五大渊源论"中的"汉移民原乡文化"和"汉移民社会的移民文化"也属于同一渊源。在这些"成分"和"渊源"中中华文化始终占主导地位，成为台湾文化核心。就是说，台湾文化仍旧属于中华文化。至于其他"成分"和"渊源"在台湾文化中有什么地位呢？

先看"原住民"文化（或山地文化），它的确是台湾文化中的一个成分，但正如"原住民"的人口及语言在台湾所占的比例一样，占2％的人口、语言的文化并不是决定台湾文化特质的因素。况且，还有人认为"原住民"文化也是中华文化的一个支流。[9]荷兰人据台时间短，范围小，而且当时台湾人口很少，距今久远，已经很难举出"荷西文化"还有什么具有深层影响力的表现了。至于日本文化和欧美文化确实对台湾文化产生较大影响。日据时代的50年以及战后的40年台湾与日本文化的密切关系，都使日本对台湾发生了较大影响，战后美国及西方文化对台湾的影响也十分明显。这些因素都是导致今日台湾文化与大陆文化差异的重要因素，但它们远远不足以构成台湾文化的核心和主体部分，这些冲击也不足以改变台湾文化的基本内核。日据时代台湾人民保存了中华文化传统，建立在共同文化基础之上的民族意识成为联系台湾人民的精神纽带。美国及西方文化的影响，也没有使台湾"全盘西化"，文化的内核和文化特质仍然没有改变。开放探亲以来形成的"寻根热""探亲热""大陆热"，表明了台湾人民在文化认同上的主流。由此可见，那种"台湾文化不属于中华文化""中华文化仅是台湾文化一部分"的论调显然是错误的。当前，大陆与台湾存在着文化的差异性和多样性，但这不是文化内核、特质上的差异，在世界性的文化交流日益频繁的文明状态下，地方的"独特文化分解成了只不过是民族文化中的地方性或地区差异"而已。[10]

（二）他们认为中华文化是"旧传统"，是"时代改革的包袱"。有的学者指出，台湾文化"一方面来自大陆移植而来的文化，另一方面是外来的世界性的文化，两者交织而成"，又说"台湾文化有旧传统和新传统两部分。旧传统是指华人数千年来传承的文化；新传统即台湾数百年来发展的文化，包括战后40年来与大陆分道扬镳之发展而有若干国际化的文化"，其中，"旧传统成为时代改革的包袱"。[11]还有人认为"汉文化成为一种文化灾难"，因而主张台湾文化应当"和中华文化划开"，应当"超脱于中华文化"，应当"从中国人意识的纠缠中走出来"。这些论点至少有以下几个错误：

第一，他们认为中华文化是固定不变的，而其他文化却都在进步中。这种看法既不符合文化的延续性和变异性理论，也不符合千百年来中华文化发展的事实。

第二，他们认为中华文化只有糟粕没有精华，而外来文化则只有精华没有糟粕。这是一种典型的文化虚无主义。中华传统文化中保存着不少优秀的成果，受到世界各国人民的尊重和钦佩；而西方文化也存在不少问题，因而受到当代许多思想家的怀疑和批判。所以，应当说，任何文化都具有优点和缺点，精华和糟粕，而且这二者往往是交织在一起的。对于一种文化既不能全盘继承，也不能全盘否定，既不能全盘排斥，也不能全盘吸收。把中华文化一概视为"旧传统"，而把西方文化一概视为"新传统"的观点，显然是错误的。

第三，他们认为自己能够摆脱中华文化，而创造出一种不受中华文化影响的新文化。他们不知道新文化是不能摆脱旧文化而产生的，它只能在旧文化的基础上，在传统的基础上，通过引进外来文化的积极因素和改进旧文化而进行改造与创新。马克思有一句名言："人们创造自己的历史,但是他们并不是随心所欲地创造,并不是在他们自己选定的条件下创造,而是在自己直接碰到的既定的、从过去传承下来的条件下创造。"文化的改造和创新也应当如此。

总之,我们认为,台湾文化是中华文化的一个分支,是和中华文化具有广泛一致性的一种亚文化,但它又具有较大的特殊性。这种特殊性主要来自两方面,一方面是台湾特殊的历史背景和社会经济条件,另一面是台湾文化、中国大陆文化与外来文化、世界文化的接触、联系的不同。我们认为用这种观点来解释台湾文化与中华文化的关系比较符合历史实际。

(《台湾研究集刊》1992 年第 1 期,本文与吴志德合作)

注释:

[1] [美]菲利普·巴格比:《文化:历史的投影》,上海译文出版社,1987 年,第 115—116 页。

[2] 陈奇禄:《民族与文化》,台湾,黎明文化事业公司出版,1981 年,第 36 页。

[3] 陈碧笙:《台湾地方史》,中国社会科学院出版,1982 年,第 277 页。

[4] 同上,第 279 页。

[5] 王晓波:《走出台湾历史的阴影》,台湾,帕米尔书店,1986 年,第 302 页。

[6] 戴国煇:《两个尺码与认识主题的确立》,《台湾与世界》1986 年第 2 期,第 78 页。

[7] 宋泽莱:《台湾人的自我追寻》,台湾,前卫出版社,1988 年,第 125—126 页。

[8] 李乔:《台湾运动的文化困局与转机》,台湾,前卫出版社,1989 年,第 36—37 页。

[9] 陈奇禄:《民族与文化》,台湾,黎明文化事业公司出版,1981年,第42页。

[10] [美] 菲利普·巴格比:《文化:历史的投影》,上海译文出版社,1987年,第123页。

[11] 郑钦仁:《历史文化意识对我国政策之影响》,台湾,"国家政策资料研究中心",1989年,第16页。

中国传统文化与台湾社会变迁

有关中国传统文化与当代台湾的关系问题，已经发表许多论文进行讨论，本文试图从另一个角度，即从台湾历史上几次社会变迁与传统文化的相互关系着手进行探讨。这里需要说明的是，所谓社会变迁有不同的定义，它一般是指传统社会向现代化社会的演变，同时也指社会形态、社会制度、社会结构、生活方式等方面的改变。本文则结合台湾历史的具体情况，就台湾从移民社会转变为定居社会、从传统的中国社会转变为日本统治下的殖民地社会、从农业社会转变为工商社会这三次社会变迁，说明中国传统文化对上述三次社会变迁的影响，同时也说明社会变迁对传统文化的影响，并在这个基础上就当代台湾与中国传统文化有关的一些问题进行讨论。

一、从移民社会到定居社会

台湾原来是一个移民社会，移民主要来自闽粤两省，经过若干世代的繁衍，逐渐在台湾定居下来，大约到了19世纪60年代，台湾已经成为一个定居社会。这个社会转型是相当明显的，大体上说，它主要发生了如下的变化：居民由以移民为主转变为以移民的后裔为主；社会结构由以不同祖籍的地缘关系为主的组合，转变为以宗族关系为主的组合；政权结构从不健全变为相对健全；领导阶层从豪强之士转变为士绅阶级；市镇兴起与人口流动打破了畛域，融合了民性；尊奉神祇渐趋统一；中华文化的影响不断加深；等等。[1]

从文化的角度来看，在移民社会里，由于多数移民来自闽南、客家，因此，在语言、风俗、生活方式等方面与闽粤基本相同，在感情上、传统上和母体社会有着密切的关系。但由于早期移民多是来自社会下层，带来的主要是母体文化中的小传统，即民俗文化部分，精致文化或大传统的影响还很小。

到了定居社会，居民的文化水平有所提高，大陆的宗族制度、乡族结构、科举制度、文化思想相继移植过来，中国传统文化中的精致文化（或称大传统），特别是以孔孟学说为代表的儒家思想，对台湾社会的影响逐渐加深。清代台湾先后设立37所书院，其中14所是在定居社会（即1860年以后）设立的；清代台湾人士中进士者有29人，中举人者有251人，其中在咸丰至光绪年间中进士者达21人，中举人者达106人。[2] 再从诗社来看，在咸丰年间以前，台湾诗社、文社为数甚少，大多数是在光绪年间才设立的。这些情况表明，在定居社会中，随着文化教育的发达，传统的文教制度、科举制度逐渐兴盛，中国传统文化中的政治观念、道德观点等也对台湾加深了影响。

不仅如此，在民俗文化方面，随着家族的发展，大陆上原有的宗族观念和家族制度也逐渐移植到台湾，出现了宗族家庙、祖公会、祭祀公业、以阄分字为基础组成的"血食尝"等等，这说明在小传统部分，传统文化的影响也在加深。

总之，从移民社会到定居社会的变迁，宗族制度的建立和士绅阶层的形成，都使得中国传统文化在台湾得到进一步的传播。另一方面，传统文化也对社会变迁起了促进作用，使台湾社会向传统的中国社会更加靠近。这个时期传统文化与社会变迁是相辅相成、互相促进的，因为二者具有同质性。

二、从传统社会到殖民地社会

台湾社会在清代后期已经形成与当时大陆十分相似的传统的中国社会，但是，这个社会的发展被日本侵占台湾所打断。

1895年以后的半个世纪，台湾沦为日本统治下的殖民地社会，这个时期台湾社会发生了以下主要变化：日本殖民者成为台湾的统治者，在政治上进行专制的统治；台湾产业结构被改造为以糖业和稻作专业化生产为中心的单一种植经济，后来为了使台湾成为日本南进基地，而建立了一些工业部门，形成殖民地资本主义经济，日本垄断资本全面控制了台湾经济，但以地主佃农为基础的传统经济仍占重要地位，70%以上的人以农为生。

与此相适应，在文化方面，日本殖民者极力推行同化政策和皇民化政策，企图以日本文化取代中国传统文化。为此，他们推行日语，排斥汉字，灌输皇国思想、帝国观念，企图改变台湾人民原有的风俗习惯和民间信仰，直至消灭中华文化和民族意识。

在这个时期中，原来占主导地位的中国传统文化，受到外力的强大冲击，台湾人民被迫为保存中国文化、抵制日本文化而起来抗争。"台湾文化协会"便是以社会与文化运动反抗日本殖民统治、激发民族意识的一个重要社会团体。台湾同胞还创办汉文报纸，举办汉语讲座，开设私塾、诗社，倡导乡土文学，保持传统的家族制度、祖先崇拜，以及婚丧礼俗和民间信仰，为维护中国传统文化而表现出不屈不挠的民族精神。经过几十年的实践，不论在精致文化还是民俗文化方面都保留了不少传统文化，特别在农村，重血统，拜祖宗，在感情上、风俗上都仍然是中国式的。有人认为日据时代台湾保持着"最完整的中国农村文化型态"[3]，日本人也不得不承认"能同化有几千年历史传统的几百万人之民族，是绝没有先例的"[4]。

但是，另一方面，在日本强势压制下，中国传统文化的影响难免受到削弱，而日本文化则在相当程度上发生它的影响。例如，在精致文化方面，由于日本的限制，台湾大学生只能攻读医科、农科、商科，而不能学习社会科学学科，各级学校都以日语教学，当时所培养的人才，多数比较熟识日文，对汉文的学习相对较少。经验证明，语文能力达到一定水平后，往往会影响人们的观念和思考方式。当时台湾有一部分人从深层文化方面受到日本的影响，少数人成为"日本化的台湾人"。就一般民众来说，日本也要把他们训练成为日本所用的人，为此，日本一方面以生活教育来改变原有的生活习惯，培养有纪律、整洁等习惯，一方面，像训练军人那样，灌输"忠于天皇"的思想，以养成服从、守法等精神，在这方面他们也获得了一些成绩。

总之，在日据时代的台湾，中国传统文化受到依仗政治军事实力扶持的日本文化的强势冲击，而处于被排斥的弱势地位。台湾人民为维护中国传统文化的生存作了努力，但却很难有所发展，特别在精致文化或精英文化方面，受到日本文化更多的影响。

在这次社会变迁过程中，中国传统文化的功能主要表现在两个方面：一是它保持了台湾作为一个中国社会的特质，从汉语、汉文到传统道德，从民间风俗到思维方式，都保持了中国式的风貌，延续了中华文化的传统；二是它抵挡了日本文化的强力冲击，使台湾社会日本化的企图未能实现。但是，应当看到，经过50年的日本统治，日本文化已经成为台湾文化中的一个组成部分，或者说，日本文化已经成为台湾的另一种传统文化。相对地说，中国传统文化有所削弱。如果不是因为殖民统治的结束，日本文化势必进一步加深其对台湾的影响。

三、从农业社会到工商社会

第二次世界大战结束后，台湾归还中国。40多年来台湾社会的发展可以粗分为两大阶段，即"农业社会阶段"与"工商社会阶段"，二者大体上以1960年代为分界点。[5]

在第一阶段，由日本统治的殖民地社会转变为由中国管辖的社会，当时台湾社会的变化主要表现在：日本殖民者已不是台湾的统治者，日本垄断资本失去对台湾经济的控制，而由中国官僚资本所取代；原来被日本殖民者占有的土地收归官有，起初仍保留封建土地制度，后来经过土地改革，小农阶级兴起，旧地主阶级消失；产业结构仍以农业为主，农业就业人口占总人口半数以上。这个阶段的社会变迁主要是政治因素决定的，是政权更迭的结果，从社会结构来看，仍然属于农业社会。

第二阶段，由农业社会转变为工商社会，即资本主义社会。"资本主义化下的工业成长和都市成长，明显地导致了台湾近数十年来的社会结构转变。"[6]这种转变主要表现为几个阶级在整个社会阶级结构中地位的变化：小农阶级所占比例显著下降，成为一个弱势阶级；劳工阶级所占比例逐渐上升，在数量上超过其他阶级；新的中产阶级开始形成，并日益成为一股重要的社会力量。总之，从农业社会转变为工商社会，台湾社会出现了多元化的特点，许多新的社会问题由此而产生。

与上述社会变迁过程相适应，在文化上也出现一系列的变化，当然，文化的变化和社会变迁并不是同步的，但是40多年来的变化还是清晰可见的。

第一阶段，台湾当局极力摒弃日本殖民文化，重建中国文化传统。早在1946年初，台湾省行政长官公署就在各国民学校中废除日据时期的"课程号表"，增加国语、公民、历史等科的教学时数。同年4月成立台湾省国语推行委员会，后来又出版《国语日报》，推广国语运动，在客观上对削弱日本文化的影响，恢复和发展中华文化起了相当的作用。与此同时，大批人员从大陆迁往台湾，在各级学校进行以儒家思想为主的传统文化的教育，大有"把整个中国传统文化从大陆搬到台湾来"的气势，所以有人认为在相当长的时间内，台湾比大陆更像中国传统社会，有人把台湾看做是中国传统社会的"移植案例"，而称之为"中国社会文化研究的实验室"。[7]

第二阶段，随着社会的多元化，中国传统文化、日本文化、西方文化三者都对台湾社会施加影响，三者互相较量，使得台湾社会文化发生了复杂的变化。传统文化以政治观念、道德观念主导一切，难以适应社会的发展，于是，在60年代，台湾发生"中西文化论战"，有人主张全盘西化，以西方的理念作为标准，向传统文化和权威提出挑战。70年代台湾当局发起"中华文化复兴运动"，企图重整固有的伦理道德，维护传统文化的地位，但已显得力不从心了。人们还就传统与现代化问题进行讨论，企图从传统与现代、本土与西化之间找出一条新路。80年代强调文化建设工作，但在外来文化冲击下，商品化的大众文化充斥于整个社会，另一方面，出现了"台湾新文化运动"，主张排拒中华文化，提出台湾文化要与中华文化划分开来。社会多元化带来文化多元化，在强调文化复兴的同时，人们发现台湾"完全暴露在西化和日化的侵蚀当中"，所以有人担心台湾的文化"将变成不连续（不继承传统）、不确定（无固定方向）的状态，唯一可以确定的是舶来品、外来的生活方式将扮演日益重要的角色"。[8]

就文化的各个层次来看，中国传统文化、日本文化、欧美文化对台湾的影响有所不同。在精英文化方面，台湾当局固然极力提倡中华文化，在传统文化的研究、教育和传播方面做了不少工作，当局以儒家思想诸如忠孝节义、礼义廉耻、忠党爱国、政治伦理等等教育人民，把它作为政治文化的重要组成部分。但是当今台湾政坛基本上追随西方的政治理念，中华文化的影响已经削弱。有人指出，近年来台湾在反传统、慕西化的双重打击下，"中华文化遗产所剩无几"。[9] 这种说法难免有些夸张，但却反映了发展的趋势。在大众文化方面，西方和日本的影响更为严重，从MTV、卡拉OK到盗版录影带，从好莱坞电影到日本色情漫画和畅销企管书籍，这些直接为大众消费而制造出来的文化商品，内容贫乏低俗，受到国际上庸俗大众文化的强烈影响。在这个方面，传统文化几乎已经没有立足之地了。只有在民俗文化方面，传统文化和本土文化还保持相当的地位。民俗文化不仅表现在风俗习惯、民间信仰等日常生活之中，而且表现在社会心理、精神面貌等"使中国人之所以成为中国人"的国民性之中。从上述三个层次来看，40多年来，由于受到社会变迁和外来文化的冲击，中国传统文化在台湾似乎已经失去了不少阵地，其影响有所削弱。

至于中国传统文化与现代化的关系问题，过去有过不少讨论。大体上说，人们对传统文化的作用有肯定的一面，认为传统文化中的精华部分对现代化仍有积极意义，例如：在政治文化上，修身齐家治国平天下、和谐统一、和而不同、刚柔相济、尚仁贵中等传统观念，已经成为政治伦理的重要原则；在经济文化上，以诚信待人、勤劳节俭、以儒家思想为主干的企业伦理，重视血缘、地缘、学缘的人际关系等等，都对以家族经济单位为基础的台湾中小企业的发展起了重要作用；在社会生活中，传统的伦理道德观念，尊老爱幼、和睦邻里、正己正人、以身作则等等，有助于养成良好的社会风尚。但是，传统文化对现代化的负面作用也是很明显的，例如：强调上下尊卑的宗法伦理观念，导致领袖偶像化、权力集中、定于一尊的"臣属政治文化"，阻碍民主政治的推行；家族制度导致尊重老年权威、家长统治、家族技术保密等等，使企业家的精神难以养成。即使被视为优秀传统的勤奋、节俭、忍耐、安分、重视伦常和道德等等，也有其负面作用，由于它的"惰性效应"，制约了新观念的产生和实施，因而成为政治进步和经济发展的一种障碍。

传统文化是在一定的社会经济制度的基础上产生和发展起来的，适应于农业社会的文化是否能够适应于现代社会，这个问题在台湾曾经并正在进行争论。有人主张全盘西化；有人主张全盘否定旧传统（中华文化被称为旧传统）而保留新传统，"即台湾数百年来发展的文化"；有人主张改造旧文化，或对传统文化加以新的诠释，或进行所谓"创造的转化"，即在现代化过程中，对传统文化进行自我改造、更新和调适，以适应社会形态的现代化。但是，传统文化的现代化并非易事，目前传统的价值观念体系受到严重冲击，而新的价值观念体系尚未确立，追求实际利益的观念，诸如功利主义、拜金主义、投机主义等充斥于社会，富而无礼，富而不义，社会文化出现危机。此外，由于政治因素的渗入，文化问题更加复杂化了。

四、两个问题的讨论

（一）对传统文化的态度问题

回顾台湾社会变迁的历史过程，使我们对传统文化与社会变迁的关系有如下一点认识：在台湾历史的不同时期，中华传统文化所处的地位是不相同的。从清代前期直到日据以前，台湾基本于属于中国传统社会类型的社会，所以传统文化可以占有统治地位，而随着移民社会到定居社会的变迁，传统文化的地位更显得重要。在日据时期，中国传统文化受到外国统治和外来文化的压力和冲击，只能保持一定的地位，而无法得到发展。战后，中国传统文化得到一定程度的恢复和发展，但又面临社会变迁和外来文化的冲击而有所削弱，并已失去不少阵地。

为什么会出现这种情况呢？从唯物史观来看，可以作这样的解释：文化作为上层建筑的一个组成部分，它的发展受到经济基础的制约，反过来，它也对经济基础发生影响。社会物质生产的发展、社会制度的变化都对文化的变迁起作用。此外，文化结构内部各个层面、各个要素之间的相互作用、外部因素（生态环境、政治条件、与其他文化的联系等）的影响也对文化的发展起作用。中国传统文化是在农耕、宗法社会的基础上形成和发展的，[10]它适应于农业社会的经济基础和社会制度。而当农业社会向工商社会转化时，传统文化就难以适应新的经济基础和社会制度了，于是文化对社会发展的影响问题便被提出来讨论，加上强势的外来文化的影响，更使这个问题凸显出来，成为人们争议的一个焦点。由此可见，随着社会的变迁，传统文化必然面临能否适应的问题，不适应的部分必然受到冲击，甚至被淘汰，这是历史的规律。

但是，传统文化是不应被全盘否定的，新文化不能摆脱旧文化而产生，它只能在旧文化的基础上，在传统的基础上，通过引进外来文化的积极因素和改进旧文化而进行改造与创新。传统文化必然有所保持，又有所创新，保持是一种文化生存的必要条件，创新是一种文化生命运动的表现。因此，把中华文化视为"时代改革的包袱""一种文化灾难"，主张台湾文化应当"超脱于中华文化"的观点是不切实际的。反之，一切回归传统，也是一种空想。既不抛弃传统，又不固于传统，适应时代，超越传统，通过传统与现代、本土与西化的相互吸收和融合的过程，才能创造出适应于新时代的有本土特色的新文化。

（二）民俗文化的生命力问题

民俗文化，这里指的是区别于大众文化的民间通俗文化，它一方面是传统的承续，一方面是从庶民日常生活中提炼出来的生活性文化。我们从台湾社会变迁的过程可以看出，民俗文化是最具生命力的传统文化。不论在移民社会、定居社会还是在日据时代和现代，民俗文化代代相传，形成文化共识，在价值取向、理想人格、思维方式、社会心理、精神面貌等方面，保留着不少"台湾人之所以成为台湾人的东西"，如果对这些文化特质进行分析，可以发现其中既有台湾本土的特色，又有不少就是"中国人之所以成为中国人的东西"。正如菲利普·巴格比所说："我们经常用他的文化，而不是他所加入的社会来辨别一个中国人。他的服饰、言谈、习俗和如此等等之物，较之他究竟居住在台湾、新加坡、旧金山还是中国本土来得更重要。"[11]

我们在对台湾和闽南文化进行比较研究时，发现二者在许多文化形式上有十分相似之处，诸如饮食文化（茶文化、酒文化、"补冬"等）、节日习俗、婚俗、丧俗、祭祀仪式、民间信仰等等，即使略有差异，也有可能找到其共同的历史渊源。这些文化形式为什么能够长期流传，成为传统文化中重要的不易改变的组成部分呢？台湾学者林美容提出一种观点："在诸多的文化内涵中，物质文化会随着外来的物质和技术的好用、有效率、易取得、易制造而改变，社会组织之人与人关系的安排也会随着物质技术、生产关系的改变而改变，但传统的思想、理念、情感、价值、宇宙观则是最不容易改变的，因为这是牵涉到一个文化之所以异于别个文化之文化认同的最后堡垒与最后依据，而仪式正是保存种种的思想、理念、情感、价值与宇宙观最丰富最具体的文化形式。"[12] 我基本上赞同这个观点，并且把它用来说明民俗文化的生命力问题。一种仪式，或一种文化形式，反映了千百年来的文化累积，成为一种不易改变的习惯，它的意义不限于它的本身，而在于它的背后有着长期形成的民众心理潜层的沉淀，即已经融入民众的骨髓和血肉之中的文化传统。这些仪式有其特殊的功能，它能联系同一族群、同一民族、同一文化的人们，成为一种团结的纽带，从而形成民族与文化的凝聚力和向心力。所以，可以说，在传统文化各个层次中，民俗文化是最具有生命力的部分，是不容易随着社会变迁而改变的部分，是最有文化传承机能的部分。最近有的台湾学者提出要"提倡台湾本土的庶民文化"，如果这指的是台湾社会长期形成的共同心理素质、思维方式、抒情方式、行为方式、价值观念等文化共识，那么其主要部分就是这里所说的民俗文化，这正是台湾文化、中华文化不同于其他文化的最重要的依据之一。

(《台湾研究集刊》1992年第4期)

注释：

[1] 陈孔立:《清代台湾移民社会研究》，48—53页，厦门大学出版社，1990年。

[2] 李国祁:《清代台湾社会的转型》，《中华学报》，五卷二期，149页。

[3] 《中国论坛》，二十七卷三期，25页。

[4] 滨田恒之助等:《台湾》，644页，东京。

[5] 《台湾地区社会变迁与文化发展》，代序，11页，中国论坛出版，1985年。

[6] 萧新煌:《富裕化多元化和社会结构的转型》，《潮流月刊》，十五期。

[7] 陈绍馨:《中国社会文化研究的实验室——台湾》,"中研院"民族所集刊二十二期。

[8] 李亦园编:《辨思与择取》,83页,敦理出版社,1987年。

[9] 同上书,17页。

[10] 冯天瑜等:《中华文化史》,第四章,上海人民出版社,1990年。

[11] 巴格比:《文化:历史的投影》,115—116页,上海译文出版社,1987年。

[12] 林美容:《族群关系与文化分立》,"中研院"民族所某刊六十九期。

《认识台湾（历史篇）》平议

最近台湾编出的教科书《认识台湾》，引起各界的议论，人们从不同角度对它展开批评。该书社会篇编审委员会主任委员杜正胜表示，他们"决心要超越统独意识，编出忠于历史的教科书，结果现在引起各党派的批评，不正显示出其客观性吗"。该书历史篇编审委员会主任委员黄秀政则认为他们"不论统独，单纯描述史实"，却受到批判，而感到委屈，他大声疾呼"让编审客观中立，政治干预可以休矣"。

据我所知，该书编委会确实有不少对台湾历史作过相当深入研究的学者，他们确实不希望受到政治的干预，而希望能够编出忠于史实的教科书。可是，最终拿出来的成果，却和他们的愿望有很大差距，带有明显的政治干预的痕迹，这不能不令人感到遗憾。以下我们根据预计在1997年8月出版的《认识台湾（历史篇）》"专供教师研习使用的""模本"加以评论。

有尊重史实、客观中立的一面

该书毕竟是由许多历史学者参与编写的，如果全部按照某种意识形态或政治目的来编写，他们是无法接受的，因此，我们在该书中可以看到有尊重史实、客观中立的一面。例如：

一、书中提到："十二世纪前半叶，已有汉人移居澎湖，并且到台湾从事贸易和短期居住"；"郑氏还大量吸纳中国大陆移民来台垦殖"；"由于闽、粤人陆续大量的移民来台，汉人的垦殖范围不断扩张"；"清领台湾以后，有愈来愈多的汉人移民来台"；等等。这可以说明是谁在开发台湾中起主要作用。如果能够举出清代前期人口激增的事实，就更有说服力。

二、在介绍台湾建省后的建设时，该书指出"台湾已经是当时最现代化的行省"。这是从史实上批驳了"日据当初，台湾是荒芜之地，可说是世界上最落伍、最野蛮的地方"之类的谬论，同时也是对"只有日本统治才使台湾开始进步"的观点给予澄清。

三、该书指出，在日本统治时期，"经济上，初期改革农业，使台湾成为日本稻米和蔗糖的供应地；后期推动工业化，台湾成为日本南进的补给基地"。这是在经济上揭露了日本殖民统治的实质。这和鼓吹日本统治下台湾经济"面朝资本主义化发展"，"日本为台湾带来产业的开发、工业的发展，使台湾走上现代化的路"之类的观点显然有本质的差别。

诸如此类的尊重历史、客观中立的写法是值得肯定的。

政治干预的表现

正如黄秀政教授所说，他们的编委会"力求兼顾不同政治主张的学者"。这样，他们就不可能完全不带政治观点地参加编审工作。树欲静而风不止，主持人希望客观中立，参与者则未必都能做到。实际上，从编审过程和编审的结果，我们不难找出政治干预学术的迹象：

一、关于"基本共识"。黄秀政指出:"课程标准草案研订期间,对台湾的定位虽有'台湾的台湾'与'中国的台湾'之争论,但最后终能各让一步,取得以客观中性的用词来解读台湾历史的共识。"[1]又说:"当时大家都有共识,不论统独,单纯描述史实。"[2]这告诉我们,不同政治主张的学者曾经就台湾的定位问题进行过争论,结果不是一方说服另一方,而是"各让一步"。但是,这显然是黄教授个人的看法,编委中的其他人不一定有同样的理解。例如,郑梓教授,他认为不同主张的学者难免各持所学,各逞己见,但宽容、平和与节制,并且有一个"基本共识",那就是"至少坚持住以台湾人的观点写台湾史"。[3]这说明主张"台湾的台湾"与主张"中国的台湾"进行争论的结果,并非"各让一步",而是一方战胜另一方,即以"台湾人的观点写台湾史"取得了胜利,而主张"中国的台湾"的一方不得不作出让步,使得编审过程中在台湾定位上远离了"中国的台湾"。本书中的许多问题就是由此而产生的,它使得"单纯描述史实"的美好愿望无法实现,这就是政治干预学术的最大危害所在。我们不是简单地反对"以台湾人的观点写台湾史",关键要看排斥"中国的台湾"的观点是不是可以代表"台湾人的观点",这是在获得"基本共识"时必须弄清的问题。

二、关于"台湾历史的特色"。如果按照"单纯描述史实"的主张,在"国中"教科书中完全没有必要写这样一段,决定要写,显然出自政治的需要。对这样一个大问题未有认真深入的研究,只靠在编写过程中的"研发",不可能作出令人信服的结论,匆匆忙忙写进教科书,这并不是"对知识、对学术负责"的态度。王仲孚教授提出,"个人的学术特殊观点,在没有透过著作,并经学术界检验之前,不可放入教科书当实验品"。[4]我同意这种看法。

所谓历史的特色,应当是指那些与众不同的地方,你有他也有,就不能算特色了。特色是相比较而存在的。台湾历史的特色应当是台湾与周边地区相比较，与中国其他行省相比较之下，显示出的它与众不同的地方。该书所列台湾历史的特色是：多元文化、对外关系密切、对外贸易兴盛、冒险奋斗和克服困难的精神这四点。这算不算是特色呢？起码它从未获得学术界的共识或公认，不能轻易地写进教科书。如果稍作推敲，就会看出不少问题。例如，多元文化，是不是台湾历史的特色？杜正胜先生写道："举世研究中国上古史的人都承认中国古代文化的多元性，各地民族文化逐渐融合而形成华夏文化，成为汉文化或中国文化的前身，有共同性但仍然保留特异性。"[5] 可见，多元文化不是台湾所独有，也不是它与众不同的地方。再如，对外关系密切和国际贸易据点。台湾从明末开始与外国逐渐有所接触，而在此之前很久很久，福建的泉州就已经是国际大港了；从荷兰统治时期到郑氏时期，台湾对外贸易都与大陆各港口有密切关系；到了清代前期，台湾与外国几乎没有来往，正如林满红教授所说，"1683年清朝统治台湾以后，到1860年台湾对西方开放贸易以前，大陆却几乎成为台湾对外贸易的唯一对象"。[6] 所以，书中所说在清代前期"台湾又再度成为国际贸易据点"是与史实不符的，需要改正。到了清代后期，开放五口通商，福建省的福州、厦门先在19世纪40年代开港，60年代才开放淡水、鸡笼、打狗、安平。当时与外国贸易最主要的口岸是上海和广州。可见对外关系和国际贸易能不能算是台湾历史的特色，还需要进行充分的研究和论证。

实际上，台湾历史是有其特色的。例如：台湾曾经被荷兰侵占达38年，被日本殖民统治了50年，这是全国其他地区所没有的；台湾与其他地区相比，是一个开发较晚的地区，也是最迟建立行省的一个地区，台湾主要是由大陆移民开发的，因而台湾与闽粤两省有着特别密切的关系。这些都是台湾与众不同的地方，似乎可以算是台湾历史的特色。这里只是举些例子，抛砖引玉，并说明"台湾历史的特色"这个题目是值得进行一番研究才能作出结论的。至于为什么要把不是特色的东西说成是特色，除了政治干预以外，很难作出解释。

三、不应有的"历史失忆"。由于"中国的台湾"受到排斥，有些重要的历史事实被有意无意地"失忆"了。例如，元代在澎湖设立巡检司，归福建晋江县管辖，这是中国政府在澎湖地区设置的行政机构，为什么不提？与此相关的，宋朝在澎湖驻军，隋朝在"流求"（台湾）的活动，三国时代吴国军队到达"夷洲"（台湾），也都"失忆"了。由于同样的原因，在写到"通商港口之开放"的背景时，没有放在外国侵略中国的大背景之下来考察，使得读者以为列强只是对台湾感兴趣。写到"二二八事件"的背景时，不讲当时全国的形势，只讲行政长官公署的措施失当，是无法讲清历史真相的。

四、"中性"的用词也有它的立场。用"郑成功'进取'台湾"，而不用"收复台湾"，似乎作者用的是中性的表述，实际上却反映了对领土主权的看法问题；用"甲午战后，日本'取得'台湾"，而不用"侵占""占领"，这样的中性用词，实际上掩盖了日本的侵略罪行。正如日本有人把入侵他国"中性"地称之为"进出"，台湾有人把"日本投降，台湾光复"改用中性的"终战"，这都不是什么"客观中立"，而是明显地表达了其政治倾向。反之，采用过去几十年不曾用过的、近年来才制造出来的、非中性的、具有强烈政治色彩的"中华民国在台湾"，取代中性的"第二次世界大战后"，来表述近几十年的历史阶段，更是留下了政治干预的深深烙印，难以洗刷。附带地说，把"未来展望"写入历史教科书，完全是外加的。历史是讲过去，不讲现在，更何况未来。这样写法，除了"制造舆论""政策宣示"以外，还能作何理解？

对于日本殖民统治的历史，如何正确表述是一个值得研究的问题。"既要批判其黑暗面,又不忽略其光明面",似乎是"客观中立"的,问题在于用什么样的态度来对待。在内容的选择、资料的取舍、所占的分量等方面,都可以看出作者的主观意图。

该书第八章第二节"社会变迁",从人口的激增、放足断发的普遍、守时观念的养成、守法观念的建立、现代卫生观念的建立等五个方面,集中地介绍了"日本现代化带来的光明面"。社会变迁主要是指社会结构方面的重大变迁,一般地说,在这个项目之下,应当讨论有关社会结构、生活方式、价值观念、行为规范以及人口等方面的变迁。在日本殖民统治下,台湾社会确实发生了巨大的变迁,和清代后期相比,重大的变迁至少可以列举如下:日本殖民地官僚体系取代了清朝官员的统治地位;在清代后期占有重要地位的西方外国资本受到日本的排挤而陆续退出台湾;原有的银行—洋行—妈振馆(merchant)—茶行的经营模式逐渐被淘汰;原来垄断两岸贸易的郊商相继衰落,大陆资本势力日益式微;日本资本大量涌入台湾,日本资本家集团在台湾经济中占据了统治地位。可是,该书在"社会变迁"之下,不提这些重大的变化,而不惜用大量的篇幅,有选择地、突出地介绍价值观念和行为规范中的某些变化,并且只讲其"光明面",所占的分量竟然超过第三节反抗日本的"社会运动"。这就不只是知识问题,而是显示出意识形态的问题了。

主事者的苦衷

现在可以回过头来分析本文开头所提到的杜正胜、黄秀政两位先生的讲话。

杜先生认为该书引起各党派的批评,正说明该书的客观性。各党派的批评可能有其独特的立场,可是不能因为有各党派的批评,就认为一切批评都是"泛政治化",以此来拒绝所有的批评。仅就本文所提的一些问题,就可以看出,所谓客观性是很成问题的,是否"忠于历史",不能自我鉴定,还需要经过学术界的检验。

　　黄教授作为该书编审委员会的负责人,希望能够排除"政治干预学术"的困扰,力求"客观中立"。经过20次的讨论,才达到"不论统独,单纯描述史实"的共识,又经过30次会议,花了200个小时,才写出课本,可是却受到各方的批评,他感到相当委屈。吴文星教授说,每个章节都经过多次讨论,"经过这样的程序,几乎不可能还存在个人的意见"。[7]现在要黄教授为不是他的"个人意见"的东西负责,他的苦衷和委屈我们是可以理解的。不过黄教授却可以好好研究一下,为什么"基本共识"无法落实,为什么会留下不少政治干预的痕迹。看来"政治干预"似乎贯穿着整个编审的过程,所以,如何对待"政治干预"——不论是从编审委员会内部,还是从外部、从上面来的干预——已经成为学者们,特别是编审会的负责人需要研究的学术以外的课题了。

(《台湾研究集刊》1997年第3期)

注释:

[1]　台湾《中国时报》1997年6月6日。

[2]　同上。

[3]　台湾《联合报》1997年6月6日。

[4]　同上,1997年3月20日。

[5]　同上,1997年3月28日。

[6]　林满红:《四百年来的两岸分合》,台北,自立晚报文化出版部,1994年

版，22页。

[7] 台湾《中国时报》1997年6月6日。

《认识台湾》教科书引起的争议

一、争议的过程

台湾原有的中学教科书，有关台湾的部分分量太少，不少人都认为应当让学生多了解一些当地的情况。于是，1994年台湾"教育部"决定开设"认识台湾"新课程，并没有人表示反对。可是，1997年编出教科书以后，由于写法上有不少问题，引起了一场争议。其所以会出现这种情况，还要从"大环境"谈起。

近年来，台湾政坛上出现了一股分裂主义的倾向，有人极力鼓吹"台湾意识""台湾精神""台湾生命共同体"等等，向台湾民众灌输"脱中国化意识"。1994年李登辉与日本作家司马辽太郎的对话，提出台湾"必须是台湾人的东西""国民党也是外来政权""'中国，这个词也是含糊不清的"以及日据之前"台湾是个化外之地"等等，传达了分裂主义的强烈信号。接着，他在接受《自由时报》专访时，公然美化日本的殖民统治，竟然把日本侵略者镇压台湾民众的抗日斗争称为"安定台湾"。1995年有一些日本、美国的政客和学者应邀到台湾参加"马关条约一百年学术研讨会"，其中有些人竟然公开叫嚣"台湾不应属于中国"，并且为日本殖民统治歌功颂德，可是却被奉为上宾,受到领导人的接见。与此同时,台湾有些人跑到日本的下关,向当年侵占台湾的日本人表示敬意;还有一些人则打着日本的旗子、唱着日本的军歌,在台北举行"告别中国"的游行。一时之间,"台湾人不是中国人"之类的论调甚嚣尘上。在这个环境下,进行《认识台湾》教科书的编写,不受影响也难。

1997年3月间,编写教科书主持人之一杜正胜发表了"同心圆概念",说明教科书要"由近及远",要从"台湾及其周边"开始,要"以台湾为主轴",这种以几何机械论的观点说明历史和社会的做法,引起人们的质疑。后来,教科书的"模本"出来了,不少人提出了不同的看法。于是,6月初,"立委"李庆华邀请六位学者举办"国中《认识台湾》教科书公听会",会上对教科书的政治倾向、学术原则等方面提出了批评,主要是:书中强调台湾与中国的不同,把"中国人""中华民族"的名词都删去了,目的是把台湾历史从中国历史中分离出来;为日本统治歌功颂德,不是以台湾人民为主体。此外,对某些史实和学术分类的问题也提出不少看法。

这个公听会引发了更大的争议,有人支持,有人反对。有人认为教材倾向于尽量淡化台湾与大陆的关系,这似乎是压抑"中国的台湾"意识、迁就"非中国的台湾"意识的结果;有人进一步列举一些错误或缺漏,要求改正或补充;有人则认为这是"政治干预学术","红卫兵的斗争"。"建国党"中有人公然提出,台湾人本来就不是中国人,历史教材没有坚持台湾主体立场,应当重编。他们对"社会篇"则表示满意,认为"最具正义性"。这时一些参加编写的学者表示,他们是站在客观中立的立场,可是"独"派的人士认为教材是为中国说话,而统派人士则认为"偏向台独",这使他们感到十分困扰。

6月10日,《联合报》举办"国中教材《认识台湾》历史篇座谈会",也出现了不同观点争论,其中包含了学术观点的争论。有一位学者指出，编写中出现两难的局面，"是知识分子本身没有办法自己有个掌握，若是掌握问题的症结，则统治者还是会被说服的。但是我刚才听到太多为政者如何就如何的说词"。从这里可以看出编写者是有苦衷的。

此后，"建国党"也办了"谁的台湾被认识公听会"，强调课程应当改名为"本国史地社会"，强化"台湾意识"的内涵，声称没有"中国人"的出现也是一件好事。同时，《自由时报》也举行了"历史教科书探讨座谈会"，其他报刊也发表了不少看法。有人说，台湾历史不是中国历史的一部分，对教材的批评，是"大中国民族主义狂热分子的反弹"。日本某大学的一位华人教授竟说对教材的批评是"少数几个拥抱北京政权的政客文人恶意抹黑"。相反，有人则指出，肯定教材的多是支持"台独"的人士和日本人。还有人则把这场争议定性为"大中国主义人士与台湾意识人士的争议"，是统"独"之争的一个组成部分。

6月24日，举行教科书编审委员会的最后一次会议，对原稿作了不少修改（有人统计，历史篇更正了66处，社会篇更正了94处），但还有不少重要错误没有更正，就拍板定案。于是，新党有些人士前往编译馆抗议，而民进党有些人士则声称要予以反制。这时，有人甚至提出"爱台湾，请认识台湾；爱中国，请回归中国"。实际上，争议中的两派对教科书都有不满之处：统派质疑教材是为"台独"铺路，要求暂停采用；"独"派则认为教材还没有真正以"台湾立场"看台湾，还在"中华民国在台湾"的逻辑上打转，他们主张"本国史地定位为台湾史地"，"中国史列为外国史"。

7月初，李庆华邀请十几位学者举行"《认识台湾》国中教科书总检讨记者会"，除了继续提出具体批评意见以外，认为：教科书中有关"中国人""中华民族""日本帝国主义""台湾光复"之类的名词都不敢用，表明"执政当局不认同我们的国家"；书中有许多美化日本的言论，割裂台湾与中国的历史文化传承关系，这是"远离北京，走向东京"的严重问题。

7月20日，由TVBS和新新闻周刊举办"认识台湾教科书大辩论"，有新党、民进党人士和学者参加。人们对教科书内容所作的批评，民进党不直接进行辩论，只是强调好不容易有了一套认识台湾教科书，虽有不少瑕疵，比以前是进步了。新党则认为教材内容有很多错误，应当修改后使用。在辩论过程中可以看出：民进党人主张以台湾观点看台湾历史，放弃大中国观点；而新党则认为台湾人也是中国人，必须用这种立场认识台湾。可见，有关教科书的争议不是单纯的学术问题，而是和国家认同有密切关系的重大问题。

二、教科书的主要问题

《认识台湾》教科书分为地理篇、历史篇、社会篇三本。大家对地理篇没有争议；对历史篇有观点上的分歧，也有对史实的看法问题，有人指出："只要大家坦诚沟通，修正应该不难解决。因为编写历史篇的学者，都是研究台湾史的专家，指正者也都是台湾史著作有成就的学者"；至于社会篇，大家认为问题最为严重，"该书似乎不是要学生认识台湾的社会，而似是在教导青少年要如何凝聚编者心目中的所谓'台湾意识'"，要大家去"营造新台湾"，"社会篇不像是教科书，而像是政治文宣"。

社会篇的问题不在于具体内容上有多少错误，而在于编写的指导思想。编者实际上是在煽动民族分裂主义情绪，妄图把台湾与中国分割开来。他们极力鼓吹"我们都是台湾人"，宣扬所谓"台湾意识""台湾精神""台湾魂""吾土吾民",而绝口不提台湾人也是中国人,不提"中国人""中华民族""中华文化"这样的概念。这和"台独"分子主张的"台湾是台湾,中国是中国""台湾不是中国的一部分"之类的谬论是一脉相承的。有人指出:社会篇"有重新打造国民意识的鲜明用意",他们要向青少年灌输什么思想不是很明白了吗?

至于历史篇,按照编者的原意,是要"客观中立""单纯描写史实",可是写成之后,人们可以看到,它既有尊重史实、客观中立的一面,同时又有受到政治干预的一面。

历史篇说明了元朝在澎湖设立巡检司以及早期汉人在台澎地区活动的事实,介绍了中国大陆移民开发台湾的事迹,指明台湾建省以后逐渐建设成为当时最现代化的行省等等,这有助于驳斥"日据当初,台湾是荒芜之地"之类的谬论。同时,该书也指出,日本殖民统治时期,台湾成为日本稻米和蔗糖的供应地、日本南进和补给基地,从而揭露了日本殖民统治的实质。这些都是应当肯定的。

但是,由于受到政治的干预,该书也有一些淡化台湾与祖国大陆关系的倾向。例如,在第一章导论中写到"台湾历史的特色",在"国中"教科书中写这一段,本来是没有必要的,决定要写显然是出自政治的需要。该书所列的特色是:多元文化、对外关系密切、对外贸易兴盛、冒险奋斗和克服困难的精神这四点。其实,这几点并不是台湾所特有,而台湾真正的特色,例如:曾经被荷兰侵占38年,被日本殖民统治50年;台湾与全国其他地区相比,是一个开发较晚的地区,也是最迟建立行省的地区,台湾主要是由大陆移民开发的,因而在历史上台湾与闽粤两省一直有着特别密切的关系;这些特色在书中却没有提及。此外,历史上中国政府和军队在台澎地区活动的史实也被删节了。台湾通商口岸的开放、"二二八事件"的发生等历史事件,由于没有放在整个中国历史的背景下考察,而孤立地就台湾讲台湾，以致无法讲清历史的真相。

编者主张采用"中性"的字眼和词句，但往往在"中性"的表述中体现了立场和倾向。例如：用郑成功"进取"台湾，而不用"收复"台湾，实际上反映了对领土主权的看法；用日本"取得"台湾，而不用"侵占""占领"，实际上掩盖了日本的侵略罪行；用台湾"脱离"日本的殖民统治，而不用"台湾光复"，用意何在，也令人怀疑。正如日本有人把入侵他国"中性"地称之为"进出"，台湾有人把"日本投降，台湾光复"改称中性的"终战"，这都不是什么"客观中立"，而是表达了明显的政治立场和倾向。至于用非中性的"中华民国在台湾"取代中性的"第二次世界大战后"，其政治目的就更加明显了。

该书对日本统治时期历史的写法，是争议最大的问题之一。编者主张"既要批判其黑暗面，又不忽视其光明面"，这似乎是客观的，问题在于用什么态度来对待。该书"社会变迁"一节，从人口的激增、放足断发的普遍、守时观念的养成、守法观念的建立、现代卫生观念的建立等五个方面，集中地介绍了"日本现代化带来的光明面"。实际上，这五个方面在"社会变迁"中只是极其次要的问题，重大的问题如社会结构、生活方式、价值观念、行为规范等等却没有讲到，而专讲"光明面"的部分所占分量竟然超过第三节反抗日本的"社会运动"。为什么要如此重视日本殖民统治的"光明面"，对它不加分析地给予肯定呢？难怪有人批评这是"把台湾殖民地阶段的历史加以美化和正当化"，给人以"日本统治有理、有利"的印象。

历史篇出现上述问题，是和编委们的指导思想有关的。编审委员会主任委员黄秀政教授指出：在编委会中，"对台湾的定位虽有'台湾的台湾'与'中国的台湾'之争论，但最后终能各让一步，取得以客观中性的用词来解读台湾历史的共识"。又说："当时大家都有共识，不论统独，单纯描述史实。"但是，编委中有人认为不同主张学者难免各持所学，各逞己见，不过却有一个"基本共识"，那就是"至少坚持住以台湾人的观点写台湾史"。这说明主张"台湾的台湾"与主张"中国的台湾"进行争论的结果，并非"各让一步"，而是一方战胜另一方，即以"台湾人的观点写台湾史"取得了胜利，而主张"中国的台湾"的一方不得不作出让步，使得编审过程中在台湾定位上远离了"中国的台湾"。本书中的许多问题就是由此而产生的，它使得"单纯描述史实"的美好愿望无法实现，这就是政治干预学术的最大危害所在。我们不是简单地反对"以台湾人的观点写台湾史"，关键要看"台湾人的观点"是否一定要排斥"中国的台湾"。黄教授希望能够排除"政治干预学术"的困扰，力求"客观中立"。经过20次的讨论，才达到"不论统独，单纯描述史实"的共识，又经过30次会议，花了200个小时，才写出课本，可是却受到各方的批评，他感到相当委屈，对于这一点，我们是可以理解的。不过黄教授却可以好好研究一下，为什么"基本共识"无法落实，为什么会留下不少政治干预的痕迹。看来如何对待"政治干预"——不论是从编审委员会内部，还是从外部、从上面来的干预——已经成为学者们，特别是编审会的负责人需要研究的学术以外的课题了。

（刊于姜殿铭主编：《台湾1997》，九洲图书出版社，1997年）

评所谓"台湾汉人"与"大陆汉人"

史明先生在《台湾人四百年史》一书的序言中明确指出,该书要站在"台湾人"的立场,来探索"台湾民族"的形成和发展过程。他为了炮制"台湾民族论",还提出了一些"理论依据",而所谓"台湾汉人"与"大陆汉人"的区分,则是其中最重要的观点之一。尽管很少人同意这个观点,但它在台湾还有一些影响,有必要从史学的角度加以澄清。

史明的"理论"及其修正

史明把清末以前到达台湾的汉人分为"两个阵营":

统治阶级:包括汉人文武官员、将兵、大租户、大商人、大陆商业资本等。这些人"始终停留于统治台湾的外来者的地位",所以称之为"大陆汉人"。

被统治者:即"移住来台的汉人破产农民",包括现耕佃人、渔民、盐民、农村贫民、都市贫民、小商人、手工业者等。这些人"融合"于开拓农民社会,"定住在台湾","成为名正言顺的一个台湾本地人",所以称为"台湾汉人"。

至于小租户,则根据他们具有"中华思想"还是"本地人意识",

而分列在两类之中。

　　这是史明独创的理论，他把所有的统治阶级都说成是外来者、新参者、唐山人，是具有"中华思想"的不定居的"大陆汉人"，而把被统治者都说成是土著者、先住者，具有"本地人意识"的定居的"台湾汉人"，界限十分明确。

　　如果这个理论能够成立，那么只要把"大陆汉人"除去，"台湾民族"便自然突显出来了。但是，如果一种理论可以被简化到这种地步，恐怕就会碰到许多难以解释的问题。我想，可能基于这个原因，在《台湾人四百年史》日文版出版26年之后，史明又写了《台湾独立的理论与实际》(以下简称《独论》)一书，对上述理论加以修正。《独论》保留了"两个管道，造成两个层次的社会"的基本理论框架，即分为"外来的、不定住的汉人统治阶级"和"定住的、台湾发展动力的汉人开拓农民被统治阶级"，但它与《四百年史》有以下几点不同：

　　一、不再提"大陆汉人"与"台湾汉人"；

　　二、不再提谁是新参者，谁是先住者；

　　三、不再把小租户分列在两类之中，而把小租户称为"台湾小租户的买办分子"，全部归入"台湾的土豪劣绅阶级"；

　　四、不再把大商人全部归入"大陆汉人"，除了大陆商人之外，还有本地的"商人高利贷资本"这样的"上层势力"，因为他们为"中国商人取得联系"，而称之为"买办商人"。

　　由此可见，史明对自己的理论已经有所修正，但他并没有说明修正的理由。本文试图说明史明为什么要修正自己的理论，以及修正之后还有哪些需要修正的地方。这样，可能对《四百年史》的读者有所启发。

理论上的错误

史明的主要错误是：第一，他把清代台湾说成是一个"殖民地社会"；第二，他创造出一个"清朝时代的台湾本地人社会"，而把所谓"大陆汉人"排斥在这个社会之外。

大家知道，所谓殖民地，是资本主义时代的产物，是受资本主义强国侵略而丧失了主权，在政治上经济上完全受外国统治和支配的地区。早期，即资本主义原始积累时期，殖民者主要通过武力征服、海盗式的掠夺、欺诈性的贸易（以香料、糖、奴隶为主）、残酷的剥削来榨取殖民地的财富。后来，在资本主义时期，则通过商品输出和资本输出，使殖民地成为工业国家的商品市场、劳动力和原料的供应地、投资场所和军事基地。大家也知道，当西方资本主义兴起时，中国还停留在封建社会阶段，中国也没有经历过资本原始积累时期，它不但没有成为殖民者，而且还成为殖民者的掠夺对象，直至沦为半殖民地。

如果不从殖民主义产生的历史背景进行考察，只是列举某些似是而非的现象，而把清朝说成是殖民者，那就会歪曲了事物的本质。实际上，清朝当局与荷兰殖民者不同，它并没有把台湾当做一个殖民地。清朝作为一个封建帝国，它把台湾收入版图，设官置守，先是一个府，后是一个省，把它同内地省份以及边疆的移民地区一视同仁。台湾与清朝当局的关系绝不是殖民地与宗主国的关系。

其次，有没有一个"清朝时代的台湾本地人社会"呢？一个社会是一个复杂的系统，是各种社会关系的总和。社会结构包含了组成这个社会的各种因素及其相互关系，而阶级的结构则是社会结构的基础和主要表现形式。在一个社会中，有统治者，也有被统治者；有地主，也有佃户；有头家，也有伙计；有船东，也有水手；如此等等。上述关系是相互依存的，没有一方也就没有另一方，没有统治者也就没有被统治者，把二者割裂开来，就不成为一个社会。所以，史明所谓没有统治者、剥削者，没有地主、大商人的"台湾本地人社会"是不存在的。"台湾汉人"一定要和他所谓的"大陆汉人"结合才能成为一个社会。换句话说，"台湾汉人"和"大陆汉人"都是台湾社会结构内部的组成部分，只不过是存在着阶级差别而已。

可能史明已经发觉，把统治阶级完全排除在台湾社会之外是讲不通的，所以在《独论》中才作了修正。他写道："透过大陆官方管道来台的官员、将兵、大租户的统治势力，及台湾小租户买办分子，压在开拓农民大众头上，而施加封建的、殖民地的压迫剥削，就是满清政府统治下的台湾殖民地社会的基本结构。"他还把大租户称为"满清统治势力的经济代理人"，把小租户称为"台湾的土豪劣绅阶级"，把大商人中的一部分列入台湾社会的上层势力，称之为"买办商人"。这样，台湾社会就不只是由被统治者组成，还包括了统治阶级，也就是说，台湾社会内部存在着阶级差别，存在着统治与被统治、剥削与被剥削的关系。于是，他原来把统治阶级全部说成是"大陆汉人"的"理论"已经站不住脚了——史明的修正本来应当说明这一点，可是他没有公开改正这个错误。

为了进一步说明这个理论的错误，有必要对下列问题进行探讨：

一、大租户究竟是不是本地人？

按照史明的说法，大租户是"外来特权阶级""大多是住在城市或中国大陆而坐享其成"，日据时代有不少人"逃回大陆"。《独论》则说大租户"置本宅于大陆，富强者在台湾设私宅，置碉堡，养私兵，实有小诸侯之称"。前后的说法已有差别。实际上，大租户和开拓农民都是从大陆移民到台湾的。早在康熙、雍正年间，台湾就已经出现大租户。那时为了开垦荒地，一些"有力者"出来筹集资金，"招佃"开垦。由他们请领垦照、购置工具、建造茅舍、领头修筑水利，这些人成了垦户，收取大租，而其他人则成为佃户。这是开发过程中阶级分化的表现。大、小租制度也是从福建移植过来的。《问俗录》指出："管荒埔者收大租，即内地（指大陆）所谓田骨也。垦荒埔者收小租，即内地所谓田皮也。"大租户和多数的佃户一同住在当地，有一部分住在城镇，这和大陆的情况基本一致。从现在的土地文书中可以看出，住在大陆的大租户只是个别的情况。所以把所有的大租户都称为"外来特权阶级"，显然是不符合历史真实的。

二、谁是"外来者""新参者"，谁是"土著者""先住者"？

早期台湾所有的汉人都是陆续从大陆移民来的，如果这样就是"外来者"，那么不论统治者和被统治者都应当称为"外来者"，而都不是"土著者"。如果居在住台湾若干年以上，或若干代之后，便可以算是"土著者"，那么在"土著者"中既有被统治者，也有统治者。显然，外来与土著是不能以阶级来划分的。早期来台的垦户和佃户逐渐成为土著者和先住者，后来的移民多是一般平民，也有少数统治阶级人物，相对于早期渡台者来说，他们是"新参者"。如果把后来渡台的平民归入"土著者""先住者"，而把康熙、雍正年间来台的大租户及其后裔称为"外来者""新参者"，那显然是讲不通的。由此可见，所谓外来者、新参者与土著者、先住者的区别，主要在于到达台湾时间的先后，从现在来讲，这种区别已经毫无意义了。史明强调这个区别，是要为"台湾民族论"提供依据，可是这个论据是不能成立的。

三、所谓"外来的、不定住的汉人统治阶级"是哪些人？

史明的说法只有一部分是对的，而他把"汉人统治阶级"都说成是"外来的、不定住的",则是错误的。"外来的、不定住的"是清朝驻台的文武官员和班兵,基本上是"官三年转迁,兵三年一换",官员还有五年一任的。官员不是常住人口,在当时全中国各地都是这样,实际上台湾官员的任期比闽浙等地为长。至于班兵,也都是要轮换的,台湾三年换一次,驻哈密的班兵则是"二年一受代"。这些人可以列为"外来的、不定住的",但把班兵列入"统治阶级",则难免言过其实。至于其他的"汉人统治阶级",是否都是"不定住"的呢?如果这样,台湾就没有大租户、小租户、大商人之类的统治阶级世家了。事实并非如此,大部分统治阶级是属于台湾本土社会的。"富户曰头家,上者数百万金,中者百万金,数十万金之富户,所在多有。"不住在台湾的地主为数不多。不住在台湾的大商人是有的,他们不仅对台湾进行贸易,其商号遍布大陆其他省份,甚至经营对外贸易,这些人属于外省商人。但多数商人则是属于本土社会的。由此可见,把统治阶级全部列为"外来的、不定住的",这种论点是没有事实根据的。

四、清代台湾社会动乱的原因和性质是什么?

史明把"三年小反、五年大乱"说成是反对外来统治的"反唐山"的武装斗争,"在实质上,已经是非常合乎所谓近代殖民地解放的革命理论"。这个观点显然是在上述错误理论的基础上形成的。实际上,清代台湾社会的动乱,除了分类械斗以外,基本上都是农民起义、游民暴动,还有少数的地主抗粮斗争。我们把历次动乱加以分析,可以看出,这些动乱多是在社会主要矛盾(地主阶级与农民及其他劳动人民的矛盾)的基础上爆发的。正如《问俗录》所说:"全台田地大半归于富户(又称头家)。"他们勾结官吏,"以此虎吓穷民,霸占田业……故历来匪民为乱,多起于拦米谷、抢头家"。起义的一方基本上是农民、游民和其他劳动者,而镇压起义的一方则是清朝地方当局以及地主、商人之类的"义民首"所组成的武装力量。这种情况和当时大陆全国社会各地是一样的，而不是什么本地人反对外来人的"反唐山"斗争。

实际上讲不通

所谓"台湾汉人"与"大陆汉人"的区别，不论从历史和现实来看，都无法解释实际社会的现象。

我们从台湾各个姓氏的族谱中，一般都可以查出"开台祖"的情况，其中有不少人是"只身渡台"从事开垦或其他劳动，按史明的说法，这些人应列入"台湾汉人"。可是经过几代以后，他的子孙发家致富，成为地主、商人，这样，按史明的说法又变成"大陆汉人"了。还有些人初到台湾时，从事一般劳动，算是"台湾汉人"，后来发了财，买了田地，或成为商人，这时却变为"大陆汉人"了。这种"由台湾汉人变为大陆汉人"的事例，可以举出很多：

著名的板桥林家第一代林平侯，原来是米店学徒，后来自营米店，又通过卖盐而成为富商，他的后代就是有名的林本源大租户。

张秉鹏17岁只身渡台，打杂为生，后来开船头行，成为道光年间艋舺一带的大商人。

李志清道光年间随父来台，起初提竹篮卖杂货为生，后来开店、买船，成为泉郊大商人。

现在台南南势港的许姓居民，其祖先是码头苦力，清朝末年有的开"篏仔郊"，经营食品杂货进出口；有的开鸦片烟馆，成为大商人。

台南蕃薯港施姓居民，早期多数充当码头苦力，到道光、咸丰年间出过一对父子进士，在新美街盖了进士大厝。

台南西区西罗殿郭姓居民，其祖先原是苦力，道光年间，郭拔萃成为三郊领袖之一。

如果按照史明的说法，上述祖先从大陆来台，从事劳动，算是"台湾汉人"，而子孙出生在台湾，有的从未到过大陆，只因发财致富，却成为"大陆汉人"，这显然是讲不通的。

至于清代的大租户、大商人和个别官员的后裔，今天仍然生活在台湾的，为数也不少。例如著名的雾峰林家、板桥林家以及早期的大垦户林成祖（林秀俊）、张达京、赖科，大郊商张德皇、李胜发、王益兴，大稻埕厦郊郊长、三郊总长林右藻，云林漳籍垦首郑萃徘、林克明、蔡麟，福建水师提督蓝廷珍，著名知识分子陈维英、郑用锡等人的后代，还生活在他们祖先生活过的地方，或繁衍到岛上各地。其他曾经是"一方豪族""赀产巨万""家有田园数千甲""累世以财雄于乡"的大家族的后裔，仍然所在多有。如果按照史明的说法，他们的祖先都不是"台湾汉人"，现在能不能承认他们是台湾人似乎还成为问题了。

还有一些台湾知名人士，按其出身来说，也不能归入"台湾汉人"。例如，被史明称为"当代最为坚强的台湾民族自决主义者"蔡惠如，出身于台中清水望族，其曾祖经营"源顺号"船行，叔祖是"富甲一方"的财主。被史明称为台湾"解放运动的骨干分子"、台湾新民报总编辑林呈禄，出身于桃园"世代耕读之家"。光复后第一位台湾省议会议长、"台湾民意的最高代表"黄朝琴，出身于台南盐水港富户。早期从事"台独"活动，自称"台湾共和国,临时政府大统领"的廖文毅，出身于西螺望族。按照史明的说法，都不能列入"台湾汉人"一类。

至于当今台湾在朝的本土政要和在野的本土精英，如果仔细查一查他们的家世，我相信会发现有不少人是"大陆汉人"的后裔，能不承认他们是台湾人吗？

由此可见，史明的理论有很大的破绽，无法自圆其说，把大陆移民区分为"台湾汉人"和"大陆汉人"，进而把社会矛盾归结为民族矛盾，这不仅在理论上，而且在实际上都讲不通。

所以，史明不仅应当修正他的"台湾汉人"与"大陆汉人"相区分的理论，而且必须修正他还在坚持的"两个管道，造成两个层次的社会"的理论，以及由此产生的"民族压迫史观"。当前在台湾从事反对运动的一位人士指出，史明这种"过度简化的民族压迫的观点"，不仅对台湾现实社会体制缺乏分析能力，而且在实际运用中将对反对运动带来不利。一旦抽掉了上述理论，就等于抽掉了史明的"台湾民族论"的基础。这样，这种"台独"理论就没有多少依据了。

（写于1991年，刊于《史明台湾史论的虚构》，人间出版社，1994年）

评台北"福尔摩沙特展"

2月间，我参加中国社会科学院台湾史研究中心组织的访问团，到达台北时，正好遇上"福尔摩沙特展"，我非常迫切地要求参观，因为这是了解台湾方面对台湾史最新解读的难得机会。陈忠信先生热情地为我们作了安排。参观当天，访问团由中国社会科学院近代史研究所所长张海鹏教授率领，一行七人，来到台北故宫博物院。杜正胜院长亲自出面接待，他向我们介绍了"特展"的基本内容，并且赠送了他自己专门为这次"特展"而写的一部新著:《台湾的诞生:17世纪的福尔摩沙》。随后，派了一位专业人员为我们作了详细的讲解。

参观之后，果然大开眼界，同时也引发了深沉的思考。

不惜代价　留有遗憾

举办这个"特展"是用了大力气、花了大本钱的。主办单位从岛内外38家博物馆、档案馆、收藏单位和个人（其中荷兰就占了17家）征集到359件展品，都是珍贵文物，而不是图片或复制品，这是十分难得的，也是很有价值的。这里有"番社采风图"的原件、许多早期的台湾地图、当年按照欧洲人需要制作的中国瓷器、郑成功与荷兰人签订的和约荷兰文本原件、郑芝龙和郑成功的画像等等。其中

"郑荷和约"原件已经成为荷兰的"国宝",能够借来展出非常不易,据说有几幅地图是"以最高价借到的文物"。我看到闻名已久的"沈有容谕退红毛番韦麻郎等"石碑,还以为是一件复制品,解说员告诉我,这是原物,特地从澎湖运来展览,然后要归还原处。其他大型展品,如从荷兰等地运来的巨大的橡木餐柜、东印度公司水手工具箱、"荷使朝贡图"彩漆屏风、画在鹿皮上的地图、荷兰军队的盔甲和武器、17世纪荷兰制造的印刷机、许多大幅的油画等等,都要经过长途运输,才能展现在参观者面前。可见,这次展出所付的代价是相当可观的。

举办乡土历史的展览,以当地的历史教育后人,本来是很有意义的。这次展出,从一定程度上说,有其积极的一面。有的观众从郑成功对待荷兰人宽容的态度,"推崇郑氏是一位具有谋略的人才";有人从当年的转口贸易看到了历史上的台湾所具有的活力。不过,看了以后,我总感觉得有些奇怪,这究竟是如杜院长所说的为了"呈现17世纪台湾的风貌",还是为了"介绍17世纪的荷兰"?因为荷兰的展品大大超过台湾的展品,有些是与台湾毫无关系的东西,不知道为什么也放在那里。例如,一位荷兰天文学家画像、一只18世纪荷兰的医药箱、一台荷兰的橡木餐柜、一架荷兰制造的"布劳印刷机"模型、一艘400年前漂流到日本的荷兰船"爱情号"的模型以及许多描绘荷兰风景、人物的油画等等。陈其南教授写道,其中有一幅由"一位不怎么出名的画家"画的荷兰医生解剖课的油画,"这幅画本身与台湾没有关系",为什么要展出呢,他解释说:"可以借此从其典型的解剖学群体画风格分开来探索荷兰医学传统与艺术思想的影响。"举办以台湾为主题的展览却考虑到要"探索"的是荷兰的医学、荷兰的艺术,至于要"探索"台湾的什么则没有明说。不过,如果用这样的办法来举办展览,不仅这些"与台湾没有关系"的文物可以展出,恐怕任何国家、任何时代的文物都有可能成为任何"特展"的展品了。

陈其南写道:中国人"才是荷兰人在台殖民事业的主力"。可是,中国人作为当时生活在台湾的主人,与他们相关的展品却很难看到,与台湾关系最为密切的中国大陆的展品也很难看到,这不能不算是一个遗憾。

当然,要找到当时的实物是相当困难的,但问题在于有没有像搜集荷兰的展品那样用心、用力去找。如果认真向民间收藏家征集,要找到比"解剖学""橡木餐柜"之类更好的、与当时台湾有更加密切关系的实物,恐怕不至于太难吧?实际上,在南部,现存的文物并不少。此外,为了突出荷兰,不惜把19世纪末叶(光绪十一年,1885年)"红毛亲戚"(即自称荷兰后裔)控诉汉人的"悲愤诗",也拿到"17世纪的台湾"中展出,"离题两个世纪",也远离了学术,这未免过于政治化了吧。

精心策划 "去中国化"

这次展出可以说是经过精心策划的。展览的全称是"福尔摩沙:17世纪的台湾、荷兰与东亚",英文的全称是: The Emergence of Taiwan on World Scene in 17th Century,即"17世纪台湾在世界舞台上的出现"。在展出的同时,《中国时报》连载了由陈其南教授写的"福尔摩沙特展发现台湾系列"短文几十篇,与展览互相配合,进一步宣扬他们对台湾史的看法,看来台湾当局对于策划这次"特展"是相当用心的。

当时我想,这次展出可能是根据杜正胜"同心圆"理论来设计的。用他自己的话来说："在90年代中期，我提出同心圆的架构来规划历史教育，即从台湾史出发，扩及中国史、亚洲史以至世界史。我也希望这个架构在史学界能够开展，历史学者不再限于中国史的范围，建立台湾的解释观点，而发展为世界性的格局。"这个"架构"就是要把台湾史"扩及"到世界上去，根据"中研院"历史语言研究所一位研究员的解读，这就是研究台湾史"不再把目光集中在中国"。

可是，"同心圆"毕竟还是台湾史—中国史—亚洲史—世界史这样一步步地"扩及"的，同心圆由近及远，第一圈是台湾，第二圈就是中国，第三圈才是世界，而这次展出却直接从台湾史"扩及"到荷兰和东亚，而"跳越"了中国。看来，到了21世纪，杜正胜的理论又有新的发展，他似乎已经抛弃了"同心圆"，那么他的新"架构"该叫做什么，只好留待他自己来命名了。

显然，按照主办者的意图，这次"特展"的主要目的是要让台湾"跳越中国"，它要说明当时台湾是单独出现在世界舞台上的，台湾只和荷兰、东亚有关，而极力抹杀和淡化台湾与中国的关系。为此，陈其南这样指导观众："在观看台湾的同时，我们也在凝视世界。如果用心地看这次展览，也许比在学校里念整学期的'认识台湾'或历史课本可能更有收获，目前国内的人文教育内容是很欠缺对于西方文明内涵与思维体系的深化理解。"他们的指导思想是"凝视世界""认识西方文明"，而不是"认识台湾"。因此，与台湾无关的荷兰展品多，台湾主人的展品少，与中国大陆有关的展品更少，正是体现了策划者的意图。

杜正胜的著作中有这样的观点："台湾历史不始于历史时期的中国移民，但17世纪这100年却是最重要的开端。""台湾这块土地这时（17世纪）才属于所谓的历史时期。""在荷兰人统治的38年中，台湾的主人，也就是掌握国际化运作，并从中得到好处的，并不是原住民，也不是汉人，而是荷兰人。"

看来他的意图十分明确，他把荷兰殖民时期说成是台湾历史的开端，而且竟然把荷兰人说成是当时台湾的主人。这样的观点不知台湾有多少人可以接受。

根据外国人的记载，"当荷兰人在1624年到达台湾并且准备在那里定居时，他们发现很多中国人的小社会，其数目之多，足以为他们引起不少难题"。这就是说，在那里确实存在着"历史时期的中国移民"，他们比荷兰人更早在台湾定居。杜正胜说"台湾历史不始于历史时期的中国移民"，显然是要抹掉这段历史，目的是"去中国化"。

根据专家的研究，在荷兰统治后期，仅在赤嵌附近就有中国移民35000人，受荷兰统治的土著居民大约有6万多人，而荷兰人只有1000多名，其中多数是士兵，还有一些"外劳"。怎么可以把少数外国殖民统治者当做台湾的主人呢？

更能模糊人们视野的是，在他们的精心策划下，"17世纪"似乎等同于"荷兰人的世纪"。大家知道，一个世纪长达100年，而荷兰人侵占台湾只有38年，其他时间的台湾都和荷兰人无关，而和中国有关。1600—1624年的台湾历史是土著居民和大陆汉人共同生活的历史；1624—1662年在荷兰东印度公司统治下，是中国移民和土著居民共同开发台湾的历史，他们都是历史的主人；1662—1683年在郑氏政权下，1683—1700年在清朝统治下，都是中国人民开发台湾、建设台湾的历史。怎么可以把荷兰人"策划"成为整个17世纪台湾的"主人"、主角，而极力抹杀中国人作为主人和主角的地位和作用呢？可见，把17世纪等同于荷兰人的世纪，其根本目的就是"去中国化"，这是再明显不过的了。难怪一些观众批评这次展出荷兰人剥削、压迫土著居民部分，是被"美化或简化"了，有的更直接地指出："此展为错误的殖民史观展。"

但是,"去中国化"是永远办不到的。杜正胜指出:"荷兰人以台湾为转口站,台湾纳入世界贸易的一环。"陈其南写道:"17世纪的台湾,搭载欧洲人的商业殖民体系,已在全球网络中无限延伸,向外发信。"但是,他们没有向人们说明,当时的台湾并不是可以"跳越"中国就能直接进入世界的。多年前,我已经说过:"实际上,荷兰侵占时期台湾的海上贸易是中国海上贸易的一个组成部分。"荷兰人将中国的生丝、丝织品、瓷器运往日本和巴达维亚,从巴达维亚将胡椒、香料、琥珀、锡、铅及欧洲货物运往中国大陆。供应和推销货物主要依靠大陆商人,特别是郑芝龙及其手下的大商人。"在大陆发生战争、中国商人参与争夺货源的情况下,台湾的转口贸易便渐趋衰落。"由此可见,当年台湾在"纳入世界贸易"时,不论是货物、商人还是商船,以及转口贸易的盛衰,都和中国大陆紧密相关,去除了中国,台湾怎能空手进入世界?人民有知的权利,举办展览应当把真实的历史告诉观众。如果任意"剪切"历史,掩盖历史的主导面,那是经不起历史事实的检验的。

从哪里寻找台湾的前途和位置?

杜正胜的著作结尾一段的标题是"台湾历史的十字路口",在总结性的文字中他表示:

"历史不会重演,但有启示。今天台湾面临的许多问题,例如全球化在世界体系中的位置,台湾主体性和本土化,以及该与中国维持什么样的关系等等,早在17世纪似乎都出现过。17世纪给我们的启示是:

台湾不能孤立或被孤立

台湾不能丧失主体性

台湾无法切断与中国的关系

但不能沦为边陲

台湾要在更大的世界网络中寻找自己的前途和位置。"

显然，这次展出绝不单纯是台湾历史的展览，其真正目的在于探寻台湾的"前途和位置"。主事者固然没有明确回答"前途和地位"何在，但是，他们却不断地给参观者以诱导和启发：

杜正胜说："如果荷兰人的统治继续下去，台湾很可能像澳洲、纽西兰一样，长期成为欧洲国家的海外殖民地，到20世纪成为独立的国家。""在陆权思想体系中，台湾只落得边陲的地位。""这100年历史，你可以看到一向被排除在中国社会正统价值之外的边缘人士多么有活力，而且具备世界观。"

陈其南说："台湾和当时欧洲文明核心之间的空间距离多么接近，随着欧洲人的离去，台湾好像是忽然又掉入了过去传统历史的地窖中，在中华文明的樟木柜中储藏，自我发酵。""对台湾而言，事实上时代并未脱离17世纪中华帝国想象的空间与秩序。"

在这里，我们似乎可以听到这样的梦呓："如果殖民者不走该多好呀！""如果能够摆脱传统历史和中华文明该多好呀！"难道他们就要从这里去寻找台湾的前途和位置吗？

看来，"官学两栖"的人士还不便露骨地道出主政者的真实意图，而当权者则急不可待地要人们了解展览的现实用意。陈水扁说，展览给予的启示是："必须在历史传承下，在今天的世界体系中，认清自己的位置，才能掌握时代的潮流。"那么，"位置"何在呢？他指出："我们从台湾与海洋及周遭地区的关系，重新思考台湾的定位，积极地推动南向政策。"吕秀莲说，"台湾正遭遇中国空前磁吸效应的历史关头"，这次"特展"很有意义，她的答案是："把台湾建设成新的世界岛。"可见，他们都是要引导人们"跳越"中国，从"南向""世界岛"去"寻找台湾的前途和位置"。这正是这次"特展"引起台湾当局如此重视的原因，可惜却找错了方向。

是的，"台湾不能孤立"，孤立是没有前途的。但是，台湾首先要自己不孤立，才不会被孤立，而要"切断关系""去中国化"就是自我孤立的表现。

是的，"台湾不能丧失主体性"，但只有认清自己的位置才能找到自己的主体性。

是的，"台湾无法切断与中国的关系"，所以，台湾的地位不能从"切断与中国关系"中去寻找。

只有明确了定位，才能找到发展的"正路"，才不会走到邪路上去，才能在当家做主的基础上，处理好"无法切断的关系"，共同携手走进世界，并且在世界体系中找到自己最恰当、最能发挥活力的地位，找到最光明的前途。

(《两岸关系》2003 年第 5 期)

第二部分

夷洲非"夷州"辨

《光明日报》2000年5月6日综合新闻版发表消息，说是史志编纂工作者杨静琦发现，早在一千多年前的史志记载中，台湾就是中国临海郡的一个"州"，并以"一千八百年前台湾就是中国的一个州"的醒目标题作了报道，第二天，《文摘报》给予摘要发表。这是十分令人惊讶的见解，可惜却是一个错误的论点。

三国时期的台湾叫做什么，有关著作有两种不同的说法，有的说是"夷洲"，有的说是"夷州"。所以说，"夷州说"早已存在，可是并没有人从而引申出是临海郡的"一个州"。说它是一个州确是杨静琦首先提出的。

我们先来查阅一些基本史料：

标点本《三国志》卷四十七，吴书，吴主传第二：黄龙二年"遣将军卫温、诸葛直将甲兵万人浮海求夷洲及亶洲"。这里用的是"洲"，但同书也用过"州"。查"四部丛刊"本、"四部备要"本、"四部全书"本的《三国志》吴志二，黄龙二年条均作"夷洲"，其中"四部丛刊"本用的是宋绍熙年间的刊本，应当是较早的版本。

《太平御览》卷七百八十，四夷部一，叙东夷："临海水土志曰夷州在临海东南，去郡二千里。"用的是"州"。

《太平寰宇记》卷九十八："夷洲四面是溪，顶有越王钓石在焉。"用的则是"洲"。

《后汉书》卷一百一十五，东夷传："又夷洲及亶洲。"并引《临海水土志》，也作"夷洲"。

《资治通鉴》卷七十一："吴主使将军卫温、诸葛直将甲士万人，浮海求夷洲亶洲。"并引《后汉书》东夷传及《临海水土志》，均作"夷洲"。

上述史料说明在古代文献上曾经是"夷洲"和"夷州"混用的。那么究竟哪一个正确呢？

"洲"是地理名词，指的是水中的陆地，而"州"则是地方行政单位，是有行政建置的。

关键在于三国时期吴国有没有在台湾设立这样一个建置。

《临海水土志》写到夷州时，说那里是"众山夷所居"，"此夷各号为王，分画土地"。可见当时的台湾是由"山夷"自行管理的，吴国并没有在那里设官置守，就不可能有行政建置了。

更重要的是，需要搞清当时吴国的地方行政制度。吴国设有三个州，即扬州、荆州、交州，在各州之下设有若干郡。以临海郡为例，吴太平二年以原来的会稽郡东部为临海郡，其下有临海县。临海郡是在扬州之下，属于扬州的一个郡。当时，扬州之下还有丹阳郡、会稽郡、吴郡、新都郡、临川郡、建安郡、鄱阳郡、豫章郡、庐陵郡、蕲春郡等。这就是说，一个州之下有好几个郡，州比郡大得多，怎么可能在临海郡之下设立一个比它大的"夷州"呢？（至于说今浙江、福建等沿海地区属于三国时吴国的临海郡，这是把临海郡的范围夸大了，临海郡大约管辖浙江瑞安以南、福建福安以北的地区，瑞安以北的浙江沿海和福安以南的福建沿海不属于临海郡管辖）

以上史实可以说明，当时的台湾应该称为"夷洲"而不是"夷州"。在这个方面，刘伟毅所著的《汉唐方志辑佚》采取了相当慎重的态度，在第65页的注中说明夷州在《后汉书注》《通鉴注》中"俱作洲",他没有把夷洲断定为"夷州"。可是,杨静琦却根据刘伟毅的著作把夷洲断定为"夷州",并从而引申为"中国临海郡的一个州"。

本来,把夷洲误解为"夷州",还只是一个小小的误会,可是由此把台湾说成在"一千八百年前就是中国的一个州",则是一个大大的笑话了。更严重的是以这个错误的论点作为批驳他人的"铁证",在学术上是非常不严肃的,在政治上也是不慎重的,所以有必要给予纠正和澄清。

(《台湾研究集刊》2001年第1期)

元置澎湖巡检司考

元代在澎湖设置巡检司，这是我国在台湾附近岛屿设立专门的政权机构的开始。由于文献记载比较简略，多年来国内外不少学者对这个问题没有弄清，产生种种不同的看法。对于这样一个重要的史实，有必要加以辨正。本文就"隶属""年代"两个问题作一考证。

隶属

元代澎湖巡检司属于何县，有三种不同的说法。

第一种说法是属于福建省晋江县。元代汪大渊所著《岛夷志略》指出：澎湖"隶泉州晋江县，至元年间立巡检司"。柯劭忞写的《新元史》也持此说。

第二种说法是属于福建省同安县。清朝乾隆年间刊行的胡建伟所著《澎湖纪略》写道：澎湖"迨元末时，始置巡检司以官斯地，隶属泉州郡同安县治"。后来，嘉庆年间刊印的《台湾县志》、光绪年间刊印的《澎湖厅志》，以及连横的《台湾通史》等书，也都沿袭这个说法。新中国成立以后出版的吴壮达著《台湾的开发》、王芸生著《台湾史话》、中国青年出版社编《台湾地理》，以及1973年美国出版的《近代的台湾》[1]、1975年台湾出版的《年鉴》等书，仍然采用这种说法。

第三种说法是不提及隶属问题。从清初以来，有不少著作由于对"属同安说"有怀疑，或是由于未及考证，为慎重起见，未提及隶属于何县。如乾隆年间刊印的范咸《重修台湾府志》、刘良璧《重修福建台湾府志》、余文仪《续修台湾府志》、王必昌《重修台湾县志》，以及同治年间刊印的《台湾府志》等书就是这样。私家著作如杜臻著《澎湖纪略》、朱景英著《海东札记》，以及新中国成立后出版的刘大年等所写的《台湾历史概述》，也未提及隶属问题。

究竟哪一种说法是正确的呢？这就需要根据各种史料进行分析。早期提及澎湖的隶属问题，是南宋赵汝适写的《诸番志》，它指出："泉有海岛，曰澎湖，隶晋江县。"后来，元代汪大渊的《岛夷志略》也说属于晋江。到了明朝，由黄仲昭编纂的《八闽通志》，在卷七地理晋江县条目之下，记载了澎湖屿的情况。明朝后期陈懋仁写的《泉南杂志》也说："澎湖屿，在巨浸中……讼者取决于晋江县。"由此可见，早期的文献都说澎湖属于晋江县，直到明代还没有出现属于同安县的说法。

"元置巡司，隶属同安"的说法是到了清朝才出现的。这个错误是经过以下三种记载逐渐形成的。

第一，康熙二十四年林谦光所著《台湾纪略》最先提出澎湖"旧属同安县"，但所谓"旧"是什么时代并未指明。

第二，康熙三十五年高拱乾《台湾府志》写道："明嘉靖间，澎湖属泉同安，设巡检守之。"康熙年间刊印的陈文达《台湾县志》、周元文《重修台湾府志》也采用同一说法。

从宋、元以来，澎湖一向属于晋江，为什么到了明末要改隶同安呢？这不能不令人发生疑问。实际上，在明代，澎湖仍然属于晋江县。上引《八闽通志》就是一个证明。此外，《明史·地理志》在晋江县条下写明："海中有澎湖屿。"清初顾祖禹辑著的《读史方舆纪要》卷九十九，也有同样的记载。说澎湖属于同安，可能是因为澎湖游击曾经属福建南路参将管辖。据《厦门志》卷三记载："万历二十年，移南路参将驻鹭门，居中调度，辖铜山、浯屿二寨，浯铜、澎湖二游。"鹭门即厦门，明时属于同安县管辖。这条史料只能说明澎湖游击曾经受驻扎在厦门的南路参将管辖，并不能说明澎湖在行政上属于厦门或同安。所以乾隆年间刊印的《澎湖台湾纪略》一书，在专门记述澎湖历史的部分就不采用这种说法，而明确指出澎湖"明隶泉州府晋江县"。

由于高拱乾等人的错误，把"同安"和"巡检"二者联系起来了，但还只提到澎湖在明代属于同安，尚未形成元代属同安的说法。

第三，乾隆年间胡建伟所著《澎湖纪略》，进一步发展了上述的错误，其中写道："迨元末时，始置巡检司以官斯地，隶属泉州郡同安县治。"这样，就把前人所说明代的事套到元代上去，于是"元置巡司，隶属同安"的说法便最后形成了。以后凡是持这种说法的，其根源就在这里。

通过以上资料排比，可以看出，"属同安说"的错误是从康熙年间的林谦光开始，到乾隆年间的胡建伟最终形成。后来由于人们没有仔细考证，特别是由于光绪《澎湖厅志》作为当地的地方志，也沿用这种错误的说法，于是以讹传讹，流传到今。

年代

关于澎湖巡检司设立的年代，国内外史学界也有种种不同的说法：一、至元初，如柯劭忞《新元史》；二、至元年间，如汪大渊

《岛夷志略》；三、至元末，如顾祖禹《读史方舆纪要》；四、至元中，如连横《台湾通史》；五、元末，如范咸《重修台湾府志》等台湾地方志书；六、至正二十年，如日本种村保三郎《台湾小史》、东嘉生《台湾经济史研究》。近年来，日本出版王育德写的《台湾》（日文本）采用元末说，写明在14世纪后半期；史明写的《台湾人四百年史》（日文本）定为至元十八年；台湾出版的《年鉴》沿用至正二十年的说法；美国出版的《近代的台湾》（英文本）则主张在13世纪。以上种种说法，都没有提出自己的论据。

新中国成立后出版的有关台湾史的著作，对这个问题进行了研究，提出三种不同的看法，并且阐述了史实的根据。

第一种看法是刘大年等著《台湾历史概述》所提出的，他们主张在1280年至1287年间（即至元十七年至二十四年），其理由是："一二八〇年和一二八七年，元世祖忽必烈两次谋征日本。第一次派范文虎率领南方军队十余万人，战舰三千五百艘，是从南方海上出发的。忽必烈已经注意到，要遏制日本，必须加强对澎湖、台湾的管理和经营。正在这个时期，元政府在澎湖设立巡检司。"[2]

这种说法试图把澎湖设巡检司同遏制日本的政治目的联系起来考察，但是缺乏足够的史料根据。《元史》记载，至元十七年范文虎出师日本，是从浙江庆元路（宁波定海）出发的，向北航行到平湖岛（日本九州西部的小岛），遇风而返，并没有涉及澎湖。从地理位置来看，澎湖离日本远，离瑠求（台湾）近，澎湖的设治显然与经营瑠求有关，而同遏制日本关系不大。

第二种说法是吴壮达著《台湾的开发》和中国青年出版社编《台湾地理》等书所提出的。他们主张在顺帝至元年间（1335年至1340年），其论据是：第一，台湾府志、县志都采用元末说；第二，至元二十九年派杨祥等招谕瑠求无功而返，到了大德元年才立省泉州以图瑠求，可见至元二十九年已在澎湖设官置守是有疑问的；第三，顺帝至元年间多次记述在各地设置巡检司之事，因此在这时设澎湖巡检司可能性较大。[3]

这种看法的理由是不充分的。第一，"顺帝至元年间，各地农民不断起义，元政府已无力经营海岛"[4]。在元末历史上，很少看到经营海岛和出兵海外的记载，相反地，在元世祖至元年间这类记载则比比皆是。第二，顺帝至元年间在一些地方设置了巡检司，这是事实，但是它不能作为澎湖也在那时设置巡检司的依据。因为元代设巡检司并不是仅仅在后至元年间才有的，在前至元也有设巡检司的记载。例如，《新元史·百官志八》写道："至元二十年置香河等处巡检司。""十一年置治丽正门以东巡检三员，二十一年置西北南关厢巡检司二。"第三，至元二十九年"招谕瑠求，无功而返"，这只能说明那时还不可能在瑠求设官置守，却不能排除在澎湖设治的可能性。相反地，在这次招谕的过程中，为了便于经营瑠求，在澎湖设立巡检司以策应招谕的活动倒是很有可能的。大德元年"徙治泉州，以图瑠求"，这并不是经营瑠求的开始，而是在原有的基础上采取进一步的措施。所以在此以前，先在靠近瑠求的澎湖设官置守，也是可能的。至于说台湾的一些地方志采用了元末说，那都是清代的著作，并没有提出可靠的史料，不足为据。

第三种说法是荣孟源在《澎湖设巡检司的时间》一文中提出的，认为应在至元二十九年至三十一年之间（即1292年至1294年），其论据如下：第一，至元二十九年和大德元年两次派兵去台湾，而第一次派兵的出发地点和回师地点都在澎湖；第二，顺帝至元年间，各地农民不断起义，元政府已无力经营海岛；第三，世祖至元年间税额尚轻，大德以后税额日增，而《岛夷志略》所说澎湖盐课很低，不可能是大德以后的事。

这种说法是比较可信的。

我们认为，在确定澎湖设巡检司的年代时应当注意以下两点：第一，《读史方舆纪要》所引的《元志》和元代的著作《岛夷志略》是有关这个问题最早的记载，前者说是"至元末"，后者说是"至元年间"，二者应当是一致的，都是指元世祖时代，而且是元世祖的末年。因为元人写的《元志》，所提及的"至元末"，显然不能理解为"到了元朝的末年"。第二，要把澎湖的设官置守同元代历史的发展趋势联系起来考察，特别要同元代对瑠求的经营活动联系起来考察。

元世祖至元年间，元军南下，平定南方。十五年在福建设行省，从十六年开始就有遣使安南、"造征日本及交趾战船"、"诏谕占城国王"、"征缅甸"等活动。《元史·唆都传》写道，福建设行省后，唆都入觐，"帝以江南既定，将有事于海外，升左丞，行省泉州，招谕南夷诸国"。那时主要对象是东南亚各国，还没有提到经营瑠求的问题。元政府对瑠求采取行动是从至元二十八年开始的，其过程如下：

至元二十八年（1291年）以杨祥为宣抚使，前往瑠求。二十九年杨祥等"无功而返"。大德元年（1297年）二月，福建行省徙治泉州，以图瑠求。十二月，派张浩等赴瑠求，俘一百多人。二年正月，遣所俘瑠求人归。这七八年是元朝积极经营瑠求的时期，在这个时期，为了便于对瑠求的活动，在澎湖设置巡检司是有可能的。早期文献所说的"至元年间"或"至元末"，正和这个时期相符。因此，在这个时期，特别是至元二十九年至三十一年，设置澎湖巡检司的可能性最大。

有没有可能在至元二十九年以前设置呢？根据《元史》瑠求条记载，至元二十八年吴志斗上言，说他"生长福建，熟知海道利病，以为若欲收附（瑠求），且就澎湖发船往谕，相水势地利，然后兴兵未晚也"。这样一个简单的建议，在当时还被看作是内行的意见而受到重视,吴志斗因而被任命为礼部员外郎,参加招谕瑠求的活动。这说明,在此以前,元朝当局还没有把澎湖作为经营瑠求的一个基地,所以,在至元二十九年以前设置巡检司的可能性是不大的。

本文的结论是:元代澎湖巡检司设置于至元二十九年至三十一年(即1292年至1294年)之间,隶属于福建省晋江县。

(《中华文史论丛》1980年第2辑)

注释:

[1] Paul K T.Sih:Taiwan in Modern Times, St John's University 1973。该书中文书名为《近代的台湾》。

[2] 刘大年等:《台湾历史概述》,三联书店,1962年版,第9页。

[3] 详见《台湾地理》第3页注2,《台湾的开发》第11页注18。

[4] 荣孟源:《澎湖设巡检司的时间》,《历史研究》1955年第1期。

澎湖不属同安考

长期以来流行一种说法："澎湖在历史上曾经属于同安县管辖。"有关这种说法，可以举出一些史料作为依据，至于这些依据是否可靠，则需要经过一番考订，才能得出结论。早在25年前，我就写了《元置澎湖巡检司考》[1]，说明元代澎湖属于晋江县。本文的重点则是探讨明代澎湖是否属于同安县。为了把问题说清楚，还需要从元代讲起。

元代澎湖属于晋江县

至今仍有不少著作提出，元代所设澎湖巡检司属于同安县。他们的依据主要有两条：

一、康熙二十四年（1685）林谦光《台湾纪略》指出："澎湖旧属同安县。"

二、乾隆三十五年（1770）胡建伟《澎湖纪略》指出："迨元末时，（澎湖）始置巡检司以官斯地，隶属泉州郡同安县治。"

实际上，更晚的光绪十九年（1893）林豪《澎湖厅志》也说：元时澎湖巡检司"隶同安县兼辖"。

此外，还有一些地方志书（包括新编的《同安县志》）沿用了这个说法。但是，上述三条史料是不可靠的。理由是，在此之前没有任何史料说明"属同安县"，而全部说是"属晋江县"。请看：

早在南宋宝庆元年（1225）赵汝适写的《诸番志》就指出："泉有海岛，曰澎湖，隶晋江县。"

《闽书》卷七引用"宋志"说："澎湖屿在巨浸中……有争讼者，取决于晋江县。"这也是宋代的记载。[2]

元代汪大渊写的《岛夷志略》指出：澎湖"隶泉州晋江县，至元年间立巡检司"。

明代黄仲昭编撰的《八闽通志》在卷七晋江县条目之下，记载了澎湖。

明代后期陈懋仁写的《泉南杂志》也重复了澎湖"有争讼者，取决于晋江县"的说法。

这说明，在林谦光之前没有人说过澎湖属于同安。林谦光的说法是没有史料依据的。后来胡建伟进一步发展了上述错误，他把元代澎湖巡检司说成属于同安。可见，"属同安说"的错误是设巡检司后大约400年后才形成的。

明代澎湖不属同安县

有人主张明代澎湖属于同安县，也有一些史料依据：

康熙三十三年（1694）高拱乾《台湾府志》写道："明嘉靖间，澎湖属泉同安，设巡检守之。旋以海天遥阻，弃之。"

康熙四十九年（1710）周元文《重修台湾府志》沿袭了上述说法。

在此之前，没有任何人说明代澎湖属于同安，相反，一些可靠的史料却证明澎湖仍然属于晋江。请看：

上文已经提出《八闽通志》《泉南杂志》等明代著作都说澎湖属于晋江。

明万历年间担任福建巡抚的许孚远在《议处海坛疏》中明确指出："彭湖属晋江地面。"作为当年的"省长"，他对自己管辖范围的说法应当是具有权威性的。

明万历年间何乔远《闽书》在晋江县条目下写了彭湖屿，（并）引用"宋志"："有争讼者，取决于晋江县"，并在"彭湖游"下指出"晋江海外绝岛也"。

乾隆五年（1740）周于仁、胡格《澎湖志略》写道：澎湖"明隶泉州府晋江县"。

明代澎湖作为一个被当局把居民全部迁出而"墟其地"的海岛，显然没有必要特地为之更改其隶属关系。通过资料排比，可以发现"明代澎湖属同安说"是由于高拱乾的错误引起的，后来撰写台湾府志的人（如范咸、余文仪等）就没有再重复这种说法了。

关于"澎湖游兵"

主张明代澎湖属于同安的，估计还受到"澎湖游兵"的影响。

道光十九年（1839）周凯在《厦门志》"兵制略"中指出："万历二十年，移南路参将驻鹭门，居中调度，辖铜山、浯屿二寨，浯铜、彭湖二游。"乾隆二十八年（1763）《泉州府志》、光绪四年（1878）《漳州府志》都有类似记载。此外，《厦门志》"职官表""武秩"有："南路参将，万历二十年自漳州移驻"，"澎湖游击，万历二十五年增设，属南路参将，驻厦门，而澎湖其遥领也"。

"澎湖游兵"与澎湖的隶属有什么关系呢？现将相关原始资料介绍如下：

一、王家彦《闽省海防议》写道："万历二十四年，抚臣金学圣委分守张鼎思、都司邓钟躬阅汛地，复请添设崳山、海坛、湄州、浯铜、悬钟、礵山、台山、彭湖诸游于一寨之中，以一游翼之。"《明实录》万历二十五年福建巡抚金学圣奏："唯彭湖去泉州程仅一日，绵亘延袤，恐为倭据，议以南路游击汛期往守。"这个建议得到"部覆，允行"。但是，局势稍为平静之后，"会哨之法遂杳然矣"。

二、《天下郡国利病书》也提到"澎湖游兵"：万历"二十五年冬，初创一游、一总、四哨，冬鸟船二十艘，目兵八百有奇。二十六年春，又虑孤岛寡援，增设一游总哨"。"今仅有一总二哨，冬鸟船二十艘，官兵八百五十有奇，月糈则漳泉共饷之"。

三、明代后期福建巡抚黄承玄《条议海防事宜疏》指出：万历二十年"当事者始建议戍之。镇以二游，列以四十艘，屯以千六百余兵，而今裁其大半矣"。他还说官兵视戍守澎湖为畏途，经常寻找借口"偷泊别澳"，实际上是"有守之名，无守之实"，因而建议："今合以彭湖并隶浯彭游，请设钦依把总一员，专一面而兼统焉。"

四、沈鈇《上南巡抚暨巡海公祖请建澎湖城堡置将屯兵永为重镇书》建议：专设游击一员，镇守湖内；召募精兵二千余名，环守湖外。

这些资料表明，当年为了防倭，在万历二十年（1592）以后，才考虑在澎湖设置"游兵"，但没有接纳派兵驻守的建议，而是采取"会哨"巡查的方式，军粮还要漳泉两地分摊，实际上是有名无实，作用很小。

这里还要说明两个问题：一是南路参将。据《福建通志》"兵制"载：明代分福建地方为三路，以福宁为北路、兴化为中路、漳州为南路。又"职官"载:"南路参将,嘉靖间置,驻漳州。"澎湖游兵属南路参将。二、"澎湖游击,万历二十五年增设",这是1996年版《厦门志》职官表的记载。我怀疑"澎湖游击"应是"澎湖游兵"之误,因为"澎湖游击"是天启五年(1625)才设立的,《明实录》记载,当年六月,命铸"彭湖新设游击关防"。《明史》兵志也说:"天启中,筑城于彭湖,设游击一、把总二,统兵三千。"

总之,上述资料已经表明,"澎湖游兵"只涉及兵制,而不涉及行政隶属关系。《厦门志》编者周凯还是把握原则的,他把"澎湖游兵"列入"兵制"和"武秩",而不列入"建置"和"职官"(文职)之中。所以,没有任何理由认为因为澎湖游兵属南路参将,明代澎湖就要改属于同安县。

明代澎湖是否设巡检司

上面引述高拱乾《台湾府志》:"明嘉靖间,澎湖属泉同安,设巡检守之。旋以海天遥阻,弃之。"后来,乾隆七年(1742)刘良璧的《重修福建台湾府志》写得更加具体:"嘉靖四十二年,流寇林道乾扰乱边海,都督俞大猷征之,追及澎湖,道乾遁入台。大猷……留偏师驻澎。……道乾既遁,澎之驻师亦罢,因设巡检守之,既以海天遥阻,裁弃。"这是有关明代澎湖设巡检司的主要依据。后来由于连横《台湾通史》也沿用这个说法,因此流传甚广。

这些史料说明:第一,巡检司的设立与嘉靖四十二年俞大猷追击林道乾有关;第二,巡检司设置不久就废除了,此后就没有再设。

先看俞大猷的史料。除了一些台湾方志以外,有关原始资料及俞大猷传记资料,都没有俞大猷追击林道乾到澎湖的记载。《明实录》嘉靖四十二年（1563）有关俞大猷的记载有：正月，漳州月港设守备，听总兵俞大猷节制；四月，新倭自长乐登岸，俞大猷等合兵击退，又击（败）犯兴化倭于平海卫，平之；五月，因俞大猷赴援不及，"戴罪自效"；七月，因四月平海大捷，俞大猷获赏银二十两；十月，福建巡抚谭纶奏："总兵官俞大猷宜复还伸威营。"这说明嘉靖四十二年没有俞大猷与林道乾作战的记载，可能是由于当时林道乾只是吴平集团中的一股势力，尚未单独成为官兵的对手，所以，《明实录》中还没有出现林道乾的名字。

现在查到一条有关史料是《南澳县志》的记载：嘉靖四十五年（1566）三月，林道乾与曾一本结为声援，犯诏安。"总兵俞大猷逐之，遁入北港。大兵不敢进，只留偏师驻守澎湖"，道乾南奔占城。[3] 这与台湾一些方志的记载相当接近，只是时间相差了三年。此外，《明史》列传"吕宋"也有类似的记载："万历四年（1576），官军追海寇林道乾至其国（吕宋）。"不过，时间比嘉靖四十二年晚了13年。这说明林道乾究竟是哪一年被官兵追击到台湾，是有不同说法的。此外，《明史》鸡笼山条记载"嘉靖末，倭寇扰闽，大将戚继光败之，倭遁于此，其党林道乾从之"，而没有提到俞大猷。

再看林道乾的资料。嘉靖四十四年十月，俞大猷与戚继光夹击海贼吴平于南澳。四十五年吴平败，林道乾是吴平的"余党"。早在70多年前，前辈学者就对林道乾事迹作过考证，张星烺写了《林道乾事迹考》，黎光明作了补正。黎先生认为，有关林道乾的事迹，"遍览各书所载，无早于嘉靖四十三年（1564）者"，那就是张燮的《东西洋考》所说，嘉靖四十三年戚继光"讨吴平、林道乾于诏安，灭之"，因为"二林（指林道乾、林凤）虽皆吴平之余党，而在吴平未死之前，固尚属跳梁之小丑"。[4]

嘉靖四十五年九月开始，《明实录》才有林道乾的资料："时吴平既败，余党陈新老、林道乾等后窥南澳。"隆庆三年（1569）提到"抚贼林道乾叛服不常"，"林道乾最号黠狡"，又说"抚民林道乾等实用命，宜许赎罪"；六年提到，林道乾名为"招安"，至今无可奈何；万历元年（1573）林道乾叛招出海投奔外国；到了万历六年，提及林道乾曾经打暹罗国船不胜，要打劫海门各所；八年，林道乾"以大泥、暹罗为之窟穴"。这说明在嘉靖四十五年以后，没有林道乾到澎湖的有关记载。值得注意的是，福建巡抚涂泽民在嘉靖四十五年以后写的《行广东抚镇》指出："其实道乾自聚党下海，实未尝惊动闽中一草一木，闽中实不忍无故加之以兵，以阻其向善之念。"似乎福建官民对林道乾还有好感。

此外，在台湾的方志中有关林道乾还有一些传说，包括其妹埋在金山、林道乾掠杀土番等等，早已有人提出质疑。林道乾究竟是广东惠来人、澄海人，还是福建泉州人？是1563年到台湾，还是1566年？是从北港上岸，还是从打狗山、苏澳上岸？退出台湾后，是到大泥（北大年），还是到占城、昆仑或吕宋？关于这些问题，说法都不一样。

罗列这些资料是为了说明"嘉靖四十二年俞大猷征林道乾于澎湖"的说法有不少矛盾，是令人怀疑的。如果无法证实，那么由此而引发的设巡检司，也就成问题了。台湾学者曹永和在《早期台湾的开发与经营》一文中指出，没有林道乾"逃至台湾的确实记载"。可能有鉴于此，在他的论文和许雪姬专门研究明代澎湖的论文中[5]，都不提设巡检司的事，这是一种慎重的态度。

值得注意的是，《明实录》却有林凤的相关记载：万历二年十月，福建海贼林凤自澎湖逃往东番魍港，总兵胡守仁等追击之。四年九月，把总王望高等以吕宋夷兵败贼林凤于海。这说明与林道乾相比，有关林凤到达澎湖、台湾的说法则是有原始资料作为依据的。

最后，还要澄清一种说法："澎湖巡检司兼辖台湾地区。"实际上，巡检司是一个最小的官，职权十分有限。《元史》"百官七"载："巡检司，秩九品，巡检一员。"《明史》"职官志"指出："巡检司：巡检、副巡检，俱从九品，主缉捕盗贼，盘诘奸伪。凡在外各府州县关津要害外俱设，俾率徭役弓兵警备不虞。"让晋江县里最小的官，管澎湖三十六岛，已经够吃力的了，要他管整个台湾，怎能担当得起。

总之，本文的结论是：一、历史上的澎湖曾经属于晋江县，从未属于同安县。二、明代澎湖设巡检司一事，没有可靠的史料依据，应当存疑。

(《台湾研究集刊》2005年第2期)

注释：

[1] 陈孔立：《元置澎湖巡检司考》,《中化文史论丛》1980年第2期。又见陈孔立著：《台湾历史与两岸关系》，台海出版社，1999年。

[2] 据学者考证，"宋志"即范子长《皇朝郡县志》，参阅张崇根：《台湾历史与高山族文化》第103页，青海人民出版社，1992年。

[3] 陈光烈撰、许伟斋主编《南澳县志》卷十四，民国三十四年缩印本。转引自王琳乾等辑编点校：《明代倭寇祸潮与潮汕军民抗倭资料》第149页，潮汕历史资料丛编，第一辑，2000年。

[4] 张星烺：《菲律宾史上"李马奔"之真人考》，附《林道乾事迹考》,《燕京学报》第8期，1930年；黎光明的"补正"，见《燕京学报》第10期，1931年。黎先生未见到台湾的一些方志。

[5] 曹永和：《台湾早期历史研究》139—140页，联经出版，1981年。许雪姬：《明代对澎湖的经略》,《台北文献》直字第46期，1978年。

郑成功研究学术讨论会综述

郑成功研究学术讨论会于 2 月 19 日至 24 日在厦门举行。会上，对郑成功所处时代的社会主要矛盾等问题展开了热烈讨论。这里将几个主要问题重点介绍如下：

郑成功所处时代的社会主要矛盾

大家认为，当时存在着三种矛盾：地主和农民之间的阶级矛盾、满族统治集团和各族人民之间的民族矛盾、西方殖民者和中华民族的矛盾。此外，还有地主阶级内部的矛盾。但是，对于当时（特别是清兵入关后）社会主要矛盾的认识却有分歧：

第一种意见认为，清兵入关后，实行民族压迫，破坏社会生产力，这种暴力的统治，必然引起广大人民及部分地主阶级分子的反抗，因此，当时满族统治集团和各族人民（以及部分地主）的矛盾，上升为主要矛盾。虽然阶级矛盾仍然存在，但是农民军的斗争很快地和南明政权及部分地主阶级的势力联合起来，共同抗清。同时，中国人民和西方殖民者的矛盾也已经存在，但是并未成为主要矛盾，只是在局部地区（东南沿海一带），在一定的历史条件下，才转化为主要矛盾。至于转化的标志，有三种看法：一、郭怀一起义（1652）；二、江南战役（1658）；三、进军台湾（1661）。

第二种意见认为，从全国形势来看，当时仍然以阶级矛盾为主。清军入关后，声称"灭流寇以安天下"，并替汉族地主阶级"报君父之仇"。清军的主力联合明朝的残余军队，着重对付大西和大顺两支农民军和各地农民起义。当时国内民族矛盾也正在上升，并紧紧地和阶级斗争相结合。在局部地区，民族矛盾显得非常突出，例如东南地区的抗清斗争，就是体现以民族矛盾为主导的。

第三种意见认为，清兵入关后，矛头主要是指向农民军，而抗清的旗帜主要是掌握在农民军手中，他们所反对的是入关的新兴地主。至于汉族地主则纷纷投靠满族统治集团，因此当时虽然也存在着民族压迫，但是实质上主要矛盾仍然是阶级矛盾。

第四种意见认为，清入关后所采取的政策比明末统治者好得多，北方几乎没有什么反抗，福建的反抗也不激烈，只是西南比较突出。因此从全国形势来看，民族矛盾不一定是主要矛盾。而以福建来说，清军入闽时间短，人数少，满族官员也少，民族压迫不算严重，清朝将吏和郑军将领之间投来叛去、互相转化的现象十分突出，这些情况表明，当时的民族矛盾不很尖锐，因此，当时福建社会的主要矛盾不是民族矛盾，而是"拥明派地主"和"拥满派地主"之间的矛盾。

第五种意见认为，郑氏集团主要是依靠海上的商业活动，荷兰人占据台湾以后，侵犯了他们的利益，因此，郑成功和西方殖民者（主要是荷兰）的矛盾，始终是主要矛盾，是敌对的矛盾，而他和清朝的矛盾却是次要的，是国内兄弟民族间的内部矛盾。

此外，这个问题的讨论，还涉及中华民族的形成、落后民族进入先进民族地区所发生的影响、古代民族和近代民族的区别以及国内民族矛盾和国外民族矛盾的特点及其发展途径等问题。

郑成功抗清的性质和评价

由于对社会主要矛盾的看法不同，在抗清的性质和评价方面也有不同的意见。

一种意见是：郑成功的抗清是反抗民族压迫的斗争，是正义的，是代表全民利益的，因此他能得到广大人民的支持。有人指出，郑成功虽然出身于反动的官僚大地主家庭，但是他坚定地背叛了他的家庭，以毕生精力和人民在一起，与满洲贵族和汉奸大地主进行斗争，因此，他是地主阶级中的先进人物，是"地主阶级反满派"（或抗战派）。还有人认为，郑成功已经超越了地主阶级利益的范围，他的军队是人民的子弟兵，他不仅是地主阶级反满派，而且是中华民族的民族英雄。

另一种意见也同意抗清是正义的、反抗民族压迫的斗争，但是他们认为，郑成功的抗清是从本阶级利益出发的，他始终没有背叛自己的阶级，只是由于他和人民的利益有一致性，他的抗清斗争客观上反映了人民的要求，因而得到人民的拥护和支持。所以，郑成功是值得称赞的地主阶级抗战派的领袖人物，不愧为民族英雄。

第三种意见则认为，郑成功的抗清只是为了维护海上商业资本的利益，他的抗清斗争，从本质上说，是地主阶级内部的斗争。因此，他在抗清斗争中不如李定国那样坚定，而表现出一定的动摇性。在初期，由于郑成功的家庭和自身受到清兵迫害，起来反抗，这是正义的。后来，民族矛盾已经缓和，国内出现了大统一局面，这时再继续抗清就不一定是正义的了。至于人民支持郑成功，那并不是由于反抗异族的压迫，而是由于郑成功的海上贸易活动，基本上符合沿海人民

（特别是商业资本阶层）的利益，而清朝的海禁迁界政策却损害了他们的利益。因此，他们认为，不能把郑成功的抗清估计过高，更不能把它和收复台湾相提并论。

郑成功收复台湾的主要原因及其伟大意义

关于郑成功收复台湾的主要原因，有不同的看法。

一种意见是：荷兰侵略者占领台湾以后，封锁和威胁沿海一带，并且极力企图扩大侵略，进攻福建沿海。同时，台湾人民更是受到他们的残酷剥削和压迫。所以，郑成功收复台湾是荷兰殖民者和中国人民矛盾尖锐化的必然结果，这是郑成功出兵收复台湾的主要原因。至于以台湾为其抗清根据地，也是一个原因，但那是次要的。

另一种意见则相反，认为郑成功收复台湾的主要目的是抗清，收复台湾应当看做主要是抗清的延续。

对于郑成功收复台湾的伟大意义的估计则没有分歧：大家一致认为，收复台湾是郑成功一生中最伟大的功绩。这个斗争在世界反殖民主义斗争史上必须占有重要的地位。过去的历史著作没有充分地估计这个事件的伟大意义，这是必须加以纠正的。

具体说来，郑成功收复台湾的伟大意义有下列几个方面：

第一，维护了祖国领土主权的完整，解放了台湾人民，制止了荷兰殖民者的扩大侵略，推迟了中国大陆沦为殖民地和半殖民地的进程。

第二，郑成功收复台湾，开发台湾，推进了台湾经济的发展，加强了台湾和大陆的联系，从而有利于中国社会经济的发展。

第三，驱逐荷兰殖民者斗争的胜利，是世界上从殖民地区把殖民者赶出去的第一次伟大胜利，它不仅对中国人民作出了巨大贡献，而且大大地鼓舞了亚洲和世界各地的反殖民主义斗争。

此外，还有人指出，郑成功收复台湾，对于促进东西方贸易的发展，以及对南洋各地的开发，都有巨大的影响。

总之，郑成功收复台湾的斗争是我国历史上反抗外国侵略者的一个伟大的胜利，同时也是反殖民主义斗争史上空前的胜利，不论在中国史还是世界史上都必须给予应有的地位。

其他问题

关于郑成功时代对外贸易的性质：有人认为，当时从事海上贸易的除了豪富官商外，还有私商经营，其中已经有了资本主义萌芽的因素。但有人则认为，当时中国对外贸易商人还没有资本原始积累主要源泉，商业资本并未从流通领域转向产业领域，因此对外贸易仍是封建性质的，并没有产生资本主义萌芽的因素。

关于郑成功和康熙的关系：有的论文作者认为，郑成功收复台湾，对于康雍乾盛世的形成是有影响的，虽然郑成功和康熙是处于对立的地位，但为保卫地主阶级的国家，促进中国封建经济的发展，两人实际上起了相同的作用，甚至可以说康熙承继了郑成功的某些未竟事业。他认为，郑成功采取了积极的开国政策，比康熙所采取的消极的锁国政策来得伟大。有人不同意这种说法，他们认为，康熙的锁国政策是用以对付外国侵略者的，康熙的对外政策从当时历史条件看来，已经是够开明的了。

关于郑芝龙的评价：有人认为，郑芝龙不顾大节，投降清朝，是个卖国贼和坏蛋，而郑成功大义灭亲，坚决和郑芝龙各奔前程，这正是郑成功伟大之处。但是也有人认为不能把郑芝龙说得太坏,他在东南沿海坚持多年的反荷斗争,他所建立的武装,为郑成功的事业准备了物质基础,他对开发台湾有一定的贡献。这一切都应当给予恰当的评价。

(《文汇报》1962年3月16日)

郑成功收复台湾战争的分析

在郑成功学术研究讨论会上,对于郑成功在军事方面的成就,曾经展开争论。有些同志认为郑成功是一个杰出的军事家,而另一些同志则表示怀疑。他们指出,郑成功在抗清斗争中,打了几次败仗,在收复台湾的过程中,也有估计不足、准备不够、攻坚不力、久围不下等缺点。其所以能够取得胜利,主要是依靠人民的力量,郑成功在军事方面并没有出色的成就。

本文不准备全面地评价郑成功在军事方面的成就,只是试图分析郑军在复台之战中在战略战术上的得失。这里需要说明两点:第一,复台之战的胜利是和政治、经济、军事、外交各方面的因素有关的,本文仅就军事方面进行探讨;第二,复台之战的过程,在许多著作中已有详尽的阐述,这里不再重复,只是对战争过程中的几个主要问题加以分析。

一、战前双方力量的对比

郑成功在进军台湾时,面临着两大敌人。他必须防备清朝军队对金、厦根据地的袭击,同时,也要以主要力量对付主要的敌人——荷兰殖民者。

荷兰殖民者自从 1624 年侵占台湾之后，不断地扩展其侵略势力，对台湾人民进行殖民统治。他们通过"长老"控制台湾人民，并且实行军事镇压，灌输宗教思想，厉行征税，垄断贸易，极力榨取掠夺。30 多年来，他们的殖民统治力量增强了。但是，这种强力统治并没有牢固的基础，台湾人民的反抗斗争屡次爆发。失道寡助，这是荷兰殖民者不可克服的致命的弱点。

他们为了防范人民的反抗和抵御郑成功出兵收复台湾，曾经一再地增强在台湾的军事力量。1650 年，荷兰东印度公司的十七人董事会决议："热兰遮城堡即在太平时期守军也不得少于一千二百名。"[1] 此外，还有近千名士兵分派到各地各个行政区去。1660 年，巴达维亚方面又派樊德朗率领 12 艘军舰和一批军队增防台湾。后来，樊德朗离开台湾，留下了三艘兵船、一艘供需艇和 600 名士兵。他们拥有 30000 磅火药和大批军械，并且在台江口一鲲身沙洲上建筑了热兰遮城堡，在赤嵌建造了普罗文查城堡。此外还先后建造了热堡、乌特利支堡和弗里辛根堡，以增强防御力量。

当时，荷兰所侵占的地区，是台湾西南部和北部的基隆、淡水等地，而其主要兵力则集中在西南部的热兰遮（大员）和普罗文查（赤嵌）两个城堡。台湾长官揆一等人，由于职守所在，曾经不断地要求公司当局增防台湾。1660 年，当他们得知郑成功准备进军台湾时，也曾加强防御工事，封锁海口，加紧盘查从大陆来的人，并向巴达维亚请求援兵。但是，一般的荷兰人则自恃荷兰是当时头号的资本主义强国，认为"就战术战法而论，中国人本来敌我不得，加之有安平的要塞，有精锐的武器弹药，况兼进入台湾仅有赤嵌城下一条水道而已，大可高枕无忧"[2]。他们在 1652 年曾经以少数兵力镇压了郭怀一起义。于是"据荷兰人估计，二十五个中国人加在一起还抵不上一个荷兰士兵，他们对整个中国民族都是这样看法，不分农民和士兵，只要是中国人,没有一个不是胆小而不耐久战的。这已经成为我方战士不可推翻的结论"[3]。对于郑成功军队,他们固然也曾听到关于"国姓爷"抗击鞑靼军队的勇敢事迹,但是,他们仍然狂妄地估计:"国姓爷士兵只不过同可怜的鞑靼人交过锋,还没有同荷兰人较量过,一旦和荷兰人交战,他们便会被打得落花流水。"[4]这种思想,普遍存在于不可一世的荷兰军队中,这是不足为奇的。

至于郑成功方面,自从1646年海上起兵以后,十余年来经历了大小数十战,军事力量不断增强,战争经验也日益丰富。这时,他已经拥有久经锻炼的十几万大军,兵将精锐是郑军突出的优点。郑成功认为精选兵将是"制胜要着"。所以他对"选将选兵,用心有素",他的部下都是"随征多年,个个堪以自信"[5]。尤其是水师,更是郑军中的骨干力量,郑成功曾经说过:"我师所致力者全系水师。"[6]他对水师特别严格地进行操练,"舳舻陈列,进退以法",水师将士"在惊涛骇浪中,无异平地,跳踯上下,矫捷如飞"[7]。郑成功依靠这支水师曾经打过不少胜仗。军纪严明,是郑军另一个突出的优点。郑成功一再告诫部将:"在上之戒缉必严,则在下之奉行惟谨。"[8]严禁奸淫、焚毁、掳掠和宰杀耕牛等,早已成为郑军将士不可违反的纪律,每逢出征作战,郑成功总是重申这些禁令,如有触犯,必加严惩。有一次,一个士兵"拾人一鸡",被捕议罪,统领甘辉"对众自认统御陆师失律,去衣请责示儆",结果甘辉被责十棍,"犯兵枭示,副翼司哨队各捆责"。[9]因此,《岛上附传》指出:"郑氏兵兴以来,纪律严肃,禁绝淫掠;军行,孺子、妇人至与争道。"这支受过良好训练的、纪律严明的强大军队,是郑成功收复台湾的有力保证。

在战略战术方面,十几年的抗清斗争,也使他们获得了丰富的经验。郑成功善于调度兵力,以众敌寡,并充分利用水师的优点,配合陆军进攻、退却。瓜州之役便是充分估计敌军的力量,慎重部署兵力，水陆并进，前后夹攻，而取得重大胜利的。而闽安之战，则是利用清军主力远在漳州，集中兵力，乘虚而入，突破弱点，打击敌人的一个事例。在战争中，郑成功十分强调保存实力，避免过多的伤亡。他往往采取战略上或战役上的围困，而尽可能地避免攻坚。在1652年漳州之役时，他避开气焰正盛的援兵，主张"纵之入城，然后围之。城内多添人马，必多粮食。外调既迟，内势窘促，破之必矣"[10]。在进攻泉州时，也主张："善战不如善守，彼恃其城坚固，若使四方悉归，谅彼亦囊中物耳。姑置之，毋损士卒。"[11] 后来在进逼南京时，郑成功不顾敌人的缓兵之计，而固执"攻城为下，攻心为上"的见解，围而不攻，给敌人制造了反攻的机会，以致遭到失败。以上所举，只是郑成功用兵的某些特点，其中有得有失，但是这些经验和教训，对于郑军收复台湾都可以作为借鉴。

南京战败后，虽然郑军并没有遭到严重损伤，但是毕竟已经陷于困难的境遇。在当时情况下，既要保卫厦门根据地，对付清军的进袭，又要远航150海里进兵台湾，在军需供应、兵力部署和调度上，都存在不少困难。但是，由于进军台湾是符合沿海和台湾人民利益的正义行动，必然可以得到广大人民的支持。郑成功通过何斌的报告，了解到台湾人民要求驱逐荷兰殖民者的愿望，同时估计到可以集中数倍的兵力战胜敌人。他吸取了南京之役因骄致败的教训，慎重地进行准备，征集和制造了大批船只、军械，布置了二程的兵力，满怀信心地向台湾进军。

总之，当时荷郑双方的力量对比，有下列几个特点：第一，荷兰殖民者是侵略的、非正义的一方，必然受到人民的反抗；郑成功是反侵略的、正义的一方，必然得到人民的支持。第二，荷兰守军兵力单薄，郑成功则可以用十倍以上的兵力对付敌人。第三，荷方的军械、装备、防御工事在当时条件下还算是比较强的，而且占据了有利的战略要地，以逸待劳，占了便宜；郑军军备较差，而且渡海远征，存在不少困难。第四，荷方大部官兵对郑军力量估计不足，麻痹轻敌，而郑军在出发前则进行了一定的物质准备和思想准备。

上述力量对比的状况，决定了郑军有可能取胜，但是也存在较大的困难。他们必须经过一场艰巨的斗争，才能战胜盘踞台湾达30多年的荷兰殖民者。

二、三个战役的分析

收复台湾之战从1661年4月21日出师东征，到1662年2月1日荷兰殖民者投降，历时共九个多月。其中主要的军事行动有登陆台湾、收复赤嵌和围困大员三个战役。现在就这三个战役的若干问题，进行初步的分析。

顺利登陆的原因

郑成功决定进军台湾后，在思想上和物质上作了准备，于4月21日渡海东征，4月30日到达鹿耳门。在台湾人民的帮助下，"不到两小时，大部分敌军（荷兰人指郑成功军队）已进入我们的海湾，几千个士兵已经完成了登陆，其战船则驶抵我方两个城堡——热兰遮城堡及普罗文查城堡之间"[12]。这支拥有数百艘战船和二万五千名官兵的庞大队伍，能够在极短的时间内，不受任何反击地完成登陆任务，占据了收复台湾的战略据点，这的确是一个惊人的伟大胜利。

这次登陆的胜利，是和各方面的因素有关的，首先是和台湾人民的援助、郑军平素的训练以及战前在思想上、物质上的准备分不开的。这些问题本文不拟加以论述。仅就这次军事行动本身来看，正确的战略起了重要的作用。

第一，正确地选择了进攻的时机。

郑成功很早以前就已经决心收复台湾，但是进攻时机的选择，则必须以客观形势为根据。在当时，必须考虑到荷兰、清朝以及郑军自身三方面的条件。郑成功未能更早地进兵台湾，一方面是由于物质上和思想上的准备尚未成熟，另一方面，当时还必须以主要力量对付清军，进行北伐，北伐失败后，又受到清兵压境的威胁，而巴达维亚方面又派兵增援台湾。在这种情况下，当然不宜贸然行事。

而这次出兵时，形势有了显著的、有利于郑军的变化。事后，当时的台湾长官揆一指出，当时对郑成功说来，"出现了一个大好的时机"[13]。因为：第一，当时台湾荷军的力量十分单薄。从巴达维亚来的援军首领樊德朗，"已率领他的军官回到巴达维亚去了。支援船队的船只又分散在各地。派来的援军还不到六百名，即使包括原有的守军在内，也不足以保卫台湾这块辽阔的土地"[14]。第二，当时台湾荷军难以再度获得援助。因为"北贸易风快要过去，如果台湾遭到进攻，任何船只几乎不能到巴达维亚去求援"[15]。那时还没有其他先进的通讯设备，只要郑军封锁住进攻的消息，便可以使台湾荷军陷于孤立无援的困境。而且樊德朗回到巴达维亚后，到处声言郑成功不会进攻台湾，这也使得东印度公司当局不急于增强台湾的防务。以上两点固然是揆一在失败后强调困难、为自己开脱的说法，但是，应当承认，樊德朗率领支援舰队的多数舰只和全部军官离台，确是削弱了荷方的力量。这个弱点，在郑成功二万五千大军面前，更显得十分突出。同时，南风季节的到来，固然也给郑军的东征造成困难，但是从福建沿海到台湾，毕竟比从巴达维亚到台湾近得多。当时从台湾逃出的马利亚号快艇，"冒险逆着南贸易风，沿菲律宾群岛航行，历尽艰险，足足花了五十天，才到达巴达维亚港外的碇泊场"[16]。因此，相权之下，南贸易风季节对于郑军还是有利的。

此外，当时正适"（清）世祖新崩，无暇征战"[17]，郑成功可以暂时免除或减少后顾之忧，这也是一个有利的机会。

诚然，在郑军出师时，南风已发，以致在澎湖遇风，后来运载粮食也发生困难，但是这不能说是郑军误了时机，因为在此以前尚未出现上述有利的条件，郑军既有后顾之忧，出师的准备也未周全，更早出发是有困难的。到了这时，郑成功能够抓住时机，加紧准备，出师东征，这个决策可以说是相当英明的。

第二，正确地选择了主攻方向。

台湾海岸线很长，可以登陆的地点很多。早在1655年，在台湾的荷兰长官卡萨便曾经指出，"万一国姓爷攻击台湾，最可虑的是我们无法阻止他登陆，因为他很可能从几个地点上来"[18]。因此，他要求巴达维亚当局在打狗要塞增强防卫力量。但是，在各个港口中，有的港浅沙多，大船难以进入，有的离荷兰人的战略据点和郑成功的根据地较远，在当时交通不便的情况下，如果从那些地点登陆，荷军便会有更多的时间准备应战，因此都不适合于登陆。

至于鹿耳门，位于赤嵌、大员附近，形势险要，易守难攻。在鹿耳门附近，可以登陆的路线和地点主要有以下三个：一个是通过北线尾和一鲲身之间的南航道，在赤嵌附近登陆。然而在一鲲身沙洲上，有荷兰人的热兰遮城堡，它以重炮控制了航道，而且赤嵌方面的普罗文查城堡也是主要的火力点，所以要突破这道防线，必须付出很大的代价。一个是直接攻打热兰遮城堡，在一鲲身登陆。这也需要经过一场激战，而且以后登陆台湾本岛时，还要克服同样的障碍。还有一个就是郑成功所选择的登陆地点——通过北航道，在北线尾岛的北部和台湾本岛赤嵌西北的禾寮港登陆。

这条航道"海道纡折,仅容数武,水浅沙胶,虽长年三老不能保舟之不碎"[19]。在北线尾岛北部,原来有一座热堡炮台,那时已经毁坏了。荷兰人只是"沉夹板于鹿耳港口"[20],以为大船无从出入,不甚防备。当时荷军"驻守在北线尾的只有一个班长和六名战士"[21]。由此可见,这个登陆地点,一方面由于荷军疏于防范,有利于登陆,另一方面,由于道纡水浅,登陆也有困难。郑成功事前详细查阅了何斌所献的地图,"知水路不从炮台前经过,胸中已有成算"[22]。同时,由于何斌早已派人进行实地勘察,探得在污泥中有一条港路,"自赤嵌城直入鹿耳门,水深有四尺余"[23],而且还利用涨潮的时间,依靠何斌的引导和久经锻炼的水师的驾驶,顺利地通过了这条险阻的航道,完成了登陆任务,以至"红夷大惊,以为自天而下"[24]。

选择这个登陆地点,不仅可以避开敌人的炮火,顺利地登陆,而且还为下一步的军事行动提供了有利条件。首先,郑军不仅在沿海小岛登陆,而且直达台湾本岛,这样,郑军就能够和台湾群众取得联系,得到他们的援助,并且对于当时的最大困难——粮食问题也可给以部分的解决。其次,占领了战略据点,取得了广阔的活动场所,使荷军难以出击,有助于巩固郑军在台湾的地位。第三,由于同时在两个地点登陆,大员、赤嵌两地的荷兰守军都面临强敌,因而无法集中兵力,只得分兵把守,这对郑军显然是有利的。他们不仅可以"由不虞之道,攻其所不戒"(《孙子兵法》),而且还为以后的军事行动创造了有利条件。这个决策是有远见的。

当然,除了上述两个原因以外,力量部署的周密、部队行动的神速等战术上的正确措施,都是顺利登陆的必要条件。但是从战略方面来说,决定突击的方向和选择施行突击的时机则是最重要的任务。登陆台湾,是复台之战中有决定意义的一着。郑军采取了正确的战略,出色地完成了这个任务,这是应当加以肯定的。

收复赤嵌的成就

登陆的胜利，使荷兰人"感到束手无策，他们进退维谷，无力抵抗如此强大的敌人"[25]。这时，荷军方面的弱点迅速地暴露出来了，他们只有两只战舰、两只小艇和一些中国船，热兰遮城堡内"约有一千一百人，另有全副武装的人员四十名。……但熟练的军官、能干的警察、掷弹手和工兵则寥寥无几"[26]，两个城堡之间的海道已被郑军封锁，他们无法互相援助。虽然如此，荷兰殖民者仍然企图依靠军备、物资、地势等有利条件，在郑军立足未稳之时，先发制人，打退郑军。

这次战役是在5月1日进行的。荷军三路出击，一路在海上，两路在陆上，都被郑军打败。接着，郑成功集中兵力围困赤嵌，"驻在普罗文查周围的军队（指郑军）有一万二千人"[27]。从5月1日到4日，短短的四天中，就使赤嵌荷军"由于日夜守望而精疲力尽，尤其是在援兵不能迅速到达的情况下，不能再坚持下去了，也经不起再次的攻击"[28]，同时由于"城中乏水"[29]，而郑成功又警告他们"如不降，周围放火焚之"[30]，因此不得不宣告投降了。

这个战役的胜利，证明了郑军善于发挥自己的长处，利用敌人的弱点，采取正确的战略战术，打败在武器装备上处于优势地位的荷兰军队。

在这次战役的每个战斗中，郑军都集中兵力以众敌寡。在海上，以五六艘最强的战舰"从各个方向向赫克托号（荷方主力——引者）围攻"[31]。在赫克托号因火药爆炸而沉没后，郑军战船更是"像蚂蚁似的围住了我方（荷方）的其他三艘船只"[32]。在北线尾，郑军集中了四千人，对付贝德尔（拔鬼仔）所率领的240名荷兰士兵，终于消灭了这股敌人。同样，在赤嵌方面，荷方由阿尔多普所率领的200名兵士，受到大批郑军的攻击，被迫"放弃了战斗行动"。因此，后来荷兰人也承认，在这次战役中，郑军使用"前仆后继、以多胜少的办法"[33]，给他们以很大的威胁。

对于敌军在武器装备上的优势，郑成功是估计到了的。针对这一点，他采取了一系列有效的措施。以多胜少的办法，在一定程度上也能弥补武器低劣的缺陷。此外，还采用了相应的战术。例如，郑成功在部署七鲲身战斗时指出："荷兰无别技，惟恃炮火而已。黄昭尔可带铳手五百名，连环熕二百门，分作三队，前往鲲身尾列阵以待，候他对攻，杨祥尔可带藤牌手五百名，从鬼仔埔后绕过鲲身之左，横中截杀，萧拱宸尔整据仔二十只，看彼队伍将过七鲲身，欲与我们交锋，随即摇旗呐喊，驾驶作过去攻城状。彼兵见之，自然慌乱，不敢恋战，破之必矣。"[34]这是根据敌我双方兵力的情况作出的正确的部署。由于荷方炮火较强，郑方必须准备对攻，以免被动，所以布置了第一路兵力。但是只靠对攻显然是不利的，还必须根据荷方兵力不足的特点，布置第二、三路兵力，一面进行佯攻，分散敌人的注意力，一面进行抄袭，短兵相接，使敌军的炮火不能发挥作用。战斗的过程表明，郑成功的兵力部署是完全正确的，在这次战斗中，荷军受到夹击，惊慌失措，"立阵不住，败下。死者过半，退守其城"[35]。

此外，郑军还善于运用各种兵种联合作战。他们不仅有弓箭手、藤牌军、长刀兵、炮兵和水师，而且还有两队黑人兵。弓箭手和使用来福枪的黑人兵，能够在远距离内攻击敌人，而藤牌军、长刀兵则在肉搏战中，给敌人以巨大的杀伤。他们还利用水师配合陆军作战，并且以火攻、断水等办法，置荷兰守军于困境。所以，荷兰人不得不承认"经过一段战争，证明了国姓爷十分熟悉兵法"[36]。

在这次战役中，郑军所采取的战略方针也是正确的。他们以优势的兵力钳制住赤嵌、大员两地的荷军，使他们无法集中兵力，以致两个城堡都显得力量单薄。郑军"切断了海陆交通，包围了普罗文查要塞，切断了它同热兰遮的联络，使各自陷于孤立"[37]。这时普罗文查守军感到"力量单薄，处境危急"[38]，只好向热兰遮求援，而热兰遮的情况也十分困难，他们只有五百名守军，保卫的力量非常薄弱"[39]，甚至连热兰遮市区都已经"完全处于敌军的包围之下"[40]，他们认为，"即使从城堡里抽调更多的人，我们也没有足够力量来长时间保卫热兰遮市区"[41]，因而更谈不上援助普罗文查了。

孤立了两个城堡的荷兰守军以后，郑军已经完全掌握了主动，造成兵临城下的局面。这时，郑成功为了减少损伤，采取围困的战略，配合以政治攻势，逼使荷军不战而降。另一方面，也作好准备，要在敌人拒不投降时进行攻城。他向荷兰使者指出："你们应该从几次的失败取得教训。你们的力量还不及我的千分之一。难道你们还是那样不识时务吗？"并且警告他们，荷兰人所恃的战舰和士兵都已经败在郑军手下，如果拒不投降，"我的健儿便会向它（指赤嵌）进攻，加以占领，并把它夷为平地"[42]。这些话是建立在军事实力基础上的高度自信的表现，它终于逼使赤嵌守军在孤立无援的状态下，不得不自动投降。孙子说："不战而屈人之兵，善之善者也。"这次战役的出色成就便在于此。

这次战役不仅粉碎了荷兰人先发制人的计划，而且打掉了头号资本主义侵略者的威风。在交战之前，荷兰官兵曾经以为郑成功的军队"受不了火药的气味和枪炮的声音，只要放一阵排枪，打中其中几个人，他们便会吓得四散逃跑，全部瓦解"[43]。可是，初次的交锋，证明胆怯的不是郑成功的军队，而是荷兰侵略者。"他们的勇气这时则完全为恐惧所代替，许多人甚至还没有向敌人开火便把枪丢掉了，他们抱头鼠窜，落荒而逃，可耻地遗弃了他们英勇的队长和同袍。"[44]

从此以后,荷兰人不得不以"骁勇""不顾死活""十分凶猛而大胆,仿佛每个人家里还另外存放着一个身体似的"这一类的字眼和词句来形容郑军了。

总之,这个战役是郑军和荷兰侵略者的首次交锋。郑军首战的胜利打掉了侵略者的威风,拔除了荷兰人的两大战略据点之一。不仅如此,赤嵌的收复,是把荷兰殖民者的主力驱出台湾本岛的伟大胜利,从此以后,基本上已经把荷兰人的力量压缩在大员这个小岛上,虽然它仍是郑军面前的一个障碍,但是对于郑成功收复台湾、建设台湾来说,已经不是一个严重的阻力了。郑军决定首先收复赤嵌,并且不经攻城而取得胜利,可见他们所采取的策略是正确的。

围困大员的得失

收复赤嵌以后,郑军便开始了对大员(热兰遮城堡)的围困。但是,直到八个多月以后,即1662年2月1日,荷兰守军才宣告投降。

长期围困是不是必要,有没有可能在更短的时间内收复大员,这些问题值得研究。

早在收复赤嵌后的第二天(5月5日),郑军就已经攻进热兰遮市区,开始了对热兰遮城堡的围困。但是,那还是战术上的围困,在战略上仍然"企图经过一次大攻击以结束战争"[45]。从5月5日到25日,郑军按兵不动,准备进行总攻。5月26日发动进攻,但是由于处在不利的地势,而且大炮和士兵没有很好的掩蔽,在荷军炮火的猛烈轰击下,伤亡很大。这时,郑成功决定改变战略,用现代的话说,就是从速决改为持久,从战略进攻转为战略围困。

孙子说:"攻城之法,为不得已。"郑成功一贯主张尽可能避免攻城,减少杀伤。显然,他决定进攻热兰遮城堡,是过低地估计了敌方的力量，但是他能及时吸取教训改变战略，这种措施还是正确的。其所以正确在于：

第一，赤嵌收复后，荷军对郑军在台湾的各种活动已经无法阻挡了。这时本来可以不急于进攻大员，但是郑成功企图乘胜追击，一鼓而下，这在当时也不是不可能的，不过必须付出很大的代价。既然进攻失利，又没有必要立即收复大员，因此"藩以台湾（大员）孤城无援，攻打未免杀伤，围困俟其自降"[46]，这种保存实力、消耗敌人的措施是切合时宜的。

第二，到达台湾以后，郑军不仅要克服被荷兰人占据的战略据点，而且必须深入内地，争取群众，站稳脚跟，并且解决军需上的困难（首先是粮食问题）。因此，郑成功一方面"派提督马信督辖兵扎台湾街守困之"[47]，另一方面可以抽出力量深入各地，在政治上、经济上采取种种有效的措施，开发台湾，建设台湾，为彻底打败荷兰殖民者和台湾的发展奠定基础。由此可见，这个战略的转变在当时还是必要的。

第三，那时大员的荷兰守军已经完全陷于困境，"大员只是一块荒漠的沙洲，寸草不生，四面环海，不能跨出一步"[48]，荷兰守军"经常处在紧张和疲劳的状态中。即使从最乐观处着想，假定敌人不会进攻城堡，只是单纯地封锁几个月，也足够使城堡内的军民陷于饥饿"[49]。他们唯一的希望是得到从巴达维亚来的援助。可是，这个希望也很渺茫。据郑成功估计，即使派来援兵，至多只有十只战舰和2000名士兵，这个力量在强大的郑军面前并不能起多大作用。因此，他们深信"单单围困也可以使被围者落入他们手中"[50]。事实也正是如此，经过长期的围困，热兰遮城堡内"日用品奇缺，兵士患血痢、坏血症、水肿，日有死亡，九个月内饿死战死达一千六百多人"[51]，在这种情况下，荷兰人不得不投降。

既然改变战略是必要的，而且也有可能以围困的战略战胜荷军、收复大员，因此，决定改变战略是完全正确的。

战略的改变，使郑军得到了休整，这在长途远征而又遭遇到粮食困难的情况下，是十分必要的。另一方面，荷军则"由于继续不断的警戒，使战士们疲累不堪，人数大减，城堡里只剩下四百名健壮士兵，其他不是战死就是染上了各种疾病"[52]。相形之下，郑军显然处于主动的地位。

战略的围困，并不排斥战术上的进攻。可惜当时郑军没有清楚地认识到这一点，他们没有充分利用有利的条件和掌握主动权，在长期围困中，只和荷军进行过三次战斗。一次是在9月间荷兰援军到达以后，向郑军进攻，被打败；一次是10月间郑军在北线尾增设炮台，准备轰击大员，荷军企图破坏，双方进行了一次炮战；最后一次是在11月间，郑军以火船烧毁荷兰的夹板船，并从鲲身夹攻，获得小胜。郑军既没有发动连续的进攻以疲惫敌军，又没有及早地截断敌人的航道，甚至在10月间荷兰人还得以派船向清朝求援，后来还把病人、伤员运到小琉球岛去。[53]此外，郑军在围城期间，也没有积极地寻找和探测荷方工事上的弱点，以便组织力量发动进攻。这一切说明了郑军没有很好地利用有利的形势和敌军的弱点，白白地放弃了主动权，拖延和丧失了进攻的时机。

直到12月底，荷军投降军曹拉迪斯向郑成功献策，"他劝国姓爷充分利用围城内普遍存在的惊慌情绪和疲弱状态，不仅再用封锁，而且要用连续攻击，来彻底疲惫敌人使其完全绝望"[54]，并且指出，应当攻占乌特利支堡及小山头，以便顺利地攻占热兰遮城堡。这时，郑成功才决定"把封锁战术（略）转为进攻"[55]。显然，如果及早采取上述措施，进攻的时间完全可以提前。

拖延战机给郑军带来了不少困难。由于清政府实行禁海迁界，

"寸板不许下海",郑军的粮食无法得到接济,以致"粮米不接,官兵日只二餐,多有病殁,兵心嗷嗷"[56],甚至引起激变。据荷兰人从郑军逃兵口里所得的消息,郑成功在"围城期中已经损失八千多精锐部队,他的大小船一有机会便开小差逃走,由于长期进行围城战,他的士兵和其他在台湾的中国人对他的忠诚已有所减退,运进来的粮食已不象以前那么充裕"[57]。这个说法难免有些夸张,但是郑军的困难处境则是不可否认的。

同时,拖延战机还给荷军的增援创造了有利条件,增援队伍固然不多,但总是增强了敌方的力量,如果不是由于支援舰队司令卡宇匆忙逃走,这支舰队多少还会给郑军带来一些麻烦。并且这时荷兰侵略者已经和清朝当局进行勾结,如果这个阴谋得逞,将会造成更加不利于郑军的局面。

总之,郑军围困大员在战略上是正确的,但是他们没有采取必要的措施,把战略上的围困和战术上的进攻结合起来,没有积极创造条件,更早地结束战略围困阶段从而转入进攻,这不能不说是一个失策。

三、结语

复台之战以荷兰殖民者的彻底失败而告终,这是郑成功及其军队的伟大功绩。

当然,复台之战之所以能够取得胜利,不单纯是军事上的因素,它和战争的性质、人民的援助以及政治上、经济上、外交上的种种因素有关。但是,从登陆开始,经过收复赤嵌、围困大员,直到最后胜利,郑军基本上都能采取正确的战略战术,以己所长,攻敌所短,特别是在登陆台湾和收复赤嵌时,出色地完成了任务,这是必须加以肯定的。

在围困大员时,拖延了战机,在交战中,对敌方力量估计不足,造成较大的损失,粮食上的困难没有很好解决,军队的思想教育不够,以致有些人动摇、反叛,等等,这都是郑军的缺点。其中有的是在当时情况下难以避免的,但也有些是由于指挥者的过错而造成的。我们既不能掩盖郑成功及其军队的缺点和错误,也不能超越当时的条件而苛责于前人。

郑成功作为一个年青的将领,能够在海上坚持抗清达十余年之久,成为对清朝统治者的一大威胁,这除了他的政治、组织方面的天才而外,军事上的才能也是不可低估的。经过长期抗清的锻炼,郑成功积累了不少经验,在复台之战时,已经成为一个相当成熟的军事将领了。试想,在三百多年前,率领二万五千名大军,渡过台湾海峡,和当时头号的资本主义强国作战,并取得彻底的胜利,而指挥作战的却是一位不满四十岁的青年将领,如果没有杰出的军事才能,怎能承担这样的重任?

因此,我们可以说,复台之战是一个伟大的胜利,在政治上如此,在军事上也是如此。

(1962年5月写于厦门,刊于《郑成功研究论文集》,上海人民出版社,1965年)

注释:

[1] C.E.S.:《被忽视的台湾》,卷上。转引自《郑成功收复台湾史料选编》,福建人民出版社,1962年。
[2] 稻垣其外:《郑成功》,进入台湾仅有一条水道之说不确,详下文。

[3] C.E.S.：《被忽视的台湾》，卷下。

[4] 同上。

[5] 杨英：《从征实录》，台湾文献丛刊本。

[6] 同上。

[7] 郁永河：《伪郑逸事》，台湾文献丛刊本。

[8] 杨英：《从征实录》。

[9] 同上。

[10] 江日升：《台湾外纪》，卷七，第二页。

[11] 同上书，卷八，第六页下。

[12] C.E.S.：《被忽视的台湾》，卷下。

[13] 同上。

[14] 同上。

[15] 同上。

[16] 同上。

[17] 夏琳：《闽海纪要》，卷二，台湾文献丛刊本。

[18] C.E.S.：《被忽视的台湾》，《可靠证据》，卷上，第六号。

[19] 徐鼒：《小腆纪年》，卷二。

[20] 同上。

[21] 《巴达维亚城日志》，1661年6月24日。

[22] 江日升：《台湾外纪》，卷一一。

[23] 同上书，卷一〇。

[24] 夏琳：《闽海纪要》，卷二。

[25] C.E.S.：《被忽视的台湾》，卷下。

[26] 同上。

[27] 同上。

[28] 同上。

[29] 杨英：《从征实录》。

[30] 江日升：《台湾外纪》，卷一一。

[31] C.E.S.:《被忽视的台湾》,卷下。

[32] 同上。

[33] 同上。

[34] 江日升:《台湾外纪》,卷一一。

[35] 同上。

[36] C.E.S.:《被忽视的台湾》,卷下。

[37] 同上。

[38] 同上。

[39] C.E.S.:《被忽视的台湾》,《可靠证据》,卷下,第二号。

[40] C.E.S.:《被忽视的台湾》,卷下。

[41] 同上,第六号。

[42] C.E.S.:《被忽视的台湾》,卷下。

[43] C.E.S.:《被忽视的台湾》,卷下。

[44] 同上。

[45] 同上。

[46] 杨英:《从征实录》。

[47] 同上。

[48] C.E.S.:《被忽视的台湾》,卷下。

[49] 同上。

[50] 同上。

[51] 甘为霖:《台湾岛基督教会史》卷上,《燕·克洛夫牧师写给锡兰巴尔道斯牧师的信》,转引自《郑成功收复台湾史料选编》,福建人民出版社,1962年。

[52] C.E.S.:《被忽视的台湾》,卷下。

[53] 赫波特:《爪哇、台湾、前印度及锡兰旅行记》,转引自《郑成功收复台湾史料选编》,福建人民出版社,1962年。

[54] C.E.S.:《被忽视的台湾》,卷下。

[55] 同上。

[56] 杨英:《从征实录》。

[57] C.E.S.:《被忽视的台湾》,卷下。

台湾历史学界对郑成功的研究

郑成功作为一个伟大的爱国者和民族英雄，在中国历史上有着崇高的地位，永远受到中国人民的怀念和敬仰。近30年来，全国历史学界发表了数以百计的论文，从各个方面对郑成功进行研究。郑成功与台湾关系密切，台湾历史学界对郑成功的研究也十分重视。1961年台湾历史学者发表过大量论文，纪念郑成功收复台湾300周年。此后20年间，已陆续发表的论文达100篇以上。此外，还出版了《郑成功全传》（陈三井总纂，台湾史迹研究中心发行，1979年出版）、《郑成功史事研究》（黄典权著，商务印书馆1975年出版）、《明郑研究丛辑》第四辑（赖永祥著，台湾风物杂志社1971年出版）、《细说明郑》（陈泽著，台湾省义献会1978年出版）等专著，公布了清朝一些有关郑氏的档案，翻译了一些外文资料。这些论著涉及郑成功历史的各个方面，包括收复台湾、开发台湾、抗清斗争、对清和议、与南明诸王的关系、与李定国的关系、与天地会的关系；内政、建置、兵制、军需、经济建设、海上活动；与荷兰、日本、英国、西班牙的关系；郑芝龙、郑经、陈永华以及其他官员和将领；史实的考证、史料的考订、史迹、轶事等等。从研究的广度和深度来看，都比20年前有较大的进展。

从上述论著可以看到，台湾海峡两岸的学者对郑成功的评价有许多共同之处。大家都认为郑成功是我国历史上伟大的爱国者、杰出的民族英雄。大家都高度赞扬郑成功收复台湾和开发台湾的伟大业绩，一致肯定郑成功在中国历史上的重要地位。在不少具体问题上也有一致或比较接近的看法。当然，学者们在学术问题上的不同看法是存在的。我们相信通过学术交流，促进互相了解，将有助于学术研究的深入和提高。这里，我们仅就台湾历史学者近20年来发表的研究郑成功的论著加以评介，为全国历史学界提供参考。

郑成功收复台湾的研究

收复台湾是郑成功历史上最光辉的篇章，史学界向来重视这个问题。台湾学者在不断充实有关史料的基础上，比较详细地描述了收复台湾的整个过程。近年来，又在这个基础上，对某些问题提出了不同的看法。

一、郑成功何时决定进取台湾

过去，某些西方著作提到荷兰人在隆武二年（1646年）便得知郑成功有进攻台湾的计划，一些日本学者也采用这种说法。另外，有人指出，1652年郭怀一起义便是在郑成功支持下进行的。

台湾学者对以上看法提出了不同意见，认为那个时候郑成功还不可能作出远征台湾的计划。具体看法有以下几种：一、郑成功的东征计划是在何斌献图之前制订的，永历十三年（1659年）南京战败后，才决定把这个"多年的计划"付诸实现。[1] 二、永历十四年（1660年）清兵进攻厦门被击败后，郑成功"忆起谋臣以前的献策，乃有东取台湾以为根据地的决意"[2]。三、《郑成功全传》认为，郑成功决定东征,"应在江南之败,何斌献计之后"[3],不过,同书第六章却有不同说法,认为"早在隆武年间(指1646年)就已有此打算"。四、在长江之役以前,"郑成功东征之意早经决定"[4]。

这个问题从表面看似属于史实考证的范围,其实它关系到郑成功对台湾的认识和战略部署问题,史学界向来存在不同的看法,对它进行讨论是必要的。

二、进兵台湾的原因和目的何在

台湾学者大多认为郑成功收复台湾的目的在于取得一个继续抗清的根据地。至于郑成功决定进兵台湾的具体原因,则有不同的估计。有人认为是由于南京战败,损失惨重,后来虽然幸胜达素,但郑成功已感到"向大陆争衡已不易为,而困守金厦两岛亦难为长久之计"[5]。有人则指出,当时清兵可能再度进攻金厦,"军民不断地为应战而搬家未免怨声载道",郑成功"为了作长久的、万全的打算",决定进取台湾。[6]《郑成功全传》作了这样的概括:清军可能再犯,孤守金厦终非长策;与西南联系断绝,大陆之经略陷于停顿;台湾与金厦可以相应,"先驱逐红毛,在军事与经济上立于不败之地,再生聚教训,培养战力,以之继续对清作战,相机反攻"[7]。

郑成功进兵台湾的主观和客观原因是多方面的,从各方面进行分析很有必要。那时荷兰殖民者侵占台湾,对台湾人民进行残酷的压榨,也侵犯了郑氏家族的利益,因此郑荷双方的矛盾十分尖锐,这应当作为研究的重点之一,看来在这个方面的研究工作还有待于进一步开展。

三、关于郑荷和约签订日期等问题

有关郑荷和约签订的日期,过去有三种记载:一是 1962 年 2 月 1 日,二是 1661 年 11 月,三是 1662 年 2 月 10 日。一般学者多采用 2 月 1 日的说法。近来有人专门作了考证,认为 2 月 1 日递交降书,经过几天谈判,到 2 月 10 日才签订和约。[8] 不过最近出版的《郑成功全传》没有采用这个说法,仍然写道:"永历十五年十二月十三日(1662 年 2 月 1 日),于山川台(今台南市东门圆环)正式举行受降典礼。"[9]

此外,有关郑军登陆台湾的日期也有两种说法,即 4 月 29 日和 4 月 30 日。[10] 对登陆地点,也有人作了考证。[11]

四、收复台湾的重大意义

历史学界一致认为郑成功收复台湾具有极其重大的历史意义。台湾学者作出了如下评价:郑成功驱逐荷兰,"光复了汉人久经失去的固有的领土"[12];"将台湾收归中国版图,嗣永为中国东南海上之长城,以贻惠国家后世,功不可没"[13];"赐姓毕生最大的功业,莫如光复我台湾传为子子孙孙永世国土"[14]。

至于应当从哪些方面认识这个事件的重大意义,台湾学者从不同角度提出了自己的见解。例如,有人强调它在反清复明方面的意义,认为取得台湾"这一片干净土",保存"故国衣冠"于海隅,使流亡的明朝宗室和遗老得到安置,可以鼓舞人心,同时也使抗清力量有了安定的后方,可以得到经济上的支持。[15] 有人则强调它在国防上的意义,认为收复台湾"是中国人第一次收回欧洲人的殖民地",通过开发和建设，杜绝了外国对台湾的觊觎，"这实为中国边防的一大贡献"。[16]还有人从经济、文化方面来考察，指出郑氏时代台湾社会发生了变化，"颇有构成一个初期封建制度社会的可能"，土地私有制的出现，促进了台湾生产力的发展；随着大量移民来到台湾，把大陆的制度、文化"移植"到台湾，"成为引导台湾社会发展的一个精神力量"。[17]

郑成功收复台湾，对台湾历史的发展确实有着重大的影响，但是它的影响不仅仅局限于台湾，不论从反侵略斗争来看，还是从中国历史的发展来看，收复台湾在全国的历史上都占有重要地位。不仅如此，郑成功收复台湾对亚洲其他国家、对反殖民主义的斗争都有影响，在世界历史上也占有一定的地位。台湾学者已经提出要从世界史的角度研究郑成功，[18]我们认为这个意见应当受到重视。

郑成功抗清活动的研究

抗清活动是郑成功一生中一项重要的政治活动，虽然在郑成功的历史上不占重要地位，台湾学者在这方面发表了不少论著，涉及军事活动、郑清和议等问题。

一、郑成功抗清的军事活动

有关郑成功在金厦附近以及闽浙粤三省沿海的军事活动，以及"南下勤王""北征诸役"等抗清活动，台湾学者都作了研究，在史料搜集和排比方面作出不少成绩。有的文章还从军事史的角度，对各次战役的战略、战术进行评述。其中比较有争议的问题有北征的动机和失败原因（特别是南京战败的原因）、南下会师未成的原因等等。

关于北征的动机，有人针对史书上的不同说法加以分析，指出它既不是由于"奉永历诏书"，也不是因为与李定国有约在先，或是听从陈豹、潘庚钟、张煌言等人的"进言"，而是在永历九年前后便已决定北征，其主要原因是：一、和局已臻破裂，清必增兵入闽，远征南京使之不能南顾，以期保全金厦基地；二、在和议期间增强了兵力，足以与清兵作战；三、回顾十年来沿海活动的得失，决定同清兵"一决雌雄，以期恢复大业"[19]。另一种看法是：为了挽救西南的颓势，为了确保金厦基地，同时也是记取了永历帝的诏命，以北征来响应皇家的号召，并且配合李定国的战略，夺取南京作为北伐中原的准备。[20]

北征失败的原因，看法也不一致。有人不同意朱希祖先生的说法（见《从征实录》朱序），认为郑成功当时只采用周全斌所献的下策是由于形势所迫；郑成功并非"欲致独占之功"，他企图"孤注一掷"也是不足厚非的。北征失败的原因在于与李定国不能东西呼应，常失时机；而南京战役（关系到整个北征）失败的最大原因，就在于郑成功坚执"欲待援虏齐集""邀而杀之"的战略，"他会坚执这种战略，就是出于一字'骄'字"。[21]《郑成功全传》指出：一、出征时机一误再误，以致形势变为对郑军不利了；二、郑军不利于陆战；三、南京战役的种种失误；四、孤军深入，自老其师。[22]还有人强调偶然的因素，认为"羊山遇飓以致舟师损失惨重"，这是"此次北伐未能成功最大的原因之一"。[23]

对南京战役失败的原因，台湾学者从多方面进行探讨，具体看法也有出入。《郑成功全传》指出，郑成功在时间上、心理上、战略上、指挥上都有失误：延误时机，以致清方援兵源源而来；企图不战而胜，影响战斗的准备和决心；过分评估自己的武力，轻敌骄满；判断军情、战略运用、通讯指挥都有错误。[24]有人还从战略战术上提出以下问题：不听潘庚钟、甘辉等人的劝告，而急于进攻南京；由水路进军，拖延时日；中清方缓兵之计；未能阻挠清方援兵入城，等等。[25]不过对于潘、甘等人的建议，有人也提出疑问，如果根据他们的建议暂住瓜镇，"也难免因孤军无援，兵源、粮食、枪械的补给不继，而被围困"，而郑成功决定直迫南京，"就是为争取时间，以期挽救西南颓局"，因此上述建议未必妥当。[26]

郑成功的抗清斗争与张名振、张煌言等人有直接联系，也同在西南方面的李定国抗清力量有所接触。李定国原是农民起义军将领，后来又与南明的永历小朝廷联合抗清，所以，郑成功与李定国的关系，还涉及与永历帝的关系，即所谓"南下勤王"问题。对于这个问题，台湾学者有如下不同的看法：有人认为，就郑李关系来说，李对郑的态度是诚恳而热情的，而郑成功"却为了周旋和议，仅作了消极的会师，或至误期失机，影响局势至巨，不能尽其职责"[27]，对郑成功有所批评。还有人就郑李会师未成这件事进行评论，认为朱希祖先生批评郑成功"专顾根本之地，不肯长离闽粤，且牵于清廷和议，故屡愆师期，……又不亲征，徒尔塞责"等等是正确的，并且补充说，郑成功"颇以豪杰自负，难免喜独占之功"，"自命不凡，局量偏狭"，不甘受李定国的讥责，后来郑成功责罚南下将领，"不过稍自弥盖，且宽慰战友而已"。又指出，郑李二人都有"自命不凡、唯我独尊之潜在意识"，以及"性情刚愎，局量不宏"等缺点，这正是郑李二人"未成反清复明事业之主因"。[28]但是也有人不同意这种看法，指出郑成功对于南下勤王有着"耿耿孤忠"的诚意，只是由于兵力不足、风信不顺、闽海战事、对付清廷等等原因而未能实现会师，李定国"对成功当时处境不够了解"，因而对郑提出了责难。[29]

此外，有的作者还对郑成功在沿海作战的战略战术、对部将的任用和奖惩、对招亡纳降和背叛将吏的处理、对士兵的约束等方面的得失作了评论。[30]

二、郑清和议问题

从郑成功到郑克塽，31年间（从永历六年至三十七年）郑清双方有过16次的议和活动，其中郑成功时代有7次。如何看待这些活动，也有不同的意见。《郑成功全传》的作者不同意把郑清和议看做是郑成功"有不忠于明室之心、无坚强的抗清意志"的表现，他们认为郑成功与清方议和，"实非本心，不过是将计就计耳"。[31] 另一位作者也认为郑成功对清和议是"权宜之计，虚与委蛇"，因此提出照朝鲜例、不剃发、不投降、索三省之地为条件，以难清方，并且始终在这些问题上打圈子，这表明郑成功一向坚持抗清，"决无中途与清廷议和之理"。到了郑经时代，仍然坚持上述条件与清方周旋，目的是要摆脱清方迫其就抚的阴谋。[32]

对于和谈的效果，也有不同看法。有人认为它使郑成功中了清廷"各个击破之计"，未能与李定国会师，伏下了"南京战败之征兆"[33]。有人则认为清方进行和谈，"效果终归于零"，反而使郑氏"延长明祚达三十一年之久"。[34]

郑成功的抗清活动，从1646年海上起兵到1661年进军台湾，前后15年。郑军的队伍从小到大，从建立和巩固金厦根据地，到扩大势力、远征江南，有一个发展的过程。在斗争过程中，郑成功与南明王室和遗老、清朝当局和地方官吏、各地抗清力量（包括福建各地的所谓"山寇"）以及东南各省的平民百姓都发生过接触，有着比较复杂的相互关系。搜集大量资料，进行科学的分析，透过复杂的现象得出本质的认识，有助于认识郑成功抗清活动的性质以及它在历史上所起的作用等等重要问题。显然这些问题是值得探讨的，在这方面还有待于历史学界的努力。

对郑成功及其他人物的评价

对郑成功本人，学者们都给予崇高的历史评价，一致认为他是中国历史上的伟大爱国者、民族英雄。不过，对他一生的功业有不同的侧重面。有人强调他收复台湾的功绩，认为郑成功的复台，正是他"在历史上的地位特别值得我们推崇的缘由"[35]；复台，使他成为"一个远识深见、雄才大略的民族英雄"[36]；"从荷兰人殖民枷锁中拯救台湾"，"使他成为中国历史上的民族英雄"。[37] 有人还指出"郑成功在台湾不但在军事上独树一帜，而且在政治上亦建制一新，成为明清之际崭露头角的国际性人物"[38]。有的强调他对开发台湾的作用，认为郑成功"在台湾史上的卓绝地位和他在中国史上应得的评价，开创的意义大于其恢复的意义"[39]。有的则把二者并列起来，收复台湾，使他成为民族英雄，开发台湾，使他成为台湾的"开山圣王"[40]。另一方面，有人强调郑成功抗清的功绩，把他和李定国并称为"反清复明巨流中之两大砥柱"[41]；郑成功"毕生的伟大事业，是从事抗清复明的艰巨工作"[42]。还有人从"文化观点"进行评价，认为他是"一位文武兼备具有强烈爱国情操与卫道精神的大政治家"，是一个"儒家道统的维护和传播者"。[43] 还有人把郑成功和洪秀全相比，指出二者"同为民族英雄，惟其出处进退根本殊途异势，故其成就遂亦有不同之千秋"[44]。

对郑芝龙的评价，台湾学者一般采用前人的说法，如"民族的败类，明朝的叛徒"，称之为"不折不扣的投机分子"。[45] 不过，有的学者也肯定了郑芝龙在料罗打败荷兰侵略者的功绩，认为那是"海上数十年所未有"的奇捷，"芝龙功殆无有加之者"。[46]

对郑经的评价有较大的分歧。一种意见认为，郑经虽然"英武不及其父"，但他坚持反清复明，在建设台湾方面也有成就，可以算是一个"克绍父业的守成之主"。[47] 另一种意见则认为，郑经在对清和议以及对外关系方面有其成就，但他一生有许多错误："好色乱伦"，造成内部分裂；在台湾未能重视军备；袭取汀州导致与耿精忠的矛盾，削弱了抗清力量；轻信冯锡范等人以致反攻失败、自毁明郑之基石。董夫人说，竖子无能，颠覆桑梓，辱及先王，所以，"郑经实应负明郑灭亡之实际责任"。[48]

对陈永华的评价则比较一致。有人指出，郑经时代的一切成就都和陈永华的"忠心辅政"分不开，"将陈永华比之为诸葛武侯，真可谓最为允洽了"。[49] 还有人认为郑经"性谦柔，而怠于政事"，"其得丕承余烈、奠安海宇者，咨议参军陈永华劳瘁建设之功也"。[50] 又说，陈永华"文武兼长，忠义并著"，按古人的标准"可以说是完人"，因而给予"人伦表率，文化象征"的高度评价。[51]

以上对郑成功以及其他人物的评价，显然存在着不同的看法，全国历史学界很有必要针对不同的观点，进一步加以探讨。

其他方面的研究

台湾学者对郑成功历史的研究还涉及其他方面，特别是在史料的搜集、排比和考订方面做了不少有益的工作。台湾学者还提出了一些令人感兴趣的论点，例如，荷兰侵占台湾时，汉人早已奠定了不可撼动的经济基础和文化基础，台湾已可以说是中国化了。颜思齐、郑芝龙的开发台湾，虽不是代表明朝政府，但却可代表中华民族的力量。[52]郑成功的海上贸易，打破了古老的传统，注入了新的文化因素，"并为中国人开启了一个新的发展目标——海洋与商业"[53]。又如，"就政治原则言，郑成功所奉行的始终是儒家的正统"[54]。郑成功是天地会的倡始者，天地会的香主陈近南，"即陈永华之自托也"[55]。在进军台湾时，"南将"多反对东征，因为他们都兼营商业，有复杂的社会关系，远离漳泉显非所愿，而"北将"则支持东征。[56]此外，有关郑氏"五商"、"牌饷"、军粮、垦殖、兵镇，郑氏与荷兰、日本、英国的关系的研究，有关郑成功被封为延平王还是延平郡王、郑芝龙的三弟是郑芝鹏还是另一个人、《台湾外纪》是史书还是演义体小说等等问题，也有争论。

（《福建论坛》1982年第3期，本文与陈在正合作）

注释：

[1] 廖汉臣：《延平王东征始末》，《台湾文献》十二卷二期。

[2] 毛一波：《台湾的初次沦陷与郑成功复台》，《台湾文献》十五卷三期。

[3] 三井总纂：《郑成功全传》（以下简称"全传"）一四三页。

[4] 张菼：《郑荷和约签订日期之考订及郑成功复台之战概述》，《台湾文献》十八卷三期。

[5] 金成前：《郑成功起兵后十五年间征战事略》，《台湾文献》二十三卷四期。

[6] 张菼：《郑荷和约签订日期之考订及郑成功复台之战概述》，《台湾文献》十八卷三期。

[7] 《全传》，一四六至一四七页。

[8] 张菼：《郑荷和约签订日期之考订及郑成功复台之战概述》，《台湾文献》十八卷三期。

[9]《全传》，一七三页。

[10] 石万寿：《郑成功登陆台湾日期新探》，《台湾文献》二十八卷四期。

[11] 参看《台南文化》四卷一期、七卷四期，《台湾文献》十五卷四期。

[12] 毛一波：《台湾的初次沦陷与郑成功复台》，《台湾文献》十五卷三期。

[13] 金成前：《郑成功南京战败与征台之役》，《台湾文献》二十五卷一期。

[14] 黄玉斋：《明延平王三世》，《台湾文献》十七卷二期。

[15] 黄玉斋：《明延平王三世》，《台湾文献》十七卷二期。

[16] 陈虹：《明末台湾山地行政的研究》，《台湾文献》二十五卷四期。《全传》一七四至一七五页。

[17]《全传》，一七五页。

[18] 曹永和：《从荷兰文献谈郑成功之研究》，《台湾文献》十二卷一期，又载《台湾早期历史研究》。

[19]《全传》，一七五页。

[20]《全传》，一〇四至一〇五、一二五、二七六页。

[21] 廖汉臣：《延平王东征始末》，《台湾文献》十二卷二期。

[22]《全传》，一二二至一二四页。

[23] 黄玉斋：《明郑成功北伐三百周年纪念》，《台湾文献》十卷一期。

[24]《全传》，一二二至一二三页。

[25] 金成前：《郑成功起兵后十五年间征战事略》，《台湾文献》二十三卷四期。

[26] 毛一波：《台湾的初次沦陷与郑成功复台》，《台湾文献》十五卷三期。

[27] 朱锋：《李晋王与郑延平》，《台湾文献》十二卷三期。

[28] 金成前：《郑成功李定国会师未成之原因》，《台湾文献》十六卷一期。

[29]《全传》，七十四至七十七页。

[30] 张雄潮：《郑成功于金厦外围战的战略与战术》，《郑成功对将吏的统御才略》，《台湾文献》十三卷一期，十四卷二期。

[31]《全传》，一九八页。

[32] 庄金德：《郑清和议始末》，《台湾文献》十二卷四期。

[33] 金成前：《郑成功南京战败与征台之役》，《台湾文献》二十五卷一期。

[34] 庄金德：《郑清和议始末》，《台湾文献》十二卷四期。

[35] 《全传》，一七五页。

[36] 同上，二八三页。

[37] 张旭成：《郑成功——爱国者、民族主义者与开国者》，见《近代的台湾》，五十八页，正中书局，一九七七年版。

[38] 黄介瑞：《郑成功复台始末考》《台湾文献》二十九卷一期。

[39] 《全传》，一九页。

[40] 毛一波：《台湾的初次沦陷与郑成功复台》，《台湾文献》十五卷三期。

[41] 毛一波：《台湾的初次沦陷与郑成功复台》，《台湾文献》十五卷三期。

[42] 黄玉斋：《明郑抗清的财政与军需的来源》，《台湾文献》九卷二期。

[43] 《全传》，二三一页。

[44] 张雄潮：《郑成功于金厦外围战的战略与战术》，《郑成功对将吏的统御才略》，《台湾文献》十三卷一期，十四卷二期。

[45] 《全传》，二八、三七页。

[46] 杨绪贤：《郑芝龙与荷兰之关系》，《台湾文献》二十七卷三期。

[47] 《全传》，二二三、二三一页。

[48] 金成前：《郑经与明郑》，《台湾文献》二十三卷三期。

[49] 《全传》，二二三页。

[50] 黄典权：《郑成功复台三百年史画》五十九页，一九六一年版。

[51] 黄典权：《陈永华史事研究》，《台湾文献》二十六卷一期。

[52] 金成前：《郑成功南京战败与征台之役》，《台湾文献》二十五卷一期。

[53] 《全传》，二五一页。

[54] 《全传》，一九九页。

[55] 萧一山：《天地会起源》，参阅《全传》，二九七至三〇〇页。

[56] 张炎：《郑荷和约签订日期之考订及郑成功复台之战概述》，《台湾文献》十八卷三期。

郑成功研究学术讨论会述评

为了纪念郑成功收复台湾320周年，福建省郑成功研究学术讨论会7月下旬在厦门大学举行，来自国内各地以及日本、美国的学者共120多人参加了会议。这是继1962年郑成功研究学术讨论会之后，第二次大型的学术交流活动。提交大会讨论的论文有50多篇。这些论文涉及政治、经济、军事、文化、人物评价、史实考订等方面，研究了郑成功收复台湾、开发台湾、郑清关系、抗清活动、军政建设、军事才能、经济活动和经济思想、文化教育，郑氏与南明、天地会、东林复社的关系，以及对郑成功、郑芝龙、郑经、郑克塽、陈永华、施琅等人的评价问题。从广度来说，比以往有较大的扩展；在深度方面也有更大的进步。

关于郑成功收复台湾问题。许多论文在过去对收复台湾的过程已经基本弄清的基础上，进一步研究了收复台湾对台湾社会发展的意义，对东南沿海和全国的影响，对东南亚和日本、朝鲜的影响，从世界历史的角度来认识它的意义。此外，还对收复台湾与抗清的关系、郑成功爱国主义思想的发展过程、收复台湾与台湾居民的关系等等，作了进一步的探讨。因此，现有的论文能够比较充分地评价收复台湾的历史意义，比之以往，作了更加科学的论证。

对清朝与郑氏之间的关系，过去研究得比较少，现在大有起色，并且展开了争论，涉及郑成功对清方的态度、抗清斗争的性质和意义、抗清应否区分前后两期予以不同评价等问题。对于清郑和谈、郑经参加三藩之乱等问题也有所争论。有的论文就清、郑双方的战争与和议的全过程作了全面考察，探讨了双方的动机，对他们的得失提出了新的见解。有些论文研究了清政府对郑氏的政策，对清政府出兵台湾、对郑氏的招降政策等作了探讨。此外，有些同志还就郑成功抗清能不能被称为民族英雄的问题提出不同看法，对民族英雄的概念也有不同的理解。

有关郑氏集团经济活动的研究，在提交会议的论文中占有相当的比重。一方面从更大的范围作综合的考察，涉及土地制度、屯垦政策、田赋制度及海上贸易等许多方面。例如：研究海外贸易的发展阶段及其特点；分析海商集团的兴衰及其原因，联系封建社会的政治经济状况，试图说明中国海商资本不能像西方那样得到充分发展的原因；从经济政策和措施上探讨郑成功的经济思想；等等。另一方面也从较小的范围作了较深入细致的研究，例如郑氏的军粮、田赋、海上贸易及其利润额等。还通过对郑氏经济活动以及台湾归清前后社会经济状况的变化，说明郑氏对台湾的影响及其限度。这些研究都有新意。

对郑成功的评价也有了新的进展。例如，对郑成功抗清的阶级属性问题，本来早有争论，有海商、全民和地主阶级抵抗派等不同看法。这次有的论文对郑成功队伍的阶级构成作了具体的分析，有的对阶级分析方法、动机与效果的关系问题，从理论上作了探讨，企图从方法论上研究上述有争议的问题。尽管分歧仍然存在，但已为进一步研究提出了值得思考的问题。有些论文还从政治思想（包括忠君、爱民思想）、经济思想、军事才能以及从世界历史的角度等方面对郑成功作了更加广泛，更加深入的评价。

在郑芝龙、郑经、郑克塽、施琅等人的研究方面，提出不少论文，表明郑成功研究的范围逐渐扩大和研究工作深入开展。对郑经的评价有较大的分歧，涉及郑氏政权的性质、郑氏对开发台湾和统一全国的作用等问题，这些还有待于进一步的研究。值得提到的是，有好几篇论文对施琅作了研究，可见史学界对郑成功收复台湾与康熙统一台湾的关系问题颇感兴趣。有的论文阐明了郑成功与施琅的敌对性和继承性，提出"相反相成"的看法，认为他们是"一对不乐意的合作者"。对施琅的评价存在着分歧，涉及对施琅降清的看法、施琅与郑成功的比较，也涉及掌握史料的问题。总之，通过对上述几个历史人物的研究，发掘了新的史料，从新的角度进行考察，有助于郑成功研究的进一步深入。

这次提出的论文说明了以下两个问题：

第一，不论从广度或深度来说，对郑成功的研究都比以前有了较大的进展，这是我国史学界学习和掌握马克思主义理论、运用科学的方法所取得的成果。有些论文试图对郑成功的研究作一些理论性的探讨，例如提出抗清与统一全国的辩证关系、对历史人物进行阶级分析的具体方法等等。有些论文在研究方法上作了一些新的尝试。例如有的作者运用了比较研究的方法：把郑成功与同时代的几个杰出人物作比较，把台湾和大陆的大小租契约关系作比较，把郑氏时期的田赋同荷兰统治时期、清朝统治时期作比较，从而提出了一些新的看法。有的青年作者对郑氏的军粮、海上贸易额和利润额、田赋等进行估算，试图用量化的材料说明问题；有的青年作者探讨了郑成功的心理状态和思想构成，试图说明历史人物的个人特点对历史进程产生的作用。当然，以上的做法只是一个尝试，是否妥当还有待于进一步的检验，论文的结论也不一定正确，但毕竟进行了新的探讨，是应当予以鼓励的。

第二，思想比较活跃，敢于针对国内外学者的不同见解，展开争论，反映了史学研究日益繁荣。有许多论文是针对不同看法提出商榷的，例如，郑成功收复台湾的主要动机是为了抗清，还是为了反侵略或为了海商利益？收复台湾是为了抗清还是退出抗清？收复台湾是不是反殖民主义？郑成功从什么时候开始筹划收复台湾？郑成功抗清是坚决的，还是动摇、妥协的？抗清是为了复明，还是为了维护海商利益？郑成功是始终忠于南明，还是利用南明的旗号为海商谋利益？郑军是爱民的，还是也有扰民的行为？如此等等，争论颇多。应当指出，有些文章还对外国学者的看法提出不同意见，例如关于荷兰侵占以前台湾的状况，颜思齐、郑芝龙进入台湾的时间等。还有些作者与台湾学者进行了商榷，例如，提出天地会并非郑成功创立的，在清郑和谈过程中，既不是郑方中了清方之计，也不是清方受郑方摆布，而是双方各有得失；不能认为施琅是"叛主反噬，为敌效命"等等。我们认为不同见解的争论，对于提高学术研究水平大有好处。近年来由于我们更加了解台湾史学界的动态，看到更多有关论著，因而产生不同的看法，这是正常的现象。通过报刊开展争论是很有裨益的，如有机会当面谈论那就更好了。在这次会议上，除了论文以外，还印发了《郑成功研究论文选》《台湾郑成功研究论文选》《郑成功收复台湾史料选编》《郑成功史料选编》等专书和资料，对于了解这方面的研究成果和动态、促进学术交流是有帮助的。

从论文中可以看出，目前在郑成功研究方面还存在一些不足之处。总的来说，研究的广度和深度还很不够。我们知道，研究郑成功的目的，不仅仅是为了表彰这位伟大的民族英雄，更重要的是为了正确地阐明那个时代的历史。因此，不能孤立地研究他个人，而必须面对整个时代，从各个方面进行综合研究，才能取得更大的效果。有一位美国学者向我们介绍了一批西文资料，他试图说明"郑成功不仅是中国历史上的人物，而且也是十七世纪世界史上的人物，他在发展海上贸易、海上兵力方面有着很有趣的地位"。从世界历史的角度研究郑成功，将会开拓更加广阔的研究领域。

目前还有不少课题没有进行过研究，或是需要作进一步的研究。例如，有关郑氏与荷兰、英国、日本等国的关系研究甚少。据了解，荷兰海牙国立图书馆、莱顿大学欧洲对外扩张研究中心，正在整理大量有关郑氏与荷兰关系的文献，其中包括《热兰遮城日志》等重要史料。此外，还有一些西班牙文、意大利文的资料也很有价值。所以，在利用西文资料开展对郑成功的研究方面，我们还有许多工作可做。至于清方的资料，尤其是档案史料，在研究中也还没有引起广泛的重视。实际上研究清、郑关系，研究清、郑双方的军事活动以及重要战役的战略、战术等问题，不利用清方资料就不可能得到比较全面的认识。对于郑氏集团经济活动的研究，也有待于进一步开展，例如关于租税、牌饷、货币、财政等等，都需要作专门的考察。此外，把郑氏时期和荷兰、清朝统治时期的台湾作比较研究，对郑氏主要部属的研究，都是值得注意的课题。

从论文中还可以看出，有一部分论文仍然停留在史事的整理和叙述上，缺乏思想深度，提不出比较深刻的、新鲜的见解；有些论文只是引用几种常见的史料，未能搜集和发掘更加丰富的史料，以致内容贫乏，研究水平无法提高；还有一些作者不能广泛了解研究动态，更多的同志不了解外国和台湾学者的研究成果，因而不能在前人研究的基础上提高一步，或是未能超过前人。显然，这种状况已经不能适应时代的要求了。

为了提高研究水平，我想，今后似乎应当注意以下两个方面的工作：一方面，注意开展综合性的研究（如，中国历史上的海商与"海盗"的研究），从理论高度回答研究中提出的问题；另一方面，注意开展专题研究，对某些重要的具体问题（如樟头饷，糖和鹿皮的贸易等），作深入细致的考察。这样，就可能克服一般化的缺点，使研究工作继续深入一步。要做到这一点，须从以下几个方面努力：第一，要努力学习和掌握马克思主义思想武器，提高理论素养，增强思维能力，才能对复杂的历史现象，作出科学的理论概括。实际上有不少争论的关键不在于史料问题，而在于如何运用理论作出透彻的说明，这个事实就足以说明掌握理论的重要性了。第二，要努力搜集、整理更多的史料（如档案史料），翻译和利用西文史料。第三，要广泛开展与外国学者、台湾学者的学术交流（近年来，台湾学者在郑成功研究方面做了不少有益的工作，我们已有专文介绍，见《福建论坛》1982年第3期）。我们相信，通过国内外学者的共同努力，必将进一步提高郑成功研究的水平。

（《历史研究》1982年第6期）

李自成·多尔衮·郑成功
——历史的"合力"之一例

李自成（1606—1645），农民军首领。

多尔衮（1612—1651），满洲贵族的实际领袖。

郑成功（1624—1662），南明抗清主将之一。

这三个人代表明末清初中国的三股势力，他们都是杰出的人物，他们都只活到39岁——这当然是一个偶然的巧合。他们出现在历史舞台上有先后之分，而17世纪40年代则是他们共同活动的年代：1644年李自成进入北京，推翻了明朝的统治，建立大顺政权；1644年清军入关，多尔衮被封为"叔父摄政王"，成为清王朝的实际执政人；1646年郑成功在海上起兵抗清。在这个年代，他们三人犹如参宿三星，在中国大地的上空，并排地闪烁着自己的光芒。

恩格斯在致约·布洛赫的信中曾经提出这样一个理论：历史是从许多单个的意志的相互冲突中产生出来的，"有无数互相交错的力量，有无数个的平行四边形"，相互冲突，相互牵制，而产生出一个总的结果，这个结果和任何一个人的愿望都不一样，它把各个人的意志汇合成"一个总的合力"。[1]

这个理论是恩格斯在阐明经济基础和上层建筑的关系时提出来的，用它来说明个人意志和历史发展规律的关系。显然这个理论是以唯物史观为依据的。

根据这个理论，我们在明末清初无数个力的平行四边形中，选取李自成、多尔衮、郑成功及其所代表的三股社会势力和由这三股势力所形成的平行四边形进行考察，看一看它们的对角线怎样体现出"一个总的合力"，看一看他们怎样对清朝初期历史发展的进程发生各自的作用。

三种政治势力各自的愿望

17世纪上半叶，殖民者已经东来，他们的魔爪伸入中国的澳门、澎湖和台湾，沿海各地不断地受到侵扰，而古老的中华帝国仍然处在封建制度的桎梏下，矛盾重重，日益衰败。到了17世纪40年代，李自成领导的农民起义军取得了巨大的胜利，攻占北京，建立了大顺政权，腐朽不堪的明王朝在农民起义的冲击下陷于崩溃直至覆灭。与此同时，满族势力迅速兴起，他们打败明朝军队，进入关内，满汉地主阶级又互相勾结，颠覆了农民政权，清王朝定都燕京。

这时，中国社会存在着这样几组矛盾：中华民族与外国殖民者的矛盾，农民阶级与地主阶级的矛盾，满洲贵族势力与全国各族人民的矛盾，汉族地主阶级内部抗清与拥满的矛盾。阶级矛盾和民族矛盾互相交错，十分尖锐。

这时，中国国内存在着这样几股政治势力：代表广大农民利益的农民起义军；代表满族贵族和一部分汉族地主阶级利益的清王朝，代表另一部分汉族地主阶级利益的南明王朝。

这时，中国面临的问题，对内来说，是三股势力谁战胜谁，由谁来掌握中国统治权的问题；对外来说，是能不能挡住殖民者的侵略，保卫祖国独立和领土完整的问题。

中国向何处去？三股势力各自作出了回答。

汉族地主阶级企图重建自己对全国的统治。起初，他们并没有把清王朝当做主要敌人，而是企图联合清王朝共同消灭农民军。史可法在致多尔衮书中写道："伏乞坚同仇之谊，全始终之德，合师进讨，问罪秦中，共枭逆贼之头，以泄敷天之愤。"[2] 他在《请遣北使疏》中也提出，"是目前最急者无逾于办寇矣"，并主张"借（清朝）兵力之强而尽歼丑类"。[3] 在他们眼里，农民军仍然是心腹大患。后来，清军南下，企图征服全国，民族矛盾空前尖锐。在这种情况下，南明的隆武小朝廷打出抗清的旗号。唐王朱聿键在敕谕中写道："朕今痛念祖陵，痛惜百姓，狂夷污我宗庙，害我子孙，淫掠剃头，如在水火。"因而宣布"统率大师，御驾亲征"[4]。围绕着南明最后一个政权——永历小朝廷的一批汉族官僚地主也曾打起抗清的旗号。何腾蛟、瞿式耜、堵胤锡、张煌言、黄道周、郑成功等人就是地主阶级抗清派的代表。汉族地主阶级中的另一部分人，看到明王朝大势已去，恢复无望，而清朝又对明王室和官员采取优容的态度，因此大批投降了清朝，这一部分地主阶级降清派，他们的政治态度同满洲贵族基本上是一致的。

满洲贵族，按其本来的愿望来说，只是企图利用汉族内部的阶级矛盾，进掠中原，起初并没有准备夺取江南，统一全国。所以，在入关初期所发的诏书中指出："其有不忘明室，辅立贤藩，戮力同心，共保江左者，理亦宜然，予不汝禁。"[5] 这就是说，当时他们还允许明朝官绅保持在江南的统治。但是一个月以后，多尔衮在致史可法的信中，便已经改变了态度。他表示要"遣将西征，传檄江南"，警告南明君臣"欲以江左一隅，兼支大国，胜负之数，无待蓍龟矣"。[6] 这说明满洲贵族已经决定夺取全国的统治权，不再允许南明小朝廷偏安江南了。

至于农民军，当他们攻下北京时，有人便认为"江南可传檄下也"[7]，清兵入关以后，农民军面对着汉满地主阶级两大敌人，李自成被迫撤出北京以后，还计划南取汉中，西征甘肃，以关中作为抗清的基地。这表明农民军仍然期望能够保卫并扩大起义的战果。

以上三者是三个政治势力各自的愿望，也可以说是不同阶级的意志。

三个人物的个人意志和互相间的矛盾

阶级的意志往往通过阶级的代表人物或领袖的思想和行动体现出来。杰出人物既反映阶级的意志，同时又有他自己个人的意志。这种个人意志基本上是和阶级意志相一致的。但是，杰出人物往往比一般人有远见些，高明些。所以有时他们可能从长远利益考虑，而不为眼前利益所左右。但也可能由于判断的失误，而违背了阶级意志。而且由于他们处于领导地位，他们的个人意志便可能发生较大的影响，便可能在历史进程中有较大的作用。因此，考虑杰出人物的个人意志是有必要的。

李自成作为农民军的杰出领袖，他的意志体现了广大农民的要求。在起义过程中，农民军所提出的"贵贱均田""蠲免钱粮""免徭赋""不纳粮"等口号，反映了农民阶级要求平分土地、免除官府和地主阶级残酷剥削的愿望。李自成对大官僚、大地主加以镇压，他说："王侯贵人，剥穷民视其冻馁，吾故杀之。"[8]并且分掉他们的田产，"割富济贫"。他重视整饬军纪，宣布："大师临城，秋毫无犯，敢掠民财者，即磔之。"[9]在他的领导下，农民军终于攻进北京，建立了大顺政权，给封建统治以沉重的打击。在清兵入关以后，李自成便带领农民军进行抗清斗争,虽然屡遭失败,仍然坚持到底。显然,李自成的主观意志仍然是为了维护农民阶级的利益,不允许在推翻了一个封建政权之后,再出现一个满洲贵族政权来统治农民。后来,农民军余部坚持抗清达十几年之久,也正是继承了李自成的遗志。李自成的意志体现了这个时代农民阶级的最高思想水平,写下了反封建斗争史上光辉的一章。但是他也无法摆脱历史的、阶级的局限,不可能取得反封建斗争的彻底胜利。

多尔衮代表满洲贵族的利益,但他比一般满洲贵族要高明一些。在入关之初,一般满洲贵族只是企图进行一场屠杀掳掠,然后将主力退至关外,并不准备入主中原。据《李朝实录》记载:"八王言于九王(即多尔衮)曰:'初得辽东,不行杀戮,故清人多为辽民所杀,今宜乘此兵威,大肆屠戮,留置诸王以镇燕都,而大兵则或还守沈阳,或退保山海,可无后患。'"[10]可是,多尔衮却有长远的打算,他力主迁都燕京,以图进取。他利用汉族内部的阶级矛盾,一方面企图联络农民军,打击明王朝的残余势力,曾经以"大清国皇帝"的名义致书于"西据明地之诸帅",提出"欲与诸公协谋同力,并取中原,倘混一区宇,富贵共之矣";[11]另一方面又企图瓦解农民军,亲自写信给已经投降农民军的明朝将领唐通,要他"先期率众归顺","戮力同心,共平天下"。[12]与此同时,多尔衮还企图联合南明王朝的势力,共同镇压农民军。他在《致史可法书》中指出,"愿诸君子同以讨贼为心","报乃君国之仇,彰我朝廷之德"。[13]但是,这种分化瓦解汉族抗清力量的措施并没有取得什么效果。清朝主要是依靠武力,经过比较长期的较量,才取得了在全国范围的统治权。

尽管多尔衮比一般满洲贵族高明一些,采取了一些争取汉族地主官僚、笼络人心的措施,但是,总的说来,他基本上还是执行维护满洲贵族利益的民族压迫政策。尽管受到汉族各阶层人民的反抗,他仍然要强制施行。顺治三年多尔衮曾经下令："有为剃发、衣冠、圈地、投充、逃人牵连五事具疏者，一概治罪，本不许封进。"[14] 所以按照多尔衮的个人意志，就是要使作为征服者的满洲贵族成为中国唯一的统治者，而不允许汉族地主阶级分享统治权，要让他们剥削和奴役各族人民，而不允许有任何反抗。

郑成功虽然不是南明抗清势力的唯一代表，但他却是一个杰出的代表。南明集团中的许多人物都曾经以"恢复中兴"相标榜，他们妄想镇压农民起义军，驱逐满洲贵族，恢复大明王朝的统治。不过那时南明腐败已极，大势已去，但求偏安江左已非易事，所谓"志切恢复"只能是一句豪言壮语罢了，实际上也没有几个人能够为"恢复大业"采取一些有力的行动。弘光皇帝的头号忠臣史可法，曾经妄想借助清朝势力来镇压农民军，他实际上只想与清朝分治天下，并不打算恢复中原；隆武皇帝的头号武将郑芝龙，尽管被封为"平虏侯"，可是未曾直接交兵就投降清朝了，鲁王诸臣除了张煌言、张名振等人打了几仗以外，其他人更无作为；拥戴永历皇帝的何腾蛟、瞿式耜等人，确是坚持抗清的，他们还与农民军采取联合行动，但也只能转战于西南一隅，"恢复中兴"的希望始终是渺茫的。

郑成功之所以是南明抗清活动中的杰出人物，首先在于他不仅始终以"恢复中兴"为己任，而且亲自带兵南征北战，甚至进兵长江，直逼江宁。南明诸臣的抗清，多是陷于被动应付的局面，像郑成功这样主动出击还是少见的。这是郑成功比其他人高明之处。至于那些企图偏安江左的南明君臣，更是不能和他相比了。其次，郑成功能够联合其他抗清势力有计划地开展斗争。按照他的计划，第一步，与福建等地的农民军互相配合，巩固在沿海的地盘，积聚和扩展自己的兵力；第二步，联合李定国的大西军，互为声援，东西夹攻，以期会师江南；第三步，"扫清宫阙，誓盟畿辅"[15]，以实现"恢复大业"。这种情况也是南明诸臣中所少有的。最后,郑成功在进军江南遭到失败以后,不是退兵死守金厦二岛,束手待毙,而能力排众议,决策东征,终于驱逐荷兰殖民者,收复我国领土台湾,建立了伟大的历史功勋,这更是其他人所不能企及的。郑成功收复台湾,其主观愿望之一仍然是为了抗清,"假此块地,暂借安身,俾得重整兵甲,恢复中兴"[16]。此外,还应当指出,由于郑成功所处的阶级地位,他必然要代表海上贸易集团的利益,必然有发展海上贸易的愿望。

他的抗清和复台,都在一定程度上反映了这个意志。

三个人都为历史进程作出贡献

由李自成、多尔衮、郑成功所代表的三种力量的斗争,其"总的结果"是什么呢?从比较重大的"历史事变"来说,有以下几点:一、1662年清军俘虏了永历皇帝,最后一个南明政权宣告覆亡;二、1662年郑成功收复台湾;三、1664年清朝统治者最终打败了农民起义军余部;四、1683年康熙统一台湾,郑氏集团投降。从总的结局来说,就是出现了一个由满汉地主阶级统治的统一的封建国家,这就是历史的合力的体现。

这个结局并没有体现任何个人的意志,它是"谁都没有希望过的事物"。

它不是李自成的意志。李自成企图推翻封建王朝、建立农民政权的愿望虽然曾经一度得到实现,但终于遭到失败。后来由于形势的变化,李自成的余部竟然同他们原来的敌人——明王朝的残余势力联合抗清,这更是他所意料不到的。

它也不是多尔衮的意志。满洲贵族独霸中原的愿望没有完全实现，他们不得不与汉族地主阶级实行联合统治。早在多尔衮执政时期，为了缓和民族矛盾，便开始对汉族官僚地主作了一些让步。例如，允许各衙门官员照旧录用，甚至曾经投降过起义军的官员，只要表示"归服"清朝，也准予录用；还通过科举考试，使"读书者有出任之望，而从逆之念自息"[17]，以此来笼络地主阶级知识分子；采取一些减免赋税的政策，使汉族地主获得利益。此外，还允许汉满通婚等等。顺治当权以后，继续执行多尔衮的政策，重用汉族官吏，提倡汉族文化。康熙年间为了进一步缓和汉族官绅的对抗情绪，还增设"博学鸿词科"等等，以延揽人才；并且提高汉官的地位，州县官由汉官担任，使汉族地主在政治上有更多的机会和出路；此外，还下令禁止强行"圈田"和逼民"投充"，满洲贵族的庄田也逐渐采用封建租佃制，缓和了他们与汉族地主之间的矛盾。对于农民阶级，他们也不得不采取一些"轻徭薄赋"的政策。多尔衮面对长期战乱、田地荒芜、人丁逃亡、财尽民穷的现实，为了恢复生产，只好暂时减轻对农民的剥削。他说："养民之道，莫大于省刑罚、薄税敛"，因而下令"今与民约，额赋外，一切加派，尽予删除"。[18] 宣布免除明末以来的辽饷、剿饷、练饷等加派，同时还召集流亡的农民，从事生产，下令"广加招徕，给以荒田，永为口业"[19]；对于"势家土豪，重利放债，致民倾家荡产"者，予以追究。当然，上述政策是出自形势所逼，而且收效不大，但毕竟是一种有利于恢复生产的措施。康熙年间，继续采取蠲免赋税、奖励开荒等政策，规定"嗣后凡遇蠲免钱粮，合计分数，业主蠲免七分，佃户蠲免三分"[20]。

显然这种"蠲免"主要是对地主有利，但农民也相对地减轻了负担。此外，还下令将明朝藩王的土地"给与原种之人，改为民户"[21]，这就是所谓"更名田"，正式承认了在农民战争后已经归农民所有的土地的所有权。总之，历史的发展是"一个作为整体的，不自觉地和不自主地起着作用的力量的产物"。满洲贵族不得不对汉族地主阶级和农民阶级作出一些让步，并且迫使他们自己逐渐地适应于中原地区比较先进的经济、政治和文化，这是多尔衮以及他的同时代人所没有估计到的。

同样，这个结局也不是郑成功的意志。郑成功抗清复明的愿望没有得到实现。台湾并没有成为抗清的基地。到了郑经时代，基本上已经无法坚持抗清斗争了，抗清的旗号也逐渐失去了号召力。到了郑克塽时代，郑氏集团便不得不放弃抗清，而决定将台湾归入清朝版图，实现了全国统一。显然，这种结局并不符合郑成功的个人意志。

历史的进程说明，由于各个意志之间的相互牵制，每个人的意志都受到别人的意志的妨碍，以致无法实现或无法完全实现。但是，正如恩格斯所说的："从这一事实中决不应作出结论，这些意志等于零。相反地，每个意志都对合力有所贡献，因而是包括在这个合力里面的。"

现在，让我们来考察各个意志对合力的"贡献"究竟在什么地方。

我们认为，"贡献"应当是指对造成斗争结局所起的作用以及对这个结局的发展所起的影响，主要是对社会矛盾的变化及其后来的发展所起的作用。具体来说，这三个人的主要贡献表现如下：

李自成：推翻了腐朽的明王朝，沉重打击了封建地主阶级的统治，迫使后来的清朝统治者采取轻徭薄赋、抑制豪强等措施，调整了社会关系，促进了生产的恢复和发展。农民军提出的"均田免粮"口号，对清代农民的斗争有所影响。

多尔衮：指挥清军向南进军，并促使满汉地主阶级的联合，为实现全国统一奠定了基础，为清代前期生产的恢复和发展、阶级关系和民族关系的调整准备了条件。

郑成功：进行抗清斗争，迫使清朝当局调整他们与汉族地主的关系，缓和民族矛盾，因而促进了统一；率师东征，驱逐荷兰殖民者，收复台湾，开发台湾，维护祖国的领土主权，为实现全国的统一准备了条件。

以上是李、多、郑三者的意志对于形成合力所作出的贡献。至于各个人贡献的大小，还无法以数量来表述。当然，在形成由满汉地主阶级统治的统一的封建国家这个结局的过程中，有许许多多个人意志作出了贡献，我们只是从复杂的历史进程中，选出三个代表人物进行研究。

还应当指出，上面我们只是就个人意志来说的，但是，历史的发展是不以人们的意志为转移的，它必须服从于客观的规律。在明末清初的中国社会，封建制度赖以存在的经济基础仍然相当巩固，还不存在进入资本主义社会的经济前提和条件。因此，历史发展的规律决定了合力的方向。清朝社会只能在原有的封建社会轨道上向前滑行，任何人的意志也无法使中国社会脱离这个轨道。李自成无法使农民起义取得彻底胜利，郑成功无法使海上贸易不受阻碍地发展起来，多尔衮也无法把满族落后的生产关系移植到中原；而李自成减轻农民负担的要求，郑成功恢复汉族地主阶级统治的要求，多尔衮掌握全国统治权的要求，则可能在适应当时社会历史条件的前提下，或多或少地得到实现。因此，在某种意义上说，在"无数互相交错的力量"中，最大的力量就是既定的社会历史条件。正如马克思所说的："人们自己创造自己的历史，但是他们并不是随心所欲地创造，并不是在他们自己选定的条件下创造，而是在直接碰到的、既定的、从过去承继下来的条件下创造。"[22]

（《光明日报》1982 年 8 月 16 日，本文与李强合作）

注释：

[1] 《马克思恩格斯书简》，人民出版社，1973 年 9 月版，第 62 页。

[2] 蒋良骐:《东华录》卷 4，第 69 页，中华书局版。

[3] 史可法:《史忠正公集》卷 1。

[4] 《思文大纪》卷 1。

[5] 《国榷》卷 102，崇祯十七年六月。

[6] 蒋良骐:《东华录》卷 4，第 66 页，中华书局版。

[7] 《国榷》卷 101，崇祯十七年四月。

[8] 《绥冠纪略》卷 8。

[9] 《国榷》卷 100。

[10] 朝鲜《李朝实录》中的中国史料，第九辑。

[11] 《明清史料》丙篇，第一本，第 89 页。

[12] 《清代档案史料丛编》第 6 辑，第 129 页。

[13] 蒋良骐:《东华录》卷 4，第 66 页，中华书局版。

[14] 蒋良骐:《东华录》卷 4，第 66 页，中华书局版。《清世祖实录》，顺治三年十月乙酉条。

[15] 《从征实录》永历八年，《致李定国书》。

[16] 《台湾外纪》卷 11。

[17] 《清世祖实录》卷 19。

[18] 《清史稿》多尔衮传。

[19] 《清史稿》世祖本纪。

[20] 《清圣祖实录》卷 147。

[21] 《清朝通典》卷 1，食货，第 2024 页。

[22] 《马克思恩格斯选集》第 1 卷，第 603 页。

郑成功评价的方法论问题

　　郑成功是一位伟大的爱国者、民族英雄，这是我国史学界一致的评价。但是在具体分析时，却产生了几种不同的看法。有的认为郑成功代表南明王朝的抵抗派，他的一切行动都是为了抗清复明，他是历史上杰出的忠臣。有的认为郑成功是海上贸易商的代表，他的抗清和复台都是从海商的利益出发的，因此他的抗清是不坚定的、不彻底的；郑成功之所以是民族英雄，是由于复台，而不是由于抗清。还有的认为郑成功反抗满族和荷兰殖民者的民族压迫，代表了全民的利益，他始终强调"民为邦本""报国救民"，不愧是一位伟大的民族英雄。

　　以上对郑成功评价的分歧，关键不在于掌握了不同的史料，在基本史料方面是没有什么分歧的。那么，为什么根据同样的史料却会得出不同的结论呢？我们认为，关键在于理论。史料提供了现象，要透过现象看到本质，就必须根据正确的理论进行科学的分析。大家都试图运用马列主义理论对历史人物、历史事件加以分析，至于如何运用、如何分析就涉及方法论问题。这里，我们仅就对郑成功这个历史人物应当如何正确地进行阶级分析，如何全面地考察其动机与效果这两个方法论问题，提出一些自己的看法。

一

　　大家都认为必须运用阶级分析的方法来判断郑成功的阶级地位，确定其阶级属性，可是对于如何进行阶级分析，却有不同的理解。

　　有的同志主要是从郑成功集团的阶级构成进行考察，认为郑成功的队伍中，既包括明王朝的宗室、官僚、地主、商人（包括海上贸易商）等属于地主阶级的人物，也包括手工业者、游民、渔民、农民等等劳动群众，他们在民族矛盾上升为主要矛盾的时候，为了各阶层的利益而联合抗清，因此郑成功的队伍是全民性的，郑成功是全民抗清的领袖。这样的分析，注意到了当时民族矛盾上升为主要矛盾的时代特点，也反映了各阶层共同抗清的历史真实，可是却忽视了这支队伍的主导面，即领导人物或领导集团的阶级属性，他们主要是代表什么阶级利益的。此外，这些同志为了说明其"全民性"，而不适当地回避了一些史实，即郑成功与人民群众不一致或不完全一致的一面，因而不可能得出实事求是的正确的结论。

　　还有一些同志主要是从郑成功的阶级出身、阶级地位进行分析，认为郑成功出身于地主阶级的海商家庭，他的一切言行都是为了维护海商集团的利益。这种看法强调了阶层分析，似乎比一般地确定阶级属性深入了一步。但是，同一阶层的人物也会有不同的政治表现，忽视郑成功和一般海商的区别，也不能得到正确的结论。

　　我们认为阶级分析不是简单地确定一个人物的阶级成分，或一个集团的阶级组成成分，而必须透过复杂的历史现象，进行全面的细致的分析，至少需要考虑以下几个方面：

　　一、首先要考察历史人物的阶级地位。这是因为不同的阶级立场、政治态度一般说来是由不同的物质生活条件、经济利益所决定的。马克思指出："在不同的所有制形式上，在生存的社会条件上，耸立着由各种不同的情感、幻想、思想方式和世界观构成的整个上层建筑……通过传统和教育，承受这些情感和观点的个人，会以为这些情感和观点就是他的行为的真实动机和出发点。"[1] 这是阶级分析的重要的方面。也就是说，在对历史人物进行阶级分析时，要考察他的阶级出身和阶级地位，要有成分论。

二、考察阶级地位是阶级分析的一个重要的方面，但不是唯一的方面。因为同一阶级或阶层的人物，会有不同的政治表现。所以，马克思又指出："单独的个人并不'总是'以他所从属的阶级为转移，这是很'可能的'。"[2] 所以，我们不能唯成份论，还要进一步分析其他的方面。特别是某些政治家、思想家，或者说"一个阶级的政治代表和著作方面的代表人物"的情况就比较复杂，他们所代表的阶级和他们个人的阶级出身并不一定是一致的。我们不能像对一般地主、资本家那样，直接根据他们的经济来源和生活状况来确定他们的阶级属性。这就需要考察他们的政治思想形成的客观条件，考察他们在阶级斗争中的实际表现，从而确定其阶级立场。这就是说，应当重在政治表现。

三、考察历史人物在历史事件中的政治态度，要看他们代表什么阶级的利益。列宁指出："重要的是这些观点、这些提议、这些措施对谁有利。"[3] 但是，有时由于某些客观或主观的因素，某些政治家也反映了其他阶级的某些要求。因此，我们还必须加以具体分析，看看他主要是代表什么阶级的利益。

四、在阶级分析时，还必须全面地考察历史人物的思想和行为，特别是考察他们的实践活动。这里包括两个方面：一是要把不同的表现都加以分析，不要只看一个方面而回避另一个方面，这样才能做到实事求是，避免片面性；二是要看发展和变化，因为一个人的政治思想、政治表现不是始终不变的。

根据以上认识，我们可以对郑成功的阶级属性作这样的分析：

他出身于海上贸易商兼大地主的家庭，15岁中了秀才，21岁进入南京太学，22岁就受到隆武皇帝的赐姓，并被封为忠孝伯，从此成为隆武小朝廷的重要官僚和将领。他从小接受儒家思想的教育，尊崇春秋大义，尊王攘夷、忠君报国以及追求功名富贵等等思想对他都有深刻的影响。当他登上政治舞台的时候，阶级矛盾和民族矛盾互相交错，他少年得志，怀有远大的抱负，以"恢复中兴、报国救民"为己任。这些情况表明，他的阶级出身和阶级地位，使他有可能成为海商集团直至整个地主阶级利益的代表人物。

他作为一个政治家，他的政治思想是在依附于南明王朝的条件下，在抗清斗争的过程中逐渐形成和发展的。恢复中兴、报国救民是他的政治思想的核心，这个思想是贯彻始终的。至于他在政治斗争中的态度，我们可以从他一生中的两件大事——抗清和复台进行考察。

先说抗清。在民族矛盾尖锐的情况下，地主阶级的各个阶层（包括海商集团）、农民阶级以及其他劳动人民都可能投入这一斗争。问题在于郑成功的抗清究竟是不是像有的同志所说的，仅仅为了维护海商集团的利益。我们认为，海上贸易商是地主阶级中的一个阶层，从根本利益来说，他们和汉满地主阶级没有不可调和的矛盾，只要封建王朝允许开展海上贸易，他们便可以依附于任何封建政权，不管是明王朝还是清王朝。郑芝龙先归附于明后投降于清，郑氏的许多部将和其他海商先后投清，便是证明。可见，作为海商来说，他们并没有必要一定坚持抗清。有的同志指出，海商之所以抗清，其重要原因之一是他们的利益受到了清朝海禁政策的损害，这种说法是不符合历史真实的。清朝的大规模禁海和迁界是在郑成功抗清之后，是为了对付郑成功及沿海抗清力量而采取的措施，而不是先有了海禁政策才使郑成功兴兵抗清的。再说，从海商的实际利益出发，他们只要求控制沿海的地盘，保障海上贸易，而不愿意投入巨大的力量南征北战，因为这势必消耗自己的实力，对海商不利。因此，在北征之前，在郑氏集团内部发生了一场争论。吏官潘庚钟主张北征，他说："边地虽得，亦不足以号召天下豪杰。……不如将数百号战舰，直从瓜镇而入，逼取江南。南京一得，彼闽粤浙楚以及黔蜀之豪杰志士悉响应矣。"[4] 这个主张得到了工官冯澄世、参军陈永华等人的支持，他们认为只在福建一带抗清，难望达到中兴的目的，而攻取江南也可以使"（金厦）两岛自安"。甘辉则反对这个主张，他认为出师江南会导致金厦两岛陷于危险的境地，"不如就近窥其衅隙攻取，进可战，退可守"。郑成功支持前者的主张，他说，"吾亦有心久矣"，决定北征。[5] 对于这场争论，有的同志认为它反映了海商集团为了根本利益，重视金厦、反对倾师出击的思想情绪。可是，郑成功毕竟决定出师江南，可见他并不是完全按照海商的利益行事，他和他的一些部下有着恢复中兴的抱负，他们的言行是不能简单地用"维护海商的利益"所能解释的。

　　郑成功收复台湾是代表哪一个阶级的利益呢？有人认为他是从海商的利益出发的。我们知道海商是封建商人，他们一般和土地有着密切的关系，而且厦门及沿海一带是郑氏长期经营的地区，海上贸易已有基础，保护这个基地比另辟一个新的基地当然更方便些。所以，海商一般不愿意离开已有的商业基地。在郑成功东征以前，他的部下又展开了一场争论，即要不要出师东进的争论。台湾有些学者认为这场争论是"南将"与"北将"之争，"南将反对东征，北将反倒赞成"，并认为"南将"之所以反对，主要因为他们"都兼营商业，而且都有不薄的私积"，他们的商业基础和社会关系都在漳泉广，所以不愿离开沿海。[6] 我们认为，以籍贯的南北来划分是不尽恰当的，因为主张东征的陈永华是福建同安人,杨朝栋是郑彩、郑联的部将,估计也属于"南将",只有马信是"北将"。不过,这场争论却反映了一部分海上贸易商不愿意东迁台湾的情绪。所谓官兵"多以过洋为难,思逃者多"[7],以及后来郑成功"严谕搬眷,郑泰、洪旭、黄廷等皆不欲行"[8],都可以说明他们的利益所在。尤其是郑泰,他是郑成功的户官,掌管郑氏集团的东西洋贸易,是一个典型的海商代表人物,他对郑成功东征台湾采取抵制的行动,更说明了这一点。所以,认为复台仅仅是为了维护海商的利益是不妥当的。一般地主阶级则更不愿意离开故土,甚至连许多地主阶级抗清派分子也反对东征。张煌言曾经对这个行动进行劝阻,他指出:进取台湾对抗清活动来说是一个"退步","思明者,根柢也,台湾者,枝叶也","自古未闻以辎重眷属置之外夷而后经营中原者"。他认为这样做"生既非智,死亦非忠"。[9]郑成功的老师钱谦益也认为:进军台湾,则恢复中兴更没有希望了;所以"成功取台湾,乃失当日复明运动诸遗民之心"[10]。既然海商和其他地主阶级分子都不愿意东征,那么东征究竟对谁有利?我们认为,郑成功是一个比较有远见的政治家,他的复台活动既考虑到海商集团的利益,也考虑到整个地主阶级的长远利益,直到那时,他还没有放弃恢复中兴的抱负。收复台湾既为海商集团开辟了一个可以"广通外国"的基地,同时也保存了郑氏的实力——仍然是对清王朝造成威胁的一股汉族地主阶级的抗清力量。

此外,我们还可以从郑成功与人民群众的关系来考察他的阶级立场和政治态度。郑成功作为地主阶级抗清派的杰出人物,他和人民群众的关系有两面的表现,既有爱民、反映人民利益的一面,也有不爱民、损害人民利益的一面。在满族贵族的民族压迫下,广大人民要求抗清,郑成功的抗清活动在一定程度上反映了人民的要求,因此得到人民的接济和支持。郑成功也注意"收拾民心",制定了比较严明的纪律，对于侵犯人民利益的官兵给予惩罚。在顺治十六年北征期间，多次发布禁令，重申军纪，严厉执行，这是众所皆知的事实。但是，他的军队也有强征粮饷、屠城抢劫、奸淫妇女等等不爱民的表现。有人认为那只是他的部下的过错，与郑成功无关。事实并非如此。我们从郑成功亲自领导的行动中可以看出这样的事实。一、永历十二年五月初七日重新公布"出军严禁条令"。其中提出"沿海地方，多系效顺百姓。官兵登岸之时，不准混抢"，而其他地方"如未有令"也不准抢，这说明如果"有令"是可以抢的。就是在进军江南三令五申的情况下，郑军还是抢了不少地方，所以连郑成功自己也说："江北瓜州、六合、仪真，素称富庶之地，所取定不胜计，官兵尽已富饶，亦可知足"。[11] 富从何来，是抢来的。二、上述条令还规定："攻剿地方，有附房十分顽抗负固者，攻破之后，明令准掠妇女，以鼓用兵，而示惩创。"[12] 他们把民间妇女当做负固顽抗者的替罪羊。三、《清初莆变小乘》记载，顺治十四年七月十二日，"国姓统诸镇数万人，各驾战舰，拥入涵江、黄石、塘下、马峰等处，杀良民，焚大厦，淫少妇，掳小儿，杀二孝廉、三乡绅。男妇杀死、溺死共有千余人。拆屋结大筏，捆载衣服、器皿、米豆、牛羊、鸡豕下海，一日一夜方退"。[13] 杨英《从征实录》在永历十一年七月十三日条下，也有郑成功亲自带兵到兴化等地"搬运粟石，驻扎三日，各船满载"的记载。这些粮食不但取自富豪，也以暴力向普通百姓强征。四、永历五年十月，郑军进攻漳属霞帐寨，由于"顽民恃险拒敌"，郑成功"亲督攻打"，攻破之后，"剿杀无遗"。[14] 以上史实说明，郑成功也有与人民相对立的一面。这是不奇怪的，因为他不可能越出地主阶级的界限。这是阶级的局限，也是历史的局限，同时也有条件的局限，例如，在当时的情况下，郑军的粮饷只能取之于人民。作为地主阶级的军队，能有比较严明的纪律已经不错了，把他们看做是人民的军队那是抹杀了阶级界限。

总之，我们认为郑成功既代表了海商集团的利益，也反映了人民的抗清要求，但从他的政治思想和政治活动来看，他不是站在人民的立场，也不仅仅站在海商立场，他是为整个地主阶级的长远利益着想的，所以，就其阶级属性来说，应当认为他是地主阶级的政治代表人物，是地主阶级抵抗派的杰出人物。

二

在评价郑成功时，还涉及动机与效果问题。有些同志认为郑成功的抗清与复台——特别是复台——都取得了很好的效果，因而认为他的动机必然是好的：为了维护祖国领土的完整和人民的利益，为了反抗外族和外国的侵略，为了解放在荷兰殖民者奴役下的台湾人民。有的同志认为郑成功的动机是为了维护海商集团的利益，为了保全和发展自己的势力，南明的招牌、抗清的旗号以及驱荷复台的行动，都是他用以实现上述目的的手段。还有的同志认为郑成功一生的活动都是为了抗清复明，因而他们主要从抗清的角度进行评价。

我们认为，在评价历史人物时，应当怎样把动机和效果联系起来进行全面的考察，是一个重要的问题。在这个问题上，当前史学界还存在着不同的看法，有的强调动机，有的只讲效果，有的从效果"逆推"其动机等等，因此有必要加以讨论。

动机是引起人们进行某项活动的主观原因，是发动和维持其行动的一种心理状态（愿望、理想、预期达到的目的），它是属于主观范畴的。效果是某项实践活动所取得的客观后果，它是属于客观范畴的。唯心论者往往强调动机而否认效果，机械唯物论者则强调效果而否认动机。马克思主义者认为不但要看动机,而且要看效果。

那么,在评价历史人物时,应当如何考察其活动的动机和效果?我们认为至少需要考虑以下几个方面。

一、既要看动机,又要看效果,而主要是看效果。因为在评价郑成功时,还涉及动机与效果问题。

二、必须全面地分析各种动机,并把它们与客观效果联系起来考察。动机往往不是单一的,有时甚至是相当复杂的。恩格斯指出:"直接决定激情或思虑的杠杆是各式各样的。有的可能是外界的事物,有的可能是精神方面的动机,如功名心、'对真理和正义的热忱'、个人的憎恶,或者是各种纯粹个人的怪癖。"[15]考察各种各样的动机,可以发现"动机背后隐藏着的动力",有助于理解历史人物阶级的、历史的特性。只有把各种动机与客观效果联系起来,具体考察其相互之间的关系,才能对历史人物作出恰当的评价。

三、要具体分析动机与效果关系的各种不同表现。动机与效果有时是统一的,但并非在任何时候都是统一的。有一致的,也有不一致的,甚至有相反的,或是效果远远超出动机的情况。恩格斯说过:"在历史上活动的许多个别愿望在大多数场合下所得到的完全不是预期的结果,往往是恰恰相反的结果,因而它们的动机对全部结果来说,同样地只有从属的意义。"[16]所以,我们不能简单地从动机"推出"它的效果,也不能从效果来"逆推"它的动机。

根据以上对动机和效果的理解,我们试对郑成功的抗清和复台作如下的分析;先看抗清的动机。郑成功之所以兴兵抗清,首先是为了实现他的政治抱负——恢复中兴,报国救民,这是他的一切行动的主要动机。他自己说,他是"明朝之臣子""中兴之将佐"。他和历史上许多地主阶级政治家一样,认为民心可用,所以提出"民为邦本","收拾人心","上报国恩,下济苍生",但是这一切"总皆从恢复起见",[17] 主要目的在于恢复中兴。当然,这里也包含着忠君思想。其次,他也有维护海商集团利益的愿望。他说:"夫沿海地方我所固有也,东西洋饷我所自主自殖者也。"[18] 这种既得利益是不容清朝侵犯的。再次,是他的功名心。他多次以此来勉励自己的部下,他说:"尔提督统领镇营,劳征苦战十有余年所为何事,总从报国救民起见,亦为勋名富贵、后来子孙计"[19],"大家俱上为千古勋名,下为身家显荣"[20]。由此可见,他的抗清的动机主要是为了汉族地主阶级的恢复中兴,同时也考虑到海商集团的利益和个人的功名,并且在当时的历史条件下,还反映了各阶层人民反抗满族贵族民族压迫的要求。

至于抗清的效果,在前期表现得比较明显。郑清之间打了几十仗,由郑成功亲自指挥的战役,大都取得了胜利,使他成为清朝统治者眼中的"东南一巨寇",他和李定国二人成为南明抗清的两大砥柱。郑成功的抗清,使他获得沿海居民的广泛支持,在清朝的档案中可以看到诸如"合郡乡村百姓剪辫蓄发,乌合从叛","四处闻风附从,满地皆贼","濒海一带刁民绅衿,暗通线索,揭竿附会,遥相煽惑"之类的记载。[21] 这个斗争打击了满族贵族的势力,抵制了民族压迫政策的推行,在一定程度上维护了东南一带地主阶级和人民群众的利益,它和全国各地的抗清斗争互相配合,成为对清朝统治者的巨大威胁。但是到了后期,由于清郑之间的连年征战,沿海居民遭到沉重的灾难,民心厌战,连一些郑氏部将也相继叛离而投降清朝。这时清朝已经占领全国大部分土地,统一已经成为不可抗拒的趋势。在这个时期,郑军也曾打过一些胜仗,但总的来说并没有取得很大的效果,北征战役以失败告终,郑成功兴兵抗清以达到恢复中兴的预期目的没有得到实现。可是,他所领导的抗清斗争迫使清朝统治者不得不调整他们与汉族地主阶级的关系,采取缓和民族矛盾的政策,因而促进了全国的统一。这个效果是郑成功所没有意料到的。

把抗清的动机和效果联系起来考察,我们可以看出郑成功抗清的性质:它是一场汉满地主阶级争夺统治权的斗争,由于抗清反映了反抗民族压迫的要求,因而它具有正义性。所以,从抗清的角度来评价,把郑成功称为汉族地主阶级抵抗派是比较合适的,不必称之为民族英雄,因为这毕竟是国内不同民族的统治阶级争夺统治权的斗争。

再看收复台湾的动机。郑成功明确地指出:"我欲平克台湾,以为根本之地,安顿将领家眷,然后东征西讨,无内顾之忧,并可生聚教训也","移师东征,假此块地,暂借安身,俾得重整甲兵,恢复中兴"。[22] 这就是说,复台的主要动机仍然是和抗清一致的,要以台湾作为抗清的根据地,以实现恢复中兴的宿愿。尽管这个目的是属于恩格斯所说的如下一种类型,即"这些目的的本身一开始就是实现不了的,或者是缺乏实现的手段的"[23],但是我们却没有理由否定这个动机。其次,他的复台也是为了维护海商集团的利益,在大陆沿海难以固守的情况下,另辟新的海上贸易基地,以便"广通外国"。再次,是郑氏与荷兰之间的矛盾。《从征实录》写道:"先年我洋船到台,红夷每多留难,本藩遂刻示传令各港澳并东西夷国州府,不准到台湾通商。由是禁绝两年,船只不通,货物涌贵,夷多病疫。"荷兰东印度公司玛兹克给郑成功的信中也承认,由于郑成功"封闭港口,禁止臣民在台湾贸易",荷方也下令"如遇有殿下管辖之大小船只,一律加以截获,并暂时扣留于台湾或巴达维亚"。[24] 后来荷兰派人前来要求恢复通商,郑成功由于兴师北征,暂时答应了他们的要求,但双方的矛盾并没有得到解决。此外,何斌向郑成功献策时也诉说了"土番受红毛之苦"。所以,驱逐荷兰侵略者,夺回台湾,使他们不再危害海上贸易和欺压台湾同胞,也是郑成功出师东征的动机之一。当然,以上几个动机有主次之分,主要动机是郑成功本人所说的,为了继续抗清,以图恢复。可是,由于在东征过程中,郑荷两方的矛盾不断激化，上升为主要矛盾，而郑清之间的矛盾却暂时缓和，所以，在这个时期，驱逐荷兰殖民者这个动机便被提到了突出的地位。

把上述动机与客观效果联系起来考察，我们可以看出如下三种情况：

一、动机与效果相一致。驱逐荷兰侵略者，收复台湾，既是行动的动机之一，又是行动的直接效果。

二、预期目的未能实现。把台湾作为抗清根据地，这个预期目的没有实现。那时郑成功不得不以全力对付荷兰侵略者和处理台湾事务，已经无力顾及抗清了。郑成功死后，郑经实际上是偏安一隅，虽然曾经参加三藩之乱，但并无多大作为，台湾始终没有成为一个抗清基地。另一方面，由于郑成功出师台湾，原有的金厦根据地和沿海地区陷于孤立无援的境地，清军得以乘虚而入，同时又可以集中兵力对付西南等地的农民军余部，其结果是削弱了大陆抗清力量，巩固了清朝的统治。

三、客观效果超出了主观愿望。收复台湾对于此后台湾的开发和社会经济的发展，对于亚洲各地反对殖民者的斗争，对于巩固我国海防，对于发扬爱国主义传统等等，有着深远的影响，并且随着历史的发展愈来愈显示出它的重大意义。此外，收复台湾还成为有利于清朝统一全国的一个步骤。这些客观的效果已经超出郑成功的主观愿望，是他所意料不及的。

所以，我们在评价郑成功收复台湾这个历史事件时，不能因为他的主要动机在于继续抗清，而强调它对"保存故国衣冠于海隅"，"延续永历正朔"的意义。这种看法抹杀了郑成功驱逐荷兰侵略者，收复台湾的重大意义，把郑成功看做是一般的封建时代的忠臣，因而贬低了郑成功。我们不能无视郑成功的主要动机而强调其次要动机（海商利益），并以次要动机进行评价。这样，势必把郑成功看做是一个一心追求海商利益的商人首领,只能承认其收复台湾的客观效果,而从主观动机上却找不到任何积极的因素,这也是贬低了郑成功。同时,我们也不能只看这个斗争的客观效果,并从这些效果来"逆推"动机,认为郑成功是为了维护祖国领土的完整,为了维护人民的利益,为了"反对殖民主义"而举兵东征的。这样,势必抹杀了郑成功这个历史人物的阶级特性和历史特性,而把他"现代化""理想化"了。

我们主张把动机和效果联系起来,进行全面的考察,不仅看到他的历史功绩,而且看到他的阶级局限和历史局限,历史主义地给予评价。在320年前,一位不满40岁的将领,敢于率领25000名大军,跨海东征,和当时头号的殖民强国作战,并且取得了彻底的胜利,如果没有英雄的气概,爱国的思想、杰出的才能,是无法完成这个伟大的历史任务的。所以,把动机和效果联系起来考察,我们可以说,郑成功确是地主阶级抵抗派中的一个杰出人物,一个伟大的爱国者和整个中华民族的民族英雄。

(《厦门大学学报》1983年第1期,本文与陈在正、邓孔昭合作)

注释:

[1] 《马克思恩格斯全集》第八卷,页一四九。

[2] 《马克思恩格斯选集》第一卷,页一八三。

[3] 《马克思恩格斯全集》第十九卷,页三三。

[4] 江日升:《台湾外记》顺治十四年三月。

[5] 同上。

[6] 陈三井总纂:《郑成功全传》页一四九.

[7] 杨英:《从征实录》永历十五年三月初十日、十三年五月二十七日、十二年五月。

[8] 阮旻锡:《海上见闻录》卷二。

[9] 张煌言:《冰槎集》。

[10] 陈寅恪:《柳如是别传》下第五章"复明运动",页一一八三。

[11] 杨英:《从征实录》永历十五年三月初十日、十三年五月二十七日、十二年五月。

[12] 同上。

[13] 中国社会科学院历史研究所清史研究室编:《清史资料》第一辑,页七八—七九。

[14] 杨英:《从征实录》永历五年十月。

[15] 恩格斯:《费尔巴哈和德国古典哲学的终结》,页三八、三九。

[16] 同上。

[17] 杨英:《从征实录》永历十三年五月。

[18] 同上,永历七年八月、十二年五月。

[19] 同上。

[20] 杨英:《从征实录》永历十三年五月。

[21] 赵国祚揭帖、兵部题本等,见《明清史料》乙编页二四六,丁编,第一本,页五四—五六,及第一历史档案馆所藏档案。

[22] 江日升:《台湾外记》卷十一。

[23] 恩格斯:《费尔巴哈和德国古典哲学的终结》,页三八、三九。

[24] 转引自厦门大学《郑成功收复台湾史料选编》页一二九、一一三。福建人民出版社,一九六二年版。

朝鲜与郑成功父子

有关郑成功父子与荷兰、英国、日本、菲律宾等国的关系，都有专文作过论述，而郑氏与朝鲜的关系则未见有专门的介绍。近读朝鲜《李朝实录》、日本《华夷变态》等书，看到一些颇有价值的史料，感到朝郑之间的关系也有值得研究之处，因此写成这一篇札记。

从现有资料看来，朝鲜与台湾郑氏之间没有直接的官方的联系，郑氏对朝鲜的态度如何，尚未见有记载，朝鲜方面曾经注意郑成功父子的动态，担心郑氏举兵进取朝鲜，在朝鲜统治集团内部，对郑氏的态度存在着分歧。此外，上述资料还涉及清朝当局担心郑氏与朝鲜"连兵"的问题。这都是研究台湾郑氏历史所不可忽视的问题。

早在朝鲜李朝仁祖二十五年（清顺治四年），朝鲜方面就已经得到有关郑氏集团的消息。

那时有福建商贾51名前往日本贸易，船只漂流到朝鲜。船主讲了郑芝龙等人奉立唐王，以及当时中国的一般情况，并说他们是由郑芝龙派往日本，用"官银"进行贸易"以助军饷"的。[1] 当时中国船只经常往来于朝鲜的济州一带，遇风泊岸，停留数日，是常有的事，其中就有郑氏的船只，所以说"济州乃郑锦（经）船往来日本之路也"[2]。显宗八年（康熙六年）郑氏官商林寅观等91人，十一年沈三等65人遇风漂到济州，[3] 肃宗七年（康熙二十年）又有高子英等26人，九年有"船头"从东宁（台湾）来到东莱府。[4] 这些人是朝鲜方面获得有关台湾郑氏消息的来源之一。

消息的第二个来源是朝鲜派往清朝的使臣。朝鲜当局经常派使者前来中国，并通过他们打听中国的动态，其中包括有关郑氏的消息。例如，显宗即位年（顺治十六年）朝鲜使者回国时报告说，传闻郑成功北征，"北京汹汹"，又说"通报有曰：国姓（郑成功）死于乱军中"[5]，后来，历年的使臣都报告有关中国的见闻，包括郑氏的消息。[6]

第三个来源是日本方面。例如，肃宗二年（康熙十五年）朝鲜译官韩时说通过"探问岛倭"，向上司报告有关吴三桂、郑经与清方作战，郑经向日本请兵的消息。六年，日本商人报告了郑经从厦门退往台湾的消息。[7]

此外，朝鲜使者在北京时还向琉球使臣打听有关郑氏的消息。肃宗八年朝鲜使臣"欲知郑锦事情"，派译官金喜门向琉球使者"多般探问"。同年，朝鲜的使臣申琓也派译官向琉球通官打听郑经的消息。[8]

由此可见，朝鲜当局获得有关台湾郑氏的消息主要是依靠传闻，其中有可靠的，也有不可靠的，甚至是错误的。不过，有些消息及其所引起朝鲜方面的反应，则是值得注意的。主要有以下几个问题：

一、朝鲜当局担心郑经进攻朝鲜

三藩之乱发生时，朝鲜当局便担心"福建兵祸，不无延及本国之虑"，提出"方今天下之大乱，郑锦之睥睨，海岛之乘机，不可无深忧而预备之策"[9]。因此，他们对郑经始终有所防备。

肃宗四年（康熙十七年）朝鲜大臣领议政许积提出，如果吴三桂、郑经与蒙古联合抗清，朝鲜就要受到威胁，要求研究"备虏之策"。[10] 右参赞尹镌则估计，郑经与吴三桂合谋，可能用水师在海上活动，直逼山东，同时与日本联络，这就会威胁到朝鲜，因而主张"扶义自奋"，以巩固朝鲜的地位。[11] 不仅如此，台湾郑氏的存在，也曾经引起朝鲜平民的不安。日本延宝三年（康熙十四年），从朝鲜传到日本的消息说，吴三桂对郑经说，如果这次战争得胜，郑氏可以统治朝鲜。郑氏是朝鲜六姓之一，五六百年前就有释家预言，五百年后将由郑氏统治朝鲜，所以朝鲜百姓听到这个消息都很担忧。[12]

但是，实际上郑氏的力量并没有构成对朝鲜的真正威胁。几年以后，虽然还有人担心"安保其（指郑经）不为我国（指朝鲜）患乎"，但有人已经看出，郑经的势力已经"穷蹙不能自振，似难越海侵入国矣"。[13] 肃宗九年（康熙二十二年）日本对马州太守平义真写信指出，传闻郑经出兵侵入朝鲜，指责朝鲜方面没有把这个消息告诉日本。朝鲜当局回信说："传言闽兵深入台湾，扼其要害，郑锦势穷力屈，率民男妇数十万出就招抚。信斯言也，与来书一何相反耶？"朝鲜官员也认为"郑锦方将御清人之不暇，何能至我国乎？"显然，日本的传闻是不确实的。可是这个消息却引起朝鲜上下的震惊"中外绎骚，讹言日盛，以为海寇朝夕必至"。[14]

以上情况表明，郑经从未进攻朝鲜，也不可能有进攻朝鲜的意向，可是郑氏势力的存在，曾经对朝鲜发生一定的影响，这是不可否认的事实。

二、朝鲜当局对郑经的态度

郑氏势力对朝鲜的影响，还表现在朝鲜朝廷对郑经的态度的争论上。

起初，领议政许积认为三藩反清是为了"再造大明"，所以朝鲜不应当帮助清朝去讨伐三藩，而且"清国之势，似难久保。大明兴复之后，若有问罪之举，则无辞自解"。[15] 后来，他们得知清兵失利，因而估计三藩之兵"若近北京，想（清国）有土崩之势矣"[16]。这说明当时朝鲜当局对清朝政府的统治地位是否巩固还有怀疑，所以在对清朝以及三藩的关系上采取比较谨慎的态度，对台湾郑氏也是如此。

可是，在讨论要不要联络郑经的问题时，朝鲜大员发生了意见分歧。右副承旨尹镌认为"今日之忧，唯在于郑锦之猝迫海边，清虏之充斥西路"，郑经和吴三桂联合，势力甚强，他们对朝鲜的"服事清国"必然不满，因此应当派人渡海，与郑氏联络通好。一则可以避免吴、郑向朝鲜"声罪致讨"，二则一旦明朝势力战胜了清朝，朝鲜也有个交代。尹镌强调指出，"天下大乱，皆叛胡（指清朝），而独我国服事，他日中原恢复，我国何面目可立？今送一介使通向于郑锦，则庶有辞于他日"[17]，还主张派人联络郑经，并约定"兴兵协力之期"[18]。相反，以许积为首的大员们则反对与郑经联络。他们的理由是：第一，郑经的祖父郑芝龙背叛大明，窃据海岛，"在我为贼，何以相通"（显然他们也是站在明朝的立场上讲话的）；[19] 第二，如果派出的使臣落入清朝手中，"则必生大祸"，即使不被清朝捉去，而"郑锦若以我人夸示胡人"，或是"谓我与渠连兵"，就会引起清朝举兵进攻朝鲜，酿成大患。[20] 所以他们坚决反对与郑氏通好。

可见，郑氏势力的存在，曾经让朝鲜当局左右为难。

三、清朝方面曾经担心郑经与朝鲜"连兵"抗清

这虽不属于朝郑之间的关系，但却是由朝郑关系引申出来的。

康熙十三年，"北京讹言，朝鲜与郑锦合势，互相惊动"，"北京夏间有朝鲜兴兵入来之说"，[21]而辽宁一带也"虚传朝鲜人来袭，日夜恐惧"。第二年，[22]从中国返回朝鲜的使者也告说，辽宁居民听说朝鲜"导郑锦入寇"以致有人逃难。清政府也怀疑朝鲜与郑经勾结，而在关外添兵防守，在关内，由于在海边发现漂来的木片，人们"疑郑锦在近地造船"，而加强对沿海的警戒。[23]不久，又传说郑经的军队穿戴朝鲜的服装和笠帽，又说"郑锦舟师自海向登莱海边"，以致"京外大扰"。[24]

当然，这只是讹言而已。当时郑经已经参与三藩之乱，出兵攻打闽南一带，他与耿精忠之间也曾一度互相交战，因而郑经没有力量，也没有必要联络朝鲜共同抗清。不久以后，这类传闻也就消失了。

总之，我们从朝鲜方面的史料可以看出，郑氏的活动曾经对朝鲜发生一定的影响，它使朝鲜当局在对待清朝以及对待台湾郑氏的态度上不得不有所考虑，甚至引起朝鲜内部的意见分歧，他们既担心郑经进攻朝鲜，又担心与郑氏通好将受到清朝的打击，以致左右为难。其所以如此，主要由于以下两个原因：第一，朝鲜原来和明朝保持密切的关系，曾经援明抗清。后来清军侵入朝鲜，迫使朝鲜国王上书清朝皇帝，表明"世事明朝，各分素定，其不欲遽变臣节，亦出于情礼之当然"，表示从此以后要向清朝"称臣奉表，愿为藩邦"。[25]显然，朝鲜与清朝之间存在着矛盾。另一方面，朝鲜当局也担心郑经不满他们"服事清朝"而"声罪致讨"。第二，朝鲜当局对中国国内斗争的

前景难以作出估计，因此对双方都想保持一定的关系，对与双方的接触都有一定的顾虑。

其实，朝鲜方面对郑经是缺乏认识的，首先表现在他们过高地估计了郑氏的力量，其次，还可以从以下的事实得到补充说明：一、康熙九年，即郑成功收复台湾七八年以后，朝鲜对台湾的一般情况还不了解，朝鲜国王问道："郑经果在何地而众几何？"后来才听说"大樊国乃郑锦舍所主也"，"有众数十万，其地在福建海外，方千余里"，[26] 这时还把台湾记为"大樊"。二、康熙二十年《李朝实录》写道："郑锦即国信之子"，南京败后，"国信……以残兵十万走入台环"。[27] 把国姓记为"国信"，把台湾记为"台环"，把这样最一般的（而且是不准确的）情况载入实录。三、康熙二十三年初，即在台湾郑氏归附清朝的几个月后，朝鲜大员还说："郑锦方将御清人之不暇，何能至我国乎？"总之，这些材料说明，当时朝鲜当局虽然知道台湾郑氏举兵抗清，但他们相互之间没有官方的接触，彼此都不够了解。在这种情况下，郑经的活动对朝鲜曾经发生一定的影响，但影响不大。

如果这种看法大致无误，那么由此可以引申出如下一个看法，即郑成功收复台湾，在当时来说，对朝鲜的影响也不大。

人们往往用现代生活的常识去解释历史，而忽略了时代的差异。在三百多年前，信息的传递，情报的获取，是相当困难的。郑成功收复台湾时，朝鲜并没有立即得到这个消息，而是在若干年后才得到不确切的传闻。在这种情况下，要说郑成功收复台湾对朝鲜有多大影响，还有待于提出可靠的史料根据。

（《清史研究通讯》1983年第4期）

注释：

[1] 吴晗辑：《朝鲜李朝实录中的中国史料》，中华书局，1980年，第九、十册，3766页。

[2] 同上，3857、4026页。

[3] 同上，3944、3969页。

[4] 同上，4075、4091页。

[5] 同上，3871页。

[6] 同上，3965、3993、3997、4009、4069、4089页。

[7] 同上，4026、4062页。

[8] 同上，4082、4084页。

[9] 同上，4030页。

[10] 同上，4045页。

[11] 同上，4047页。

[12] 林春胜等编：《华夷变态》，日文本上册，135页，东洋文库，1981年版。

[13] 同上，4084页。

[14] 同上，4092—4094页。

[15] 同上，3997页。

[16] 同上，4000页。

[17] 同上，4003、4012页。

[18] 同上，4015页。

[19] 同上，4003页。

[20] 同上，4013页。

[21] 同上，3993、4000页。

[22] 同上，3999页。

[23] 同上，4004页。

[24] 同上，4013、4018页。

[25] 同上，3590页。

[26] 同上，3965、3968页。

[27] 同上，4076页。

郑氏官兵降清事件述论

在郑成功及其子孙与清朝抗争的整个过程中，发生过许多郑氏官员降清的事件。除康熙二十二年郑克塽率领全体官兵归清以外，在史料中还可以查出八九十起之多；降清官兵的具体人数无法统计，其中仅总兵以上的官员就达 60 多人。郑氏的近亲如郑成功之弟郑世袭（即郑淼），族亲如建平侯郑泰之弟郑鸣骏、子郑缵绪，定国公郑鸿逵之子郑耀吉，郑芝豹生母黄氏，高级将领如忠勇侯陈豹、忠靖伯陈辉、水师提督永安伯黄廷、庆都伯王秀奇、督理五军戎务兼管前军事总兵官左都督周全斌以及著名镇将施琅、黄梧、蔡禄、杨富、何义、杨来嘉、林顺、杜辉、蔡仲琱等都先后背郑投清。有些论文已经从清方的招抚活动和政策的角度作了探讨，本文则着重从郑氏方面进行研究。

一、第一次降清高潮（1657—1659）

从顺治八年（1651）左先锋镇施琅降清以后，到康熙二十二年（1683）施琅带兵进取台湾之前，这 31 年间，大约有一半的年份发生了郑氏官兵的降清事件。其中有三次高潮，第一次高潮发生在顺治十四年至十六年。

十四年，副将戴亮等率官 12 员、兵 306 名降清，[1] 护卫前镇陈斌率部千余人在福州罗星塔投清，英名镇唐邦杰带领前锋、亲随二营共千余人投清；此外降清的还有总兵张应辰等官 27 员、兵 613 名，德化伯林忠等官 102 员、兵 593 名，副将郭炳兴、林仁等。

十五年，前锋镇张雄等官 74 员、兵 200 余名降清，此外还有后冲镇刘进忠，副将王仕璋、陈彩、张玉等 10 起，但规模都较小。

十六年，副将钱英、许以忠、潘大圣，总兵陈侯等十多起，规模也较小。

估计在这三年中，郑氏官兵降清事件约有 30 起，达 5000 人左右，形成了一个高潮。而在此以前，降清事件只是个别的，人数也不多。主要事件是：顺治八年施琅投清，十三年，前冲镇黄梧和副将苏明率官 80 余员、兵 1700 余名降清，同年礼官陈宝钥投清。除此之外的降清者都是归附于郑氏的"山寇"，如宁化黄素禾，永春林日胜、林兴珠，以及苏松一带"海寇"顾忠、王有才等。[2] 从降清原因来看，施琅、黄梧等人主要是因为个人与郑成功发生了矛盾。施琅由于在某些问题上与郑成功发生分歧，矛盾逐渐激化，在被郑成功囚禁以后，脱逃降清。黄梧、苏明由于进攻揭阳失利，苏明之兄苏茂为郑成功所杀，黄梧受罚，因而降清。而在第一次高潮中降清的，原因则有所不同。在这些事件中可以看出下列值得注意的现象：

一、降清者有不少原是清方的官兵。例如，刘进忠原是清方澄海县守将，十五年四月郑军进攻该县时，刘进忠等"率兵千余献城迎降"，郑成功授予后冲镇，半年后，刘又在台州降清；英兵镇唐邦杰原是清方马兵，顺治五年投降郑军，被逐渐提升为镇将；十五年在三沙带兵二百余名降清的郭云学，原是澄海县署守备，投降郑军以后，乘北上打粮的机会又投降清方；十六年兵丁刘显等 82 人在舟山投清，他们原来就是清方潮州总兵左营兵丁，十五年"因调援澄海县，城溃被虏,绑缚下海",随郑军北上,乘机逃跑降清。

二、与前面一点相关的是,降清者之中有不少"北兵",即原籍在福建以北各省。例如:刘进忠"系辽东人,入满籍";[3]唐邦杰原是一名马兵,北方人,或说"系旧北将";[4]副将钱英等人,"因不愿在海,久欲投顺",他们的原籍多是浙江宁波、鄞县一带;[5]都督金事萧自启等13人在福州五虎门降清,其籍贯是河南、山东、陕西、湖广、江苏(徐州)等省。[6]据史书记载,顺治十五年郑军北上"时有北兵逃走者多"[7],"时北兵惊怕风浪,皆逃去"[8]。

由此可见,第一次降清高潮的出现是和郑军北征有关的。由于北征,远离了原有的根据地,郑军对军队的控制不如以前,于是原来被迫归附郑军的官兵,尤其是北方籍的官兵,得到机会便脱逃归清了。总的来看,这个时期多数是零星投降的,像唐邦杰那样的镇将带兵千余人降清的,是极少数。正如吏部题本所说:"从来投诚者,或系一二偏裨,或系子身归命,未有如邦杰以伪大镇率伪副将林翀、叶禄,统众千余全部来归者","来一邦杰诚可为伪镇之倡"。[9]这说明它在当时还是少见的现象。

二、第二次降清高潮(1663—1664)

顺治十六年北征失败,郑成功退守金门厦门一带,到收复台湾、郑成功逝世为止,这三年间,郑氏官兵降清事件很少发生。顺治十七年有几起零星事件,如右虎卫镇陈鹏通清被杀,温州人郑叔盛等11人、游击冯至等15人投清。十八年郑成功进军台湾以后,谣传东山守将右冲镇蔡禄、宣毅左冲镇郭义准备降清,郑成功密令留守厦门的兵官忠振伯洪旭,单调蔡、郭二镇全师过台,蔡等闻讯,认为"国姓信谗"怀疑他们，于是在东山投降清朝。第二年（即康熙元年）又误传忠勇侯陈豹不肯搬眷过台，并"已密通平南王投诚"，郑成功又密令周全斌进攻陈豹，陈豹认为"必有大奸人反间"，而郑成功"既信谗而来，辩之弗及"，只好入粤降清。可见这个时期的两个事件都和郑成功轻信谗言有关。

第二次降清高潮发生在康熙二年和三年间。那时正值郑成功去世，郑氏内部发生矛盾。留台官员诸如黄昭、萧拱宸等人，拥立郑成功之弟郑世袭为护理，而留厦官员如洪旭、黄廷等人，则请郑成功之子郑经嗣位，称为"世藩"。郑成功从兄郑泰和黄昭相通，主张"扶袭拒经"。结果，郑经在杀死黄昭之后，骗取郑泰来厦门并置之于死地。于是，郑泰之弟郑鸣骏、子郑缵绪以及忠靖伯陈辉、左武卫杨富、左虎卫何义、都督杨来嘉、参军蔡鸣雷等"文武大小共四百余员，船三百余号，众万余人"，于康熙二年（1663）六月入泉州港投清。据清方档案记载，这次降清的人数如下：郑鸣骏等8000多人，陈辉等2300多人，杨富等2500多人，何义等1800多人。在这批官兵中还有左都督颜立勋和副将万正色（万后来成为清方重要将领，康熙十八年出任福建水师提督）。

在康熙元年郑成功逝世后不久，郑氏方面决定采用"阳和阴违"的策略，以郑泰、洪旭、黄廷等三个侯爵的名义，向靖南王耿继茂、闽浙总督李率泰表示"倾心归命"，并且造报官员兵民船只总册，其中有"勋爵及文武官员计二千一百五十六员（小将、杂职在外未造），水陆官兵计四十一万二千五百名，大小战舰约计五千余号，海上军民籍及流寓人口计三百余万"[10]。当然，郑氏官兵全部降清并没有成为事实，但从这里可以看出，康熙二年降清的官员已占郑氏文武官员总数的六分之一。

不仅如此，这两年间还发生以下几起事件：二年三月总兵沈明带兵丁 30 人，妇女 18 人，小船二只，到漳州投诚。二年十月厦门高崎守将正兵镇陈升暗通黄梧、施琅，投降清朝，以致厦门失守；同时，郑成功之弟郑淼（世袭）归清，定国公郑鸿逵之子郑耀吉和郑芝豹生母黄氏及家眷、家丁共 775 口从金门前往投清，浙江方面也发生靖波将军阮美降清的事件。三年正月援剿右镇林顺统率全镇在海卫投清；二月南澳守将护卫左镇杜辉在揭阳港降清；三月郑经最重要的部将之一、五军戎务左都督周全斌"统众从漳浦镇海卫投诚"，同时，另一个最重要的部将、前提督永安伯黄廷也从漳浦、云霄投降，总兵翁多球（或作翁求多）在八尺门率兵民六万降，"遂及周宽、杨沣、周珍、曾傅、黄宝、林英、张隆、阮星、欧瑞、陈麟、赖二、张岳及兵民三万六千有奇先后降"[11]。

总计从康熙元年到三年，郑军方面降清的有文武官员 3985 名，食粮兵 40962 名，归农者 64230 名，眷属人役 63000 多人，大小船只 900 多只。[12] 以郑军共有 40 万人计算，降清者已达四分之一左右。这对郑氏势力来说，无疑是一个十分沉重的打击。

这个时期郑氏官兵降清有一个显著的特点，那就是降清者多是郑氏的亲族、亲信和骨干。郑淼及郑泰的子弟、郑鸿逵之子是郑氏亲族，陈豹、陈辉是追随郑氏多年的老将，黄廷、周全斌是郑经手下两员大将，他们的降清说明了郑成功逝世以后，郑氏内部矛盾的严重性。实际上，矛盾早已存在，郑成功在世时，郑氏集团的一切行动听从他统一指挥，内部的种种矛盾暂时没有公开暴露。一旦郑成功死去，内部矛盾便公开化了。首先是继承权的斗争，它涉及要不要搬眷过台的问题，使得一部分不满于郑经，不愿意东渡台湾的人背郑投清，当然也涉及对抗清前途的看法问题，所谓"今日厦门兵民皆存归顺之心"[13]，从一个侧面反映了郑军内部的心理状态。此外，部将之间的矛盾也很严重，周全斌与黄廷、洪旭"有宿嫌，恐过台为其所嫉"而决定降清。[14] 当时郑军内部"互相猜疑，心怀芥蒂，貌合神离"[15]，以致"人心解散，镇营多叛"[16]，陷入相当困难的境地。

三、第三次降清高潮（1667—1680）

康熙二年十一月金厦两岛失陷，第二年三月郑经退往台湾，从此以后大约十年时间，没有发生重大事件。到了三藩之乱发生时，郑经企图乘机恢复在闽粤一带的势力，从康熙十三年开始，占据了漳州、泉州、潮州三府，并且向福建其他地区扩张，但在清朝大军的攻击下，终于失败。十六年初，郑军"诸镇涣散，无术约束"，文武官员各自星散或投降清朝。[17] 于是，从康熙十六年到十九年又出现了一次降清高潮。

在这四年间发生降清事件30多起，其中总兵以上官员降清事件有：

十六年，建威将军郭炳兴，右提督刘进忠，将军黄邦汉，总兵刘炎、张国杰、许志远、陈龙、何应元等降清。其中在清军进攻漳泉各地时，"泉属之同安县并漳州府所属之龙溪、漳浦、海澄、长泰、诏安等县及云霄等营各伪官兵，相率剃发，并赍伪印札前来迎降"[18]，据宁海将军喇哈达等报告，从泉州到漳州，沿途招抚"伪建威将军一员、大监督二员、总兵七员、副总兵十三员、副将四十三员，自参将以下把总以上共三百五十六员，兵丁四千一百七十名"[19]；许志远所部官108员、兵9120名。

十七年，漳平守将、总兵黄瑞镳降清。据清方统计，从十七年六月到十一月共招抚郑氏官员1237名、兵11639名。

十八年，水师五镇蔡仲琦，折冲镇吕韬，木武镇陈士恺，牛宿镇郑奇烈，楼船前镇杨廷彩，水师三镇吴定芳，总兵廖琠、赖祖、金福、廖兴、黄靖、黄柏、纪朝佐、张文魁等降清。其中蔡仲琠、吕韬等人所带官兵有12000多人，[20]廖琠等五镇官员374名、兵12124名。

十九年，协理五军都督吴桂，信武镇黄瑞，楼船左镇朱天贵，总兵陈昌、苏堪、杨禄、张辉，将军江机、杨彪、刘天福等降清。其中朱天贵等率领官600余员、兵20000余名、船300余号，江机等官1138员、兵43629名，杨彪等官兵31000名，杨禄等官兵28000多名。

这四年间降清官兵的人数没有完整的统计，从上述资料估算当在10万人以上。此外，闽浙总督姚启圣奏称："计自康熙十七年六月起至十九年六月二十六日止，十次题报，除厚赉功令解散归来外，实在食俸官五千一百五十二员，实在食粮兵三万五千六百七十七名。"又说"投诚官兵计至数万"。[21]这个数字扣除了归农的官兵，可能也不包括杨彪所率领的官兵31000多人在内，因为杨彪是在六月二十六日以后投降的。此外，杨禄等是由宁海将军喇哈达招抚的，也未列入闽浙总督的报告。应当指出，在这些降清官兵中，有一大部分不是真正的郑氏官兵，其中有的原来就是清军官兵，如刘进忠、吕韬、陈士恺、朱天贵等部；有的是接受郑氏札付的"山寇"，如许志远、陈龙、何应元、郑奇烈、纪朝佐、廖琠、江机、杨彪等。这些官员与郑氏没有密切的关系，在清军的追击下，倒戈降清，这是可以理解的。

四、降清原因的综合考察

从以上三次降清高潮的情况可以看出，郑氏官兵降清和当时的形势有关：北征导致部分"北兵"背郑投清；郑成功逝世和郑氏内讧引起部分郑氏亲族和将领的叛离；清军进逼，郑军溃败，使得原来从清方投郑的官兵以及各地"山寇"纷纷降清。那么，更深一层的原因何在呢？有人认为主要是因为郑成功"英年得志，局量未弘"，"用法严峻，果于诛杀"，"滥用权威，人心思叛"；有人则认为这是海商集团抗清不彻底性和动摇性的表现。其实，如果作进一步的分析，可以看出，郑氏官兵之所以降清，原因是多方面的。

从政治上说，郑军内部对抗清的认识不是一致的，决心坚持抗清者不占多数。郑氏官兵主要有三个来源：一、郑氏旧部和以后陆续招募来的追随郑氏抗清的力量，其中包括曾经追随郑芝龙在海上为盗者，有些人还曾经投降过清朝；二、原是清朝官兵，后因战败、被围或其他原因而投降郑氏者；三、福建各地的"山寇"，自愿或被迫归附郑氏者，包括那些只是接受郑氏授予的官衔而不受郑氏指挥者。其中二、三两类是郑氏暂时的同盟军，一旦形势不利，他们便会倒戈相向，上引史料说明了这一点。即使在第一类中，始终忠于南明王朝、坚持抗清者也只占少数。据闽浙总督姚启圣分析，"从逆之人，或为贼所胁，或为饥寒所迫，一时误入贼伙"[22]，这种看法难免以偏概全，但却说明了大部分官兵不是坚定的抗清派。早在顺治年间，就有些人"身在海上，心恋朝廷"[23]，"不愿在海，久欲投顺"[24]，郑成功逝世以后，在抗清前途暗淡的情况下，降清事件便经常发生。这种情况表明，在郑氏集团内部，坚持抗清的力量并不大，降清现象的出现是不足为奇的。这不能只用海商集团的阶级特性来说明，因为在郑氏官兵的构成成分中大部分是不能坚持抗清的，从降清的官兵来看，大多数也不是海商集团中的人物。

从经济上说，郑氏集团长期经营海上贸易，积累了不少财富，但以数十万之众，坚持几十年的抗清，物资上的供应是相当困难的，三次降清高潮的出现，都和经济上的困难，特别是粮食困难有关。顺治十六年"因福建、广东等处没有粮草，住不得，故此来江南"[25]；康熙三年厦门缺粮,"所需米石,皆自广东省所属揭阳、潮阳及台湾等处运来","厦门米价一担为三两五钱","倘若一旦禁运,厦门粮米则无来源";[26]康熙十六年,在清军进攻下,郑经退守厦门,而厦门"军资不给",只得把军队分驻沿海,就地取粮;[27]十九年"时兵已乏粮,尽皆溃散,国轩禁不能止"。[28]不仅如此,长期在海上活动,郑氏官兵家庭经济发生困难,姚启圣的文告指出:"弃父母田园,远役海上,备极劳苦,实无多金,人亦何乐乎在海也。"[29]这是有一定道理的。

从思想状况来看,一般官兵的乡土观念、家庭观念是很重的,他们还不得不考虑个人的得失和前途。当郑成功决定进取台湾时,"官兵多以过洋为难,思逃者多"[30],原因是不愿离开故土。后来郑成功命令搬眷入台,郑泰、洪旭、黄廷等高级官员"皆不欲行",进行抵制。从台湾来投清的人报告说,在台湾的郑氏官兵"人人皆望回乡"[31]。施琅也说,郑氏官兵"内中无家眷者十有五六,岂甘作一世鳏独,宁无故土之思",但由于一时无法渡海来归,只好和郑氏相依为命。[32]这种思想方面的因素也是不可忽视的。

从郑氏内部关系来看,郑成功的专断和郑经的无能,也迫使某些官员不得不背离而去。上述施琅、黄梧、苏明、蔡禄、郭义、陈豹等人的投清就和郑成功的专横和轻信有关。顺治十三年礼官陈宝钥也因"常惧得罪(成功)"而投清。顺治十六年副将钱英降清时供称:"国姓独行独断,不与人商量,在内有正经的俱各离心。"可以说,第一次降清高潮的产生是和郑成功有直接关系的。至于在郑成功逝世以后发生的郑氏内讧导致郑氏家族部分成员和手下大将黄廷、周全斌的叛离,则充分反映了人们对郑经的失望。此外,部将之间的矛盾(如施琅与陈斌、黄廷和周全斌的矛盾)也对郑氏官兵的降清发生了一定的作用。

以上是从郑氏内部考察降清的原因，至于清政府的招抚活动以及郑氏降将的作用，邓孔昭等同志已经有专文作论述，这里就不再说了。[33]

为了作进一步的探讨，我们还可以把郑氏官兵降清与清方官兵投郑的情况进行比较。在清郑交战的过程中，也发生过不少清方官兵投降郑氏的事件，其中总兵以上有以下几起：

顺治十一年十一月，漳州总兵张世耀、知府房星烨降郑。十四年八月郑军进攻浙江台州，总兵李泌、知府齐维藩投降。十六年六月郑军进攻镇江，总兵高谦、知府戴可进投降。

康熙十三年，海澄总兵赵得胜、潮州总兵刘进忠、漳浦总兵刘炎先后降郑。十五年东莞总兵张国勋、汀州守将五军都督马应麟、总兵朱天贵投降郑氏。

此外，海澄守将郝文兴（参将）、台州守将马信（副将）、舟山守将巴臣功（副将）、黄岩守将王戎（副将）等人投降郑氏也发生了较大的影响。

总的来说，清方官兵多是在郑军兵临城下、清方处于劣势的情况下投降郑氏的，其中不少人后又叛郑归清。只有陈尧策、郝文兴、马信、刘国轩等少数人成为郑氏的干将。上述情况表明：第一，清郑官兵之间互相投降是一种常见的现象。清郑双方代表封建统治阶级中不同的政治集团，但从一般官兵看来，政治上的差异不如切身利害重要。双方官兵出自个人得失的考虑（保存实力、获得官职或奖赏等等），可以倒戈相向，背主投敌。第二，清方官兵多是在不利的条件下被迫投降的，相对来说，这是比较正常的现象；而在郑军第一、二次的降清高潮期间，郑氏官兵都不是在不利的条件下投降的，特别是第二次高潮中大量官兵降清，显然是一种不正常的现象。这表明郑氏内部已经产生衰败的征兆，后来只是由于退守台湾才勉强维持隔海相踞的局面。第三，清方投郑的高级将领人数较少，而郑方降清的镇将以上的官员为数甚多。这一方面说明郑氏方面在郑经时代，特别是抗清的后期，已经处于涣散状态；另一方面则说明郑氏方面存在滥封官职的现象，在后期尤为严重。第四，康熙十六年以后，郑氏不仅在军事上失利，在政治上也处于困境，这时，只有郑氏官兵投清，而很少有清方官兵降郑的情况发生。后来，在清军的进逼下，力量对比悬殊，终于迫使郑氏走上全部降清的道路。

总之，郑氏官兵投清这种历史现象是多种因素作用的结果，把它归咎于郑成功个人，或归结为海商集团的特性，都不能说明问题。在众多的因素中，郑氏队伍结构复杂，大多数成员并没有"恢复中兴"的政治要求，在他们看来，清郑双方并没有根本的区别，这可能是导致许多郑氏官兵降清的一个重要因素。

郑氏官兵降清事件年表

年月	为首者	人数	资料来源 ※
顺治八年七月	左先锋镇施琅		A100
十三年六月	前冲镇黄梧、副将苏明	官80，兵1700	B169 C562
十三年九月	海镇总兵顾忠	官25，兵1781	C613
十三年九月	礼官陈宝钥		F13
十三年	总兵林兴珠	350	C562
十四年一月	周立		C669
十四年四月	副将戴亮、参将何胜	官12，兵36	B296
十四年六月	总兵张应辰	官27，兵613	C696
十四年九月	护卫前镇陈斌	兵500	D137
十四年十一月	英兵镇唐邦杰	兵1000	A163、C743
十四年十一月	副将郭炳兴	10	C746
十四年十一月	副将林仁		C746

续表

年月	为首者	人数	资料来源※
十四年	德化伯林忠、左都督林暹	官102，兵593	C700
十五年二月	前锋镇张雄	74	B296
	守备吕春	200	B296
十五年五月	守备郭云学	200	C783
十五年六月	正兵镇左营郭禄	6	C791
十五年七月	副将王仕璋	7	C791
十五年七月	正兵镇参将方光夏	8	C792
十五年八月	援剿右镇副将陈彩	官6，兵80	C792
十五年八月	旗鼓中军参将程文星	12	C792
十五年十月	后冲镇刘进忠		A181
十五年十一月	援剿前镇游击赵岐凤		C925
十五年十二月	参将王魁	官3，兵10	C925
十五年十二月	副将张玉	官2，兵17	C925
十六年一月	援剿前镇副将许以忠	10	C925
十六年一月	副将潘大圣	14	C925
十六年一月	总兵陈侯	29	C925
十六年一月	参将刘贤陛、林佐等	官7，兵110	C925
十六年六月	副将钱英	16	B325
十六年八月	参将沈亨	26	B328
十六年八月	兵丁刘显	82	B354
十七年一月	都督佥事肖启	官13，兵12	B331
十七年四月	总兵杨斌		B344
十七年四月	郑叔盛	11	B347
十七年四月	游击冯至	15	B347
十八年五月	右冲镇蔡禄、左冲镇郭义		D161

续表

年月	为首者	人数	资料来源※
康熙元年二月	柳会春	59	J5
元年三月	忠勇侯陈豹		D170
元年十一月	振武将军杨学皋	3000	J10
二年	参将卢俊兴		E7
二年三月	总兵沈明	30	E6
二年六月	建平侯之弟郑鸣骏、永胜伯郑缵绪、忠靖伯陈辉、左武卫镇杨富、左虎卫镇何义、左都督颜立勋、副将万正色、杨来嘉、参军蔡鸣雷、庆都伯王秀奇、水师后军、协理周家政	官400 兵15000	B446 E11、30 I30 J14—16
二年十月	正兵镇陈升	官123，兵2600	D186、J20
二年十月	郑成功之弟郑淼	官224，兵120	J16
二年十月	定国公郑耀吉、郑芝豹之母	775	E22
二年十月	都督郑赓	315	J16
二年十一月	靖波将军阮美	3066	J17
三年一月	援剿右镇林顺	全镇官兵	D187
三年二月	总兵吴陞	官33，兵693	J20

郑氏官兵降清事件述论

续表

年月	为首者	人数	资料来源※
三年二月	护卫左镇杜辉	官102，兵2096	J19、D187
三年二月	镇将林国梁		J19
三年三月	总督周全斌	数万	D188
三年三月	前提督黄廷、都督余宽	32400	G182、J21
三年三月	前提督左镇翁求多	60000	J21、I143
四年十月	都督朱英		J29、G183
五年七月	都督李顺		J30
九年三月	南日守将阮钦为		D210
九年九月	宁远将军杜伯馨、都督施袭	官144，兵1690	J35、G184
十年十月	总兵柯乔栋		J36
十六年一月	总兵郭维藩		J66
十六年二月	副将刘守义		E124
十六年二月	建威将军郭炳兴		E124
十六年二月	副将陈应龙、游击冯友魁		E124
十六年二月	副将林栋、游击王许曾		E124
十六年二月	副将马虎	官64，兵726	E125
十六年二月	副将杨雄	98	E125
十六年三月	副将孙绍芳、漳州知府程梦简		J67
十六年六月	右提督刘进忠、前锋镇刘炎		D264
十六年七月	副总兵洪渭、陆日	官28，兵120	E144
十六年九月	总兵许志远	官108，兵9120	E145

续表

年月	为首者	人数	资料来源※
十六年九月	总兵陈龙、何应元		E146
十六年九月	监军陈俞侯		J71
十六年十月	将军黄邦汉		J72
十七年八月	总兵黄瑞镰	官25	E212、D283
十八年三月	水师五镇蔡仲琱	官85，兵12517	D289、J97
十八年三月	折冲镇吕韬	8	D290
十八年三月	木武镇陈士恺	官55，兵1431	D290、E177
十八年三月	牛宿镇郑奇烈	官53，兵1000	D290、J94
十八年三月	总兵廖琠、赖祖、金福	官374，兵12124	J93、H
	黄靖、廖兴		
十八年五月	楼船前镇杨廷彩、总兵黄柏	官46，兵561	E182、J97
十八年七月	副总兵陈化甲	官38，兵167	E183、J97
十八年七月	副将许成风	官3，兵24	J97
十八年七月	水师三镇吴定芳	官9，兵148	J97
十八年九月	总兵张文魁		J97
十八年九月	总兵纪朝佐	官81，兵1129	E194、J98
十八年十月	监督郭承隆		D295
十九年二月	丙州守将康腾龙		D301
十九年二月	扬威前镇陈昌		D302、E315
十九年二月	协理五军吴桂、信武镇黄瑞		D302
十九年三月	楼船左镇朱天贵	官600，兵20000	D304、E315
十九年三月	总兵苏堪		H90、J105

郑氏官兵降清事件述论　211

续表

年月	为首者	人数	资料来源※
十九年四月	副总兵刘英	官9兵583	E207
十九年六月	总兵杨禄、张辉	官2500，兵25900	E107
十九年六月	征夷将军江机、将军郭如杰	官1138，兵43629	E211、J107
十九年七月	定北将军刘天福	官180，兵2000	J107、109
十九年七月	将军杨彪	31000	E212、216

※ 资料来源编号代表下列各书，英文字母后的数字代表页数。

A 《先王实录校注》，福建人民出版社，1981。

B 《郑成功档案史料选辑》，福建，1985。

C 《郑氏史料续编》，台湾文献丛刊本。

D 《台湾外纪》，福建，1983。

E 《康熙统一台湾档案史料选辑》，福建，1983。

F 《海纪辑要》，台湾文献丛刊本。

G 《续明纪事本末》，台湾文献丛刊本。

H 《忧畏轩奏疏》，闽颂汇编本。

I 《东华录》（蒋良骐），中华书局，1980。

J 《清圣祖实录选辑》，台湾文献丛刊本。

注释：

[1] 以下有关降清事件的资料来源均见附表。

[2] 《郑氏史料续编》，613页。

[3] 《先王实录校注》，168页。

[4] 《郑氏史料续编》，744页。

[5] 《郑成功档案史料选辑》，326页。

[6] 同上，332 页。

[7] 《先王实录校注》，180 页。

[8] 《海上见闻录定本》，福建出版社，34 页。

[9] 《郑氏史料续编》，748 页。

[10] 《郑氏关系文书》，台湾文献丛刊本，1—8 页。

[11] 《续明纪事本末》，台湾文献丛刊本，182 页。

[12] 《清圣祖实录选辑》，台湾文献丛刊本，23 页。

[13] 《康熙统一台湾档案史料选辑》，6 页。

[14] 《台湾外纪》，188 页。

[15] 《康熙统一台湾档案史料选辑》，11 页。

[16] 《海上见闻录定本》，福建出版社，51 页。

[17] 《台湾外纪》，258 页。

[18] 《康熙统一台湾档案史料选辑》，125 页。

[19] 同上，128 页。

[20] 《台湾郑氏始末》，台湾文献丛刊本，72 页。

[21] 《康熙统一台湾档案史料选辑》，236 页。

[22] 《忧畏轩文告》，康熙十八年十二月十日。

[23] 《郑氏史料续编》，752 页。

[24] 《郑成功档案史料选辑》，327 页。

[25] 同上。

[26] 《康熙统一台湾档案史料选辑》，7 页。

[27] 《台湾外纪》，260 页。

[28] 《靖海志》，台湾文献丛刊本，91 页。

[29] 《忧畏轩文告》，康熙十七年七月十日。

[30] 《先王实录校注》，245 页。

[31] 《忧畏轩文告》，康熙十九年十二月十一日。

[32] 《康熙统一台湾档案史料选辑》，80 页。

[33] 《清代台湾史研究》，厦门大学出版社，139—177 页。

为郑经平冤

近年来，有些历史学者在赞扬康熙和施琅"统一台湾"的伟大功绩的同时，很自然地采用"两分法"，对他们的"对立面"郑经加以批判，把他说成是"分裂祖国""割据台湾""背叛郑成功事业"的历史罪人，甚至有人说他是"台独分子"，是"台独的祖师爷"。我认为，在郑经去世300多年后，强加给他这样的罪名，实际上是给他制造了一个冤案，这对郑经是不公道的，因此斗胆写出"为郑经平冤"的文章，就教于历史学界。

今人加给郑经的罪名

根据检索可知，近年来有些学者给郑经加上了如下的罪名：

一、"郑经公然宣称：'东宁（台湾）远在海外，非属版图之中。'胡说台湾不属中国版图，他已'横绝大海，启国东宁'，在台湾建国。"

二、郑经"已然决心称国割据台湾，自绝于中土而分裂中国，以'外国'自居"。

三、"郑成功收复中国领土台湾作为抗清基地。郑经却一意孤行，篡改历史事实，并违抗其父的正确主张，声称建国分裂，割据台湾。"[1]

四、"郑经虽然打着'先王'郑成功旗号，但他的言论与郑成功有着本质不同。应该说，依朝鲜例，降清不削发，是郑成功最先提出来的……郑成功提出降清的条件是，必须取得数省之地以安插军队，至于剃发与否，在两可之间，所谓按朝鲜例，即不剃发，保留汉族的发型服饰，而不是按朝鲜例成为清朝的藩属。"

五、郑经坚持"照朝鲜事例"，"公然说：建都东宁，于版图疆域之外，别立乾坤"，"东宁偏隅，远在海外，与版图渺不相涉"，可见郑经"妄图将台湾从祖国大家庭分裂出去"。[2]

六、"郑经强调郑氏占据台湾是'于版图疆域之外，别立乾坤'，又说台湾'远在海外，与版图渺不相涉'。郑经的这些言论，不但无视台湾自古是中国领土的史实，而且也违背了其父郑成功的意志。""郑经的言行不仅是对中华民族的背叛，也是对其父辈事业的背叛。"[3]

"照朝鲜例"不是郑经发明的

如果认真查阅史料，就会发现早在永历八年（即顺治十三年，1654），郑成功就提出："和则高丽、朝鲜有例在焉。"[4]清方官员的密奏也说郑成功"又比高丽，不剃发"。后来的《广阳杂记》也说：郑成功"请以安南、朝鲜之例"。

同年9月，郑成功当面对他的弟弟说："我一日未受诏，父一日在朝荣耀，我若苟且受诏削发，则父子俱难料也。"[5]同时，郑成功给郑芝龙的信中说："天下岂有未称臣而轻削发者乎。"[6]

如果查阅满文档案，还可以看到清方"和硕郑亲王"的奏本，他报告说："郑成功不受诏，不剃发，其意如山"，"且未与张名振议妥，又比高丽之例不剃发"。[7] 郑芝龙的"密题"也报告说郑成功曾经声称："剃发乃身份大事，本藩自会定夺，谁人敢劝，哪个敢言。"[8]

由此可见，批判"照朝鲜例"，首先应该受到批判的不是郑经，而是大家都不想批判的民族英雄郑成功。

郑经没有背叛郑成功

当年郑经一贯遵从郑成功的遗志办事，不敢（估计也没有能力）自作主张。"照朝鲜例"是郑成功的主张，他就坚持不变。所以，每当发生此类事情的时候，他一定抬出郑成功为自己做主。

郑经说过："从先王以至不佞，只缘争此（削发）二字"[9]，"先王在日，前后招抚者，亦只差削发二字，若照朝鲜事例，则可"[10]，"本藩焉肯坠先王之志"，"和议之策不可久，先王之志不可坠"。[11]当年记录俱在。

由此可见，郑经只是继承郑成功的主张，而没有"发展"郑成功的主张，更没有提出任何超越郑成功的"分裂祖国"的主张。所以，郑经并没有背叛郑成功，认定郑经背叛了郑成功的意志是没有史料依据的。

不能用现代的标准要求郑经

研究历史人物，必须摆在特定的历史背景下考察，这是常识。可是有人为了要使"历史为政治服务"，却自觉或不自觉地"以古喻今""以古讽今""以古类今",而忽视了当今时代与300多年前时代的巨大差异、观念的巨大差异。

300多年前对于一些政治原则问题的看法和当代有根本的差异。例如,什么叫"国",什么叫版图,什么叫"照朝鲜例"。

先说什么叫"国"。在明清之际并没有现代"国家"的概念,不懂得"国家是阶级统治的工具",那时,谁都可以建立国家。历史上,在现代中国的土地上,同时存在许多"国"的情况是正常的。三国、五胡十六国、五代十国,宋、夏、辽、金、蒙元也同时都是"国"。郑氏坚持的是"大明国",后来清朝的祖先建立了"大金国",它不是明朝的地方政权,不是明朝的割据政权,也不是从明朝分裂出去的,它显然就是一个"国"。古代有朝就有"国",一个是清朝,一个是明朝,都是"国"。郑氏在台湾有没有建立国家?有人说建立了"延平王国",实际上没有这回事。邓孔昭已经论证那是"子虚乌有"。[12]不过,郑氏确实把台湾称为"东都明京",即"东方的首都、明朝的京城"。从当时看来,这没有任何错误,它只是表示"大明国"仍然存在。郑氏并没有建立新的国,没有自立为帝,扣不上"分裂"的罪名,与"独立"更是风马牛不相及。

再说什么叫"版图"。当时还没有"国际法",没有领土主权的概念,更不懂得"国家领土是国家主权支配下的地球表面的特定部分,包括地下及上空"。当时只讲"版图",也就是"疆域",而且不是以现代中国的领土为范围,因为当时还没有这么大的疆域。古代是根据各个"国"的实际疆域来决定版图的,而且不是固定不变的,你今天占领了这块地方,这块地方就被你"纳入版图"。当年归属于明朝的郑氏统治着台湾,清朝并没有占领台湾,台湾当然不属于清朝的版图,而是属于大明国的版图。这一点,在当时是"公认"的,清方也承认。康熙就承认,郑氏降清后台湾才算归入清朝版图。他在给施琅的《封侯制诰》中写道："海外遐陬，历代未隶疆索，自兹初辟，悉入版图。"施琅有名的《恭陈台湾弃留疏》也说："台湾一地，原属化外，土番杂处，未入版图也"，"夫地方既入版图，土番人民均属赤子"。[13]福建总督姚启圣讲得更清楚："查台湾地方自汉唐宋明，历代俱未入版图"，以此赞颂依仗"皇上威灵，神机妙算"才使台湾归入版图。[14]直到雍正元年（1723），雍正皇帝还说："台湾自古不属中国，我皇考神威远届，拓入版图。"[15]他们都承认郑氏时代台湾并未纳入清朝版图，可见郑经讲的是实话。现代史家不怪他人，唯独怪罪于郑经，未免太冤枉他了。明白了这一点，说郑经"自绝于中土""以外国自居""分裂祖国"就不攻自破了。

至于什么叫"照朝鲜例"，有的说就是"不剃发"，有的说要成为"清朝的藩属"，或者说，郑成功只是要"不剃发"，而郑经却要成为"藩属"。应当说，在这个问题上，把郑经与郑成功区分开来是没有根据的。郑成功明明提出"照朝鲜例"，郑经的说法和他一致，为什么说郑经是要成为"藩属"，而说郑成功却没有同样的意思呢？

那么，郑氏提出"照朝鲜例"的真实目的何在呢？一是为了与清朝周旋，并不想投降。陈在正指出"有些条件或说法同样系出自权宜的策略或是一种借口"，是为了"恢复""中兴"的政治目的。[16]二是从君臣名节的角度，力图保持明朝的一片江山。这一点，现代的人不容易理解，而当时的人却都理解，连清朝当局也理解。所以他们一方面没有答应"照朝鲜例"，另一方面则对此表示赞赏。他们表示："夫保国存祀，至忠也"，"我朝廷亦何惜以穷海远适之区，为尔君臣完全名节之地"。清方的康亲王、平海将军、福建总督都先后在口头上、书面上表示可以考虑"如高丽朝鲜故事"，"许其不削发，只称臣纳贡，照高丽朝鲜事例"。可见在当时，"照朝鲜例"的主张并不是清廷完全不可能接受的，也并不是什么大逆不道的事情。[17]

需要公道的评价

其实,对于郑经在"照朝鲜例"问题上的表现,海峡两岸有些学者已经发表过一些比较公道的看法,而与批判郑经的看法有明显的不同。

1983年我发表《康熙二十二年:台湾的历史地位》,指出,有人认为"照朝鲜例"是分裂祖国,搞"独立",受谴责的是郑经,而始作俑者则是郑成功。其实,郑氏并没有把自己当做外国,只是坚持"不剃发"以表示忠于明王朝。我认为"不要把清郑矛盾提高到统一和分裂甚至爱国和叛国的高度","不要为了肯定康熙统一台湾,就否定台湾郑氏的抗清活动,说他们搞封建割据、破坏统一,也不要把制造'两个中国'的罪名加在郑经的头上"[18]。

1983年陈在正发表《评清政府与郑成功之间和战的得失》,他认为"照朝鲜例"的说法是"出自权宜的策略或是一种借口",是为了"恢复""中兴"的政治目的。[19]

1997年邓孔昭发表《论清政府与台湾郑氏集团的谈判和"援朝鲜例"问题》,指出郑经是继承郑成功的遗志,坚持"援朝鲜例"不剃发的,"不是要把台湾变成朝鲜那样的藩属国,而是要求郑氏集团管辖下的人民(也包括大陆沿海人民)像朝鲜那样不剃发"。他认为指责郑经对中华民族背叛、对父辈事业背叛是没有根据的。[20]

2001年陈捷先在台湾出版《不剃头与两国论》一书,他指出,郑成功提出"依朝鲜例"不剃发,因为剃发就是投降,后来郑经坚持这个主张。不剃发在本质上不是要自外于中国,郑成功父子都没有说过他们是外国人,更不会不认同中华文化。他们是忠于明朝,展现尊重中华文化的儒者忠诚而提出这一主张的。[21]

2005年朱双一发表《"郑经是台独分子"说质疑——以〈东壁楼集〉为佐证》，文章认为，通过近年发现的郑经所著《东壁楼集》，从近五百首诗中可以看出，郑经始终继承郑成功遗志，奉明正朔，矢志抗清复土，体现了一种"遗民忠义精神"，他的志向是作为明朝之"臣"，而不是作为独立王国之"君"，可见郑经并非"台独分子"。[22]

总之，我认为上述几位的说法是比较公道的、切合历史实际的评价。对于郑经的表现，我们应当更多地了解明清时代的真实情况，历史主义地看待问题，才能作出公正的判断，而不能用现代的标准去要求300多年前的古人；作为历史学者，更不要出于现代政治的某种需要，给古人制造冤案。

（2007年2月2日改写）

注释：

[1] 以上三条见戴逸、王思治：《施琅与台湾》序，见施伟青主编：《施琅与台湾》，社会科学文献出版社，2004年。

[2] 以上二条见唐文基：《施琅——郑成功伟大事业的继承人》，刊于施伟青主编：《施琅研究》，厦门大学出版社，2000年。

[3] 任力、吴如嵩：《康熙统一台湾的战略策略及其得失》，《中国军事科学》1996年2期。

[4] 杨英：《先王实录》第69页，福建人民出版社，1981年。

[5] 同上，85页。

[6] 同上，92页。

[7] 厦门大学台湾研究所等主编：《郑成功满文档案史料选译》第64、65页，福建人民出版社，1987年。

[8] 同上，83页。

[9] 厦门大学台湾研究所等主编:《康熙统一台湾档案史料选辑》第 70 页,福建人民出版社,1983 年。

[10] 江日升:《台湾外纪》第 194 页,福建人民出版社,1983 年。

[11] 夏琳:《海纪辑要》37 页,台湾文献丛刊本。

[12] 邓孔昭:《郑成功与明郑台湾史研究》,第 226—235 页,台海出版社,2000 年。

[13] 施琅:《靖海纪事》第 119—121 页,福建人民出版社,1983 年。

[14] 厦门大学台湾研究所等主编:《康熙统一台湾档案史料选辑》第 300 页。

[15] 陈在正:《台湾海疆史》第 29 页,扬智出版社,2003 年。

[16] 陈在正等著:《清代台湾史研究》第 103—104 页,厦门大学出版社,1986 年。

[17] 陈孔立:《康熙二十二年:台湾的历史地位》,《台湾研究集刊》1983 年第 2 期。载陈在正等著:《清代台湾史研究》,厦门大学出版社,1986 年。又见施伟青主编:《施琅研究》,厦门大学出版社,2000 年。

[18] 同上。

[19] 陈在正:《评清政府与郑成功之间和战的得失》,《台湾研究集刊》1983 年第 4 期。载陈在正等著:《清代台湾史研究》,又见陈在正著:《台湾海疆史》,扬智出版社,2003 年。

[20] 邓孔昭:《论清政府与台湾郑氏集团的谈判和"援朝鲜例"问题》,《台湾研究集刊》1997 年第 1 期。又见邓孔昭著:《郑成功与明郑台湾史研究》,台海出版社,2000 年。

[21] 陈捷先:《不剃头与两国论》,台湾远流出版公司,2001 年。

[22] 朱双一:《"郑经是台独分子"说质疑——〈东壁楼集〉为佐证》,《厦门大学学报》(哲学社会科学版),2005 年第 1 期。

康熙二十二年：台湾的历史地位

康熙二十二年（1683年），清政府取得了台湾，实现了全国的统一，这是清代前期中国历史上的一个重大事件。

近年来出版的清史论著，有的在"清朝中央集权统治的加强"一节中，列出"统一台湾"的标题，作了专门的论述，[1]有的只是简单地提及"康熙二十二年，郑克塽率台湾文武官员归降，结束了台湾的割据局面"，而未作更多的介绍。[2]对于康熙皇帝在这个历史事件中的态度和作用，也有不同的看法：有的认为康熙一贯坚持统一，对实现台湾与大陆的统一起了巨大作用；有的认为康熙曾经举棋不定，错过战机，对他评价不高，而强调了进取台湾的直接指挥者施琅的作用。一般论者都谴责郑经集团进行封建割据，批判其所谓"照朝鲜例"的政治主张，甚至认为清郑之间的斗争是统一祖国与分裂祖国的斗争；但也有一些同志认为清郑矛盾的性质只能说是封建统治阶级中不同集团的斗争。

本文试图把这个历史事件放在当时全国范围加以考察，用比较的方法说明康熙对台湾的认识和1683年台湾所处的地位，从而对上述不同的看法提出自己的意见。

一

大家知道，康熙对台湾的看法有一个发展的过程，过细地分析这个过程不是本文的任务。这里需要指出的是：

一、三藩之乱发生以后，康熙便主张对台湾郑氏主要用"抚"。康熙十八年二三月间，康熙就下令"速行进讨""速靖海氛"[3]，而不是像一些论著所说的，到了平定三藩以后，才把台湾问题提到日程上来。

二、康熙曾经两度下令暂时停止进兵台湾。第一次在十九年八月，"谕兵部，台湾澎湖暂停进兵"，其原因是朝廷大员中有人主张用抚，"俟其归命"，"再若梗化，进剿未晚"，[4]康熙同意这个看法。但是，第二年他得知郑经已死，便下令"速乘机会灭此海寇"[5]，不久便任命施琅为福建水师提督，进取台湾。第二次在二十一年七月，左都御史徐元文奏请"暂停台湾进剿"，康熙说："近总督姚启圣奏称，十月进剿台湾，可暂行停止，俟十月后再行定夺"。[6]根据这个记载，似乎康熙赞成"暂行停止"。而《汉文起居注》的记载稍有不同：徐元文主张"应敕该督提暂行停止"，康熙说："近总督姚启圣疏称，十月进剿台湾，此暂行停止攻取台湾之处，俟十月后再行定夺"。[7]根据这个口气，康熙并没有同意暂行停止，只是要到十月后再议。至于为什么要等到十月呢，那纯粹是由于偶然的因素，由于迷信。当时"彗星上见"（按即哈雷彗星），年轻的康熙皇帝还没有从西方教士那里学到天文历算等科学知识，因而认为"天道有关人事"，彗星的出现是由于"政事必有阙失"。那时有人主张"凡事不宜开端，当以安静为主"[8]，康熙听信这种蠢话，而把进兵台湾暂时搁置下来。不过这个偶然因素的影响并不大,当年十月初六日,康熙便下令"进剿机宜不可停止",要施琅"相机自行进剿"。由此可见,用上述材料说明康熙对进取台湾发生动摇,举棋不定,是缺乏说服力的。

二

当时,在康熙皇帝的眼中,台湾究竟占有多大的分量呢?康熙对台湾总的看法是怎样的呢?我想可以这样来表述:从全国来看,台湾还算不上是一个重大的问题,但却是一个需要认真对待的问题。用康熙自己的话说,一方面"台湾属海外地方,无甚关系",另一方面"进剿台湾事宜,关系甚重"。"无甚关系"和"关系甚重"看来似乎是互相矛盾的,但却是可以理解的。

台湾归清以后,康熙说过这样的话:"台湾属海外地方,无甚关系,因从未向化,肆行骚扰,滨海居民,迄无宁日,故兴师进剿。即台湾未顺,亦不足为治道之阙。"又说:"海贼乃癣疥之疾,台湾仅弹丸之地,得之无所加,不得无所损。"[9]他如此轻视台湾和郑氏,简直目中无人,高傲至极。这是不是康熙在取得台湾以后故意说的大话呢?不是。因为从康熙的行动上看,他确实未曾把台湾当做一件大事。我们不妨把康熙对吴三桂和对台湾郑氏的态度,作一些简单的比较:

据不完全统计,清政府先后派出近十名大将军、20多名将军,加上各省督抚提镇的兵力,总计40万以上,用以对付三藩。从康熙十三年到二十年,清军主力始终用以对付吴三桂。而用以对付郑氏的,只有大将军一名,将军二名,加上福建的兵力。据闽督姚启圣说,"与贼对垒不过五万余兵"[10],至于进取台湾时,则只有水师

20000名，各种船只300多艘。

再看平定三藩时康熙的心情。二十年十一月癸亥，他接到云南平定的报告，当天就亲自到太皇太后、皇太后宫奏捷；大臣们聚集在乾清门前向他祝贺。他又亲自去谒孝陵，行祭告礼。十二月，他到太和门受贺，"宣捷中外"，"颁诏天下"。第二年正月，他在乾清宫"赐宴"，"君臣一体共乐升平"，并且亲自写作了《升平嘉宴诗序》。二月，亲往永陵、福陵、昭陵等地祭告，并下令大赦。六月，他在瀛台避暑，下令让大臣们一同来钓鱼，"以示朕一体燕适之意"[11]。七月，"以三藩荡平，宣示蒙古"。十月，定远大将军、征南大将军等凯旋，康熙亲自到郊外表示慰劳，同时下令修撰《平定三藩方略》。请看当时二十七八岁的康熙皇帝是多么踌躇满志，自鸣得意呀！可见他把平定三藩看成是一件大事，看成是自己的伟大胜利。

台湾归清，当然也是一件大事。二十二年闰六月十八日，康熙正在红川，当晚接到题本，得知施琅克取澎湖，便传谕："此乃捷音，尔等可遍详鹰从八旗诸王、贝子、公等大臣、侍卫各官知之。"[12]中秋时，得知郑氏归降，康熙把自己当天所穿的锦袍脱下来赐给施琅，[13]还赋诗祝捷。他下令赐予郑克塽、刘国轩爵位，封施琅为靖海侯，对东征将士进行奖赏。十一月，"以平定海寇，上亲往孝陵祭告"[14]。此外便没有别的庆祝活动了。当然，康熙那时的心情也是高兴的，但和平定三藩时的情况相比，相差就太远了。

康熙为什么厚彼薄此如此之甚呢？这是因为他作为一个皇帝，要从全国的形势考虑问题。1674年三藩之乱发生时，清军入关已经30年了。这30年间，清朝统治者已经基本上镇压了全国各地的抗清武装，建立了对全国各地的统治，清除了鳌拜集团，加强了中央集权。但是，三藩之乱暴露出清朝统治的危机，它波及陕、甘、云、贵、川、桂、粤、赣、闽、浙等省，严重地威胁了清朝的统治，因此在清政府看来，这才是肘腋之患。黄河决口，从康熙六年至十六年已达 60 多次，河患影响到漕运，漕运影响到京都等地的粮食供应，对人民生命财产以及社会秩序都有很大的影响，同样也威胁到清朝的统治。这就是当时摆在康熙面前的主要问题，所以他自己说道："朕听政以来，以三藩及河务、漕运为三大事，夙夜廑念，曾书而悬之宫中柱上。"[15] 除此之外，西部、北部边疆也存在不安定的因素。厄鲁特蒙古的准噶尔部，在噶尔丹的统治下，与沙皇俄国进行勾结，对其他各部发动进攻，严重地威胁到清政府对西北地区的统治。这时，沙俄当局也利用清政府对三藩用兵的机会，向中国北部边疆扩张，时常侵扰我国黑龙江地区。直到 1683 年，罗刹（指沙俄侵略者）"无端犯边"和厄鲁特"肆行扰害"这两件事，在康熙皇帝的议事日程上仍然占有重要的地位。

由此可见，从全国范围内看问题，台湾郑氏只是许多麻烦问题中的一个，还不能算是一个重大问题。它与三藩相比，对清朝统治的威胁毕竟要小得多。这样，康熙把台湾郑氏看做"癣疥之疾"，也是可以理解的了。

三

尽管康熙认为台湾郑氏远不及三藩那样重要，但是他也说过这样的话："进剿台湾事宜，关系甚重，如有机会，断不可失"[16]，"进剿台湾，深入海岛，关系重大"[17]，"海外鲸鲵，犹梗王化，必须用兵扑灭，扫荡逆氛"[18]。这说明在康熙眼里，台湾还是一个需要认真对待的问题。

首先，台湾郑氏的存在，说明还有一股抗清势力未被消灭，使康熙感到"海外一隅,尚梗王化","虽属小岛未平,犹虑海滨弗靖"。[19]它不仅使"沿海地方烽烟时警",而且福建、江西等地的"山贼"与郑氏互相配合,成为东南一带的一种威胁。

其次,为了对付台湾郑氏,清政府不得不抽调一批军队,耗费大笔军饷,造成财政上的负担。在福建的"满洲大兵"约有9000多名,"每兵一名每月需银二十二两零",仅这一项每年需银230多万两。从浙江调来福建"援剿"的7500名官兵,"在此每年支行粮饷银八万一千两,行粮米二万七千石,在浙又支坐粮饷银十一万二千五百两,坐粮米二万七千石"[20],由于调出这些官兵,使得浙江方面不得不再招兵五千名,这些兵又需要发给饷银粮米,"是因来闽之七千五百兵每年实费朝廷银米共计银四十一万二千五百两"[21]。此外,军器、船员、弹药等项也需银甚多。所以,福建总督姚启圣深感"军饷浩繁,国用匮绌",一面请求"速拨外省饷银",以解急需,一面要求裁减在闽大兵,调回浙兵,以节省开支。

再次,为了对付郑氏,清政府下令迁界,以致财政收入减少。姚启圣指出:"边海地方播迁,百姓抛产弃业,流离失所者二十年矣,朝廷正供以徙界缺额者四百余万两。"[22]施琅也说"东南膏腴田园,及所产鱼盐,最为财赋之薮",由于郑氏的存在,使得"赋税缺减"。[23]

最后,由于迁界和连年战争,使得沿海一带居民流离失所,无以为生,以致社会动乱不安。曾任闽督的范承谟说道:"沿海之庐舍田亩化为斥卤,老弱妇子,辗转沟壑逃入四方者,不计其数,所余孑遗,无业可安,无生可求,颠沛流离,至此已极。"[24]清军对福建各地的破坏也十分严重,当时福建一省驻有一王、一贝子、一公、一伯以及将军、都统等人带领的军队,他们"无所得居,则以民屋居之;无所得器械,则以屋中之器械供之;无所得役,则以屋中之民役之。

朋淫其妻女，系其老幼，喑哑叱咤，稍不如意，棰楚横至，日有死者"。[25] 姚启圣指出："盖师行之地，何事不取给于民间，兼之流离逃窜，十室九空，势所必至。"[26] 宁海将军喇哈达也承认："迨至兴师问罪，振旅征伐，则正供杂派，既困民于追呼；而运械馈粮，又疲民于奔命。"[27] 这种情况必然引起人民的不满，甚至起来反抗。"此嗷嗷待毙之民，即逞逞思乱之众"[28]，有些人便投入郑氏集团。姚启圣报告说："今之沿海为盗者，皆迁移之民，无田无地，挺而走险耳。"[29]

总之，台湾郑氏是清朝的一个政敌，它的存在对清朝是一个威胁。从清朝的主观愿望出发，当然是要早日消灭这股势力，解决这个问题。但是要解决这个问题，却存在一定的困难。

三藩叛乱，大敌当前，清政府只好力图缓和与郑氏的矛盾，主要用"抚"，而当郑氏不接受和议并向沿海一带进攻时，才不得不用"剿"，但是始终没有放弃"抚"的努力。这除了政治、军事等原因外，地理因素也起了重要作用。台湾远隔重洋，郑氏以水师见长，清军要渡海作战，困难很大。康熙多次说过："海上情形难于遥度"[30]，"海上风涛不测，涉险可虞，是以朕不强之使进，数降明旨言其难克"[31]。朝廷大员也都认为"海洋险远，风涛莫测，长驱制胜，难计万全"[32]。海上作战，"骑兵无所用其力，惟借水师楼橹攻取"[33]，而清军水师的力量是比较弱的。他们曾经企图借用荷兰夹板船的力量，但没有得到实现，所以康熙说："兹入海进剿，既少坚固大船，而荷兰国船只又未曾到，以我小船入海，诚恐万一不能如意"，因而命令大臣们"详议具奏"。[34]

由于存在以上的困难，康熙不得不考虑如何组成水师，是否可以利用荷兰船只，选任什么人担任水师提督，何时出兵为宜，此外还有军队的调集、粮饷的筹运等等。他还必须对不同的主张作出自己的判断，甚至还要处理当事的官员之间的矛盾。没有解决好这些问题，进兵台湾就没有取胜的把握。正因为这样，康熙才迟迟不能决策东征。这不是什么举棋不定，或不支持进兵，而是从实际出发，在决策时采取慎重的态度。

四

应当说，在取得台湾以前，清朝当局对台湾的认识还是比较模糊的。朝廷大员中没有人去过台湾，也没有认真研究过台湾问题，只是由于"海氛未靖"，由于台湾郑氏这个政敌的存在，才不得不把它当做一个问题。至于用剿用抚却没有把握，姚启圣认为台湾"非不可剿，而亦非专用兵威可以必得也"。[35] 实际上清朝当局所关心的是"海疆平定"，而不是取得台湾这块土地。

在康熙皇帝眼中，对台湾问题最有发言权的是李光地和施琅二人。李光地曾任内阁学士，是康熙的近臣。康熙多次向他询问有关海上情况，诸如"海贼"可否招安、何人可任福建水师提督、施琅有何本事等等。在台湾弃留问题上，康熙也问过李光地。直到康熙二十七年，李光地因有"妄奏之罪"受到议处时，康熙还说他"凡议事不委顺从人。台湾之役，人皆谓不可取，李光地独言可取，此其所长"[36]。

施琅是从郑氏方面投降清朝的，又是清朝进取台湾的指挥官，康熙曾经对他说过："欲除此寇（指郑氏）非尔不可。"[37] 康熙又对派往广东、福建办理展界事务的大臣说："施琅于沿海岛屿情形无不悉知，今在台湾，可移文会商。"[38] 这说明康熙对施琅有关台湾的意见是很重视的。

可是，在对待台湾弃留的问题上，李、施二人提出了截然不同的看法。李光地主弃,施琅主留。历史事实证明施琅的意见是对的,李光地的意见是错的。不过,我们应当考虑到300年前的情况,应当考虑:为什么弃守论者所谓"海外丸泥,不足为中国加广;裸体文身之番,不足与共守;日费天府金钱于无益,不若徙其人而空其地"的主张,[39]在那时颇有市场?为什么康熙本人也拿不定主意?这里涉及对台湾历史地位的认识问题。

300年前的台湾,同今天或100年前、200年前的台湾是不可同日而语的。当时台湾的地位远不如后世这么重要。正因为这样,弃守论者才敢振振有词地提出种种理由,康熙才需要让议政大臣一议再议,并且"令福建督抚提镇详议"。如果当时台湾的地位已经十分重要,难道还需要花这么大力气来研究弃留的问题吗?

当时台湾的基本情况是这样的:

人口:施琅先后有两种说法,一、"查自故明时,原住澎湖百姓有五六千人,原在台湾者有二三万……郑成功挈去水陆伪官兵并眷口,共计三万有奇……郑经复挈去伪官兵共眷口,约有六七千……此数年彼处不服水土,病故及伤亡者五六千,历年渡海窥伺,被我水师擒杀亦有数千"。[40]按此推算,总数不过六七万人。二、"户口十数万"。[41]实际上据估计当时人口在十几万到20万之间。而100多年以后(嘉庆十六年,1811年)人口增加到200万,台湾的地位显然不同了。

开发:施琅把台湾说成是"野沃土膏,物产利溥,耕桑并耦,渔盐滋生,满山皆成茂树,遍处俱植修竹,硫磺、水藤、糖蔗、鹿皮以及一切日用之需,无所不有。……且舟帆四达,丝缕踵至,饬禁虽严,终难禁绝。实肥饶之区,险阻之域"[42],其实这只是他所见到的台湾,是已经开发的一小部分。根据康熙三十六年到达台湾的郁永河的记载,既有台湾府一带的富庶繁华,以及"台土宜稼,收获倍蓰",

内地贫民纷纷前来的景象，也有不少未经开发的地区，即使是后来十分繁荣的鸡笼、淡水，在那时还是"水土害人"，"人至即病，病辄死"的荒原，所以他说："惜芜地尚多，求辟土千一耳。"[43]康熙末年兰鼎元在《平台记略总论》中也写道："前此台湾，止府治百余里，凤山诸罗皆毒恶瘴地，令其邑者尚不敢至。"可见在康熙二十二年时，台湾广大地区还是未经开发的。这说明施琅的看法有一定的片面性。

战略地位：施琅认为台湾"乃江浙闽粤四省之左护"，"东南之保障"，如果弃而不守，就可能被荷兰占据，或是被"逃军流民"当做剽掠海滨的基地。他十分强调台湾在战略上的重要地位。而李光地则十分轻视台湾，认为"台湾隔在大洋以外，声息皆不相通"，对大陆影响不大，因而主张"空其地，任使人居之，而纳款通贡，即为贺兰有亦听之"[44]。显然，李光地的看法是错误的，而施琅担心被荷兰或"奸宄之徒"占据的看法则是有远见的。不过，施琅把台湾看成是"四省之要害"，似乎没有台湾，东南四省便失去了保障，这就未免过分夸大了台湾战略地位的重要性。因为在当时台湾并没有这样的作用，即使在二三百年以后，历史的事实也无法证实他的论点。

以上情况表明，当时台湾的地位还不十分重要，清政府不得不考虑花费大量人力、物力于台湾是否值得。一直到康熙六十年，"上谕"还说："台湾止一海岛，四面货物俱不能到，本地所产不敷所用，止赖闽省钱粮养赡耳"（《东华录》，卷一〇七，页十二）。不难想象，在17世纪80年代，台湾对清政府来说，不能不算是一个负担。

同李光地、施琅相比，康熙还是比较稳重、比较实事求是的。他既没有听信李光地等人的意见而放弃台湾，也没有听信施琅的话把台湾看得那么重要。康熙之所以决定在台湾设置郡县，是因为弃之则无法安顿台湾居民，留之则暂时可保无事。康熙曾经问李光地应当如何处置台湾，李主张应弃。康熙又问目前应当怎么对待，李光地说："目下何妨，以皇上之声灵，几十年可保无事。"于是康熙说道："如此且置郡县，若计到久远，十三省岂能长保为我有耶。"[45] 总之，康熙之所以在台湾弃留问题上发生犹豫，主要是考虑到得失的问题，他完全是从清朝的利益出发的。这才是真正的康熙。不要因为统一台湾具有重大的意义，就从这个后果去"逆推"动机，把康熙塑造成一个英明皇帝的形象，说他早已看出台湾地位的重要，从统一祖国的美好愿望出发而进取台湾。——试问，如果"从统一祖国的愿望出发"，那还需要讨论台湾的弃留问题吗？

总的来说，康熙对1683年台湾地位的认识基本上还是正确的，当然他还缺乏远见。至于施琅和李光地的看法，虽有基本上正确和基本上错误的区别，但也都反映了当时台湾的某些真实情况。显然，不论是康熙还是施琅、李光地，都没有把台湾与大陆的关系说得像今天这样。当时台湾的地位是不能和今天等同起来的。

五

对台湾地位的认识，涉及清郑之争的性质问题。有些同志认为，台湾郑氏是地方割据势力，是祖国统一的障碍，清政府的统一台湾是正义的，受到广大人民的拥护。有的同志更进而指出，清郑之争关系到"台湾要不要统一于中国，抑或再次从中国分离出去的问题"、"台湾究竟是中国的领土还是中国的藩属这个根本性的问题"，[46] 把问题提到十分严重的地步。

为了说明清方的正义性，就把郑方说成是政治腐败、不得人心的割据政权，当然也引用了不少证据。但是，我们不是也可以举出许多史料，来证明清朝统治给全国以至给福建等地人民带来的严重灾难吗？为了说明台湾人民支持清政府，就引用"百姓壶浆相继于路，海兵皆预制清朝旗号以迎王师"之类的史料，但是，我们不是也用过在郑氏统治下台湾"野沃土膏，物产利溥"，"人民稠密，户口繁息，农工商贾，各遂其生"的史料吗？列宁说过："罗列一般例子是毫不费劲的，……如果不是从全部总和、不是从联系中去掌握事实，而是片断的和随便挑出来的，那末事实就只能是一种儿戏，或者甚至连儿戏也不如。"[47] 事实的"全部总和"说明了清郑双方都是封建统治者，他们之间没有本质的差别。他们都是从统治集团的利益出发的。怎么能说一方是正义的，一方是非正义的呢？当然，康熙统一台湾，促进了台湾和东南各地社会经济的发展，具有进步意义。但进步的不一定是正义的。我们还没有找到可靠的史料，足以证明在平定三藩以后，"海峡两边的中国人都更加迫切盼望台湾早日回返祖国怀抱，结束内战，实现全中国彻底统一"的论断。

郑氏主张"照朝鲜例"，有人认为这是分裂祖国，搞"独立"或"半独立"，甚至说是搞"一中一台"，因而加以严厉谴责。受谴责的是郑经，而始作俑者则是郑成功。无须掩饰，"照朝鲜例"是郑成功在1654年首先提出来的，他主张"和则高丽朝鲜有例在焉"[48]。试想，伟大的爱国主义者、民族英雄郑成功，如果多活几年，岂不是变成为分裂祖国的罪魁了吗？

所谓"照朝鲜例"，就是"称臣奏表，愿为藩邦"。[49] 有些同志把它说成是一个原则性、根本性的问题，似乎清方始终坚持这个"原则立场"，不肯让步。其实，郑氏并没有把自己当做外国，只是坚持"不剃发"以表示忠于明王朝。在清朝方面，也不是始终不予考虑的。请看以下事实：

十六年七月康亲王杰书派人致书郑经，提出："执事如知感朝廷之恩，则以岁时通奉贡献，如高丽朝鲜故事，通商贸易，永无嫌猜，岂不美哉。"[50]

十八年五月杰书再次表示："若贵藩以庐墓桑梓黎民涂炭为念，果能释甲来归，照依朝鲜事例，代为题请，永为世好，作屏藩重臣。"[51]

十九年八月平南将军赖塔致郑经书云："若能保境息民，则从此不必登岸，不必剃发，不必易衣冠，称臣入贡可也，不称臣入贡亦可也。以台湾为箕子之朝鲜，为徐福之日本，于世无患，于人无争。"[52]

二十一年十二月闽督姚启圣派黄朝用等去台湾，"许其不削发，只称臣纳贡，照高丽朝鲜事例"[53]。

由此可见，"照朝鲜例"并不是什么不可动摇的原则问题，否则杰书、赖塔等高级官员是不敢那样说的。

当然，清政府始终没有答应"照朝鲜例"，并以"台湾贼寇俱系闽地之人，不可与琉球高丽外国比"予以批驳。[54]但是，另一方面，他们又从君臣名节的角度，对此表示赞赏。例如说："昔箕子殷之忠臣也，殷祚既灭，不得已就封朝鲜，以存殷祀"，"我朝廷亦何惜以穷海远适之区，为尔君臣完全名节之地"，"夫保国存祀，至忠也；护祖完宗，至孝也；全身远害，至智也；息兵恤民，至仁也"。[55]在这方面，他们是有共同语言的。

300年前，一个国家存在几个政权的现象是不足为奇的。封建的伦理道德观念对于"保国存祀"还是肯定的，当时的国际关系还不复杂，在这种情况下提出"照朝鲜例"，不要把它看成是什么严重问题。再说，清朝还考虑过台湾的弃留问题，也就是说，考虑过放弃台湾。"照朝鲜例"还承认台湾是中国的藩属，而放弃台湾就是把它让给外国，这样看来，清朝岂不是比郑经走得更远了吗？

所以我认为，不要抓住"照朝鲜例"来做文章，不要把清郑矛盾提到统一和分裂甚至爱国和叛国的高度，应当说，清郑之争的性质，仍然是封建统治阶级中不同集团之间的矛盾。

六

从以上分析可以看出，当时台湾的地位并不像后世这么重要；康熙进取台湾主要是为了消灭政敌，而不是出于统一祖国的美好愿望；清郑斗争的性质，仍然是封建统治阶级的内部矛盾——这一切和今天的情况是完全不同的。

可是，人们往往把对康熙统一台湾这段历史的研究，看成是敏感的现实问题。于是，台湾有些学者有意回避这个问题，在他们的论著中看不到对这个事件的详细评述；大陆有些学者则把康熙统一台湾和今天的现实加以类比，甚至以为把它描述得和现实越相似就越能为政治服务。我认为这是影射史学和庸俗的历史类比的流毒，是对历史为现实服务的一种误解。

历史科学完全可以为现实服务，但是它必须建立在科学的基础上。历史上存在着类似的现象，也可以运用历史类比说明某些问题，但是如果只用简单的类比，而缺乏历史主义的科学分析，那就会把历史科学庸俗化了。考茨基，当他还是革命者的时候，曾经说过，有些"实际政治家"写的历史作品往往有这样的情况："第一，他们也许会企图完全依照现在的模样以铸造'已往'；第二，他们也许会力求依照他们的目前的政策的需要以观察'已往'。"[56]作为政治家，采取以古喻今的方法说明或暗示某个问题，那是常有的事。他们讲的是政治，而不是历史，所以不需要对不同的历史条件加以分析。而作为历史学家，如果不顾历史条件的不同，把历史"改编"得如同现实一般，或是把今天的思想强加在历史上，那就是不科学的，它既不能使人们正确地认识历史，也不能使人们正确地认识现实。

就康熙统一台湾这个历史事件来说，由于它和现实有某些类似之处，研究这个事件，进行历史类比，说明祖国的统一对台湾的进一步开发、对东南沿海以及全国社会经济的发展所具有的意义，或是从中总结出若干可资借鉴的经验教训，这是有一定现实意义的。但是这种类比必须建立在科学的基础上，至少需要注意如下两点：第一，不能只看现象的相似，而不顾本质的区别；第二，不要忽视历史条件的差别，要历史主义地考虑问题。这样，就可以避免把康熙统一台湾混同于今天的现实。

事实上，康熙统一台湾和今天的现实是有本质区别的，是绝不能等同起来的。

当时的台湾不能同经过300年开发后的台湾进行简单的类比，时代的不同，更显示出其中的差别。统一，在不同时代代表不同阶级的利益。今天，只有真正地实现祖国和平统一，才能带来国家的富强，民族的兴旺，统一是全国各族人民的共同愿望，代表了全国人民的利益。300年前的统一，巩固了东南海防，促进了台湾和大陆社会经济的发展，在客观上起了积极的作用。但它毕竟是出于封建统治阶级的需要，体现了清朝统治集团的利益。康熙的进军台湾和郑氏的据台抗清，所要解决的是哪一个封建统治集团统治台湾以至整个中国的问题，从性质上看，是属于地主阶级内部矛盾，没有什么正义与非正义之分。

不要为了肯定康熙统一台湾，就否定台湾郑氏的抗清活动，说他们搞封建割据、破坏统一，也不要把制造"两个中国"的罪名加在郑经的头上。不要为了肯定康熙统一台湾，就把它说成"完全符合于全国人民特别是台湾人民多年来的愿望和要求"，说康熙是出于统一祖国的美好愿望而进取台湾，说当时的"广大人民""争取台湾回归祖国，实现祖国统一大业"等等。这些"现代化"的提法和用语，似乎是出于"为现实服务"的愿望，而实际上把 300 年前的皇帝和百姓同今人进行简单的类比和混同，把古人打扮得如同我们一样，那就会贬低我们自己的事业。今天我们实现祖国统一的大业，其正当性、合理性、进步性、正义性是任何时代的统一活动都无法比拟的，怎么能把它看成是 300 年前历史的重演呢！由此可见，在进行历史类比时，如果不讲清历史条件，不讲清本质的区别，就会是不科学的，也就不可能为现实服务。在为某种纪念活动而撰写论文时，似乎更应当注意这样的问题。

(《台湾研究集刊》1983 年第 2 期)

注：

[1] 戴逸主编：《简明清史》，二六四至二六七页。

[2]《清史简编》，辽宁人民出版社。

[3] 王先谦：《东华录》，康熙二十三，页三。

[4]《汉文起居注》，康熙十九年八月初四日，第一历史档案馆藏。

[5] 同上，二十年六月初七日。

[6]《东华录》，康熙三十，页一。

[7]《汉文起居注》，二十一年七月二十八日。

[8]《东华录》，康熙三十，页一。

[9]《东华录》，康熙三十二，页八。

[10] 姚启圣：《忧畏轩奏疏》，十八年六月。

[11]《东华录》，康熙二十九，页八。

[12]《汉文起居注》，二十二年闰六月十八日。

[13] 李光地：《榕村语录续集》，卷十一，页四。

[14]《东华录》，康熙三十二，页十。

[15] 同上，康熙四十九，页二。

[16]《汉文起居注》，二十一年十月初四日。

[17] 同上，二十二年三月十二日。

[18]《清圣祖实录》，卷一一一，页五。

[19]《东华录》，康熙三十二，页七；康熙三十五，页三。

[20] 姚启圣：《忧畏轩奏疏》，十八年六月。

[21] 同上。

[22]《忧畏轩奏疏》，文告，禁止派扰复业，康熙十九年。

[23] 施琅：《靖海纪事》，陈海上情形剿抚机宜疏。

[24]《皇朝经世文编》，卷八十四，条陈闽省利害疏。

[25] 全祖望：《鲒埼亭集》，卷十五，一八三页。

[26]《忧畏轩奏疏》，康熙十八年六月，请蠲漳泉钱粮疏。

[27] 江日升：《台湾外纪》，康熙二十年。

[28]《忧畏轩奏疏》，康熙十九年二月，题明出师。

[29] 同上，十九年四月，投诚开垦。

[30]《汉文起居注》，二十一年五月二十一日，八月初四日。

[31] 同上，二十二年闰六月二十六日。

[32]《东华录》，康熙三十二，页八。

[33]《东华录》，康熙二十四，页十四。

[34]《忧畏轩奏疏》，康熙十九年二月，题明出师。

[35]《忧畏轩奏疏》，康熙二十二年正月，闽省要务。

[36]《东华录》，康熙四十一，页十。

[37]《汉文起居注》，二十七年七月十五日。

[38] 同上，二十二年十一月十一日。

[39] 郁永河：《裨海纪游》。

[40] 施琅：《靖海纪事》，陈海上情形剿抚机宜疏。

[41]《靖海纪事》，台湾就抚疏。

[42] 同上。

[43] 郁永河:《裨海纪游》。

[44]《榕村语录续集》,卷十一,页十一。

[45] 同上。

[46] 陈碧笙:《台湾地方史》,八十四页。

[47]《列宁全集》,二十三卷二七九页。

[48] 杨英:《先王实录》,六十九页。

[49] 吴晗辑:《朝鲜李朝实录中的中国史料》,第九册,三五九〇页。

[50]《台湾外纪》,康熙十六年七月。

[51] 同上,十八年五月。

[52] 连横:《台湾通史》,建国纪。

[53]《台湾外纪》,康熙二十一年十二月。按,据《忧畏轩奏疏》,当年十月奉旨已有"台湾贼寇俱系闽地之人,不可与琉球、高丽外国比"等语,估计这时姚启圣不可能答应照朝鲜例。

[54]《忧畏轩奏疏》,康熙二十一年十一月二十三日,禀报台湾差员。

[55]《台湾外纪》,康熙十六年七月。

[56] 考茨基:《基督教之基础》,第十二页。

施琅史事的若干考辨

施琅原是郑氏部将,顺治年间投降清朝,康熙二十年被复授为福建水师提督,专征台湾。他在攻克澎湖、收复台湾的过程中,起了很大作用。所以,施琅的事迹和台湾郑氏有密切关系。

有关施琅的史料和论述并不多,而在若干记载和看法上却有一些出入。本文拟就施琅与郑成功、康熙、李光地、姚启圣等人相互关系中的若干史事加以考辨,提供研究者参考。

施琅与郑成功

一、施琅叛郑降清的时间及原因

关于施琅叛郑降清的时间,史籍上有以下不同的记载。《清史稿》施琅传云,顺治三年,施琅从郑芝龙降清,《八旗通志》名臣列传未提及降清年份,而指出:"顺治四年(琅)同总兵官梁立随广东提督李成栋、监军戚元弼等剿顺德县海寇,多所斩获。"这样,施琅降清当在顺治四年以前,而《海上见闻录》《从征实录》《闽海纪要》等书均记在顺治八年条下。

据《清世祖实录》记载，顺治四年十月初三日有"总兵施琅"授剿顺德县海寇事，这说明此时施琅确已降清。[1]但是，顺治六年（永历三年，一六四九年）以后又有如下记载：六年十月左先锋施琅随郑成功作战于云霄、揭阳等地，七年五月琅招诏安万礼来附，[2]八年八月郑成功用施琅之计，袭取厦门。[3]由此可见，施琅在投清以后又曾归附郑成功。因此，施琅降清先后有两次，一次在顺治三年，一次在顺治八年。

施琅叛郑降清的原因各书记载也不一样。《清史稿》等书说，郑成功起兵海上，"招琅不从。成功执琅，并系其家属"，杀琅父及弟等；《续修台湾县志》则说："成功忌其能，因衅执之"；而《海上见闻录》等书都说是施琅的一个部下犯罪逃匿在郑成功军中，被施琅所杀，因而引起郑施反目。这个部下有的写作"从将曾德"（《台湾外纪》），有的作"亲兵曾德"（《海上见闻录》），有的则只写"一卒"（《榕村语录续集》）或"标弁"（《八旗通志》）。

看来上述几点都不是主要原因，"曾德事件"只是一个导因，施琅的叛降应当说是郑施矛盾发展的结果。因为在此以前，发生过以下事情。一、施琅反对郑军掳掠。那时郑军缺粮，"议剽掠广东，琅正言阻之，拂其（指成功）意"[4]，成功"督大师掠永宁、崇武二城，所获颇多而回。施琅怨声颇露"[5]；二、施琅劝阻郑成功南下勤王，于是郑成功令施琅随定国公郑鸿逵回厦门，而将施琅的镇兵交给苏茂代管。施琅在守卫厦门之役时虽然立功受奖，但郑成功回师后并不让施琅复任，而要他再行募兵，另组前锋镇；要他"移师后埔扎营操练，施琅不从"，竟然提出要削发为僧。[6]这说明郑施矛盾已相当尖锐，加上"曾德事件"，施琅的父亲、兄弟被捕，本人的生命安全受到威胁，因此决定叛郑降清。

李光地在评论这个事件时，把主要责任归于施琅，他说："郑国姓用施琅如手足，其致衅也，亦由施琅。"[7] 朱希祖则认为主要是因为郑成功"滥用权威"，诛杀族叔郑芝莞，"忘大德而不赦小过，此施琅、黄梧辈所以宁反面事仇也"。[8] 其实，在顺治年间，清郑双方将士官吏投来叛去的情况是常见的，这是因为他们之间的矛盾只是统治阶级中不同政治集团的矛盾。那时郑成功才二三十岁，"用法严峻，果于诛杀"，促使一些将士投降清军。施琅的叛郑降清反映了郑军内部的这些弱点。

二、施琅与郑氏的恩怨

本来郑成功和施琅的关系相当密切，他们二人"相得甚，军储卒伍及机密大事悉与谋"[9]，施琅"事成功，年最少，知兵善战，自楼橹、旗帜、阵伍之法，皆琅启之"[10]，郑成功视施琅如手足，施琅也说和郑成功"有鱼水之欢"。[11]

另一方面，施郑之间的私仇是很深的。除了郑成功杀施琅之父大宣、弟显以外，康熙十九年郑经又因施琅的子侄施齐（世泽）、施亥（明良）谋叛，而杀了两家73口。[12] 正因为有这样的旧恨新仇，所以李光地在保举施琅时指出："他全家被海上杀，是世仇，其心可保也。"[13] 施琅也一再请求出征台湾，表示"臣鳃鳃必灭此朝食"。[14]

可是施琅到达台湾以后，却再三表示自己"断不报仇"："当日杀吾父者已死，与他人不相干，不特台湾人不杀，即郑家肯降，吾亦不杀。今日之事君事也，吾敢报私怨乎？"[15] 施琅还主动告祭郑成功，提及"琅起卒伍，于赐姓有鱼水之欢，中间微嫌，酿成大戾。琅于赐姓，剪为仇敌，情犹臣主。芦中穷士，义所不为。公义私恩，如此而已"。[16] 所以有人认为施琅"不念旧仇"，而给予表彰。[17] 其实不然。施琅之所以不杀郑氏家人，是有自己的意图的。他对李光地说过："吾欲报怨，彼知必不能全首领，即不能守，亦必自尽，郑贼虽不成气候，将来史传上也要存几张纪传，至此定书某某死之，倒使他家有忠臣孝子之名，不如使他家全皆为奴囚妾妇于千秋，其报之也不大于诛杀乎。"[18] 施琅不是不念旧仇，而是采取另一种手法来报仇。不过他毕竟还能从大局出发，没有在台湾大肆屠杀，这对于稳定台湾民心，对于国家的统一还是有好处的。

施琅与康熙

一、康熙对施琅的评价

康熙二十二年（1683年）施琅为清朝取得台湾、统一全国立了大功，康熙亲自为他写了"御制褒章"，并且写了这样一首诗："岛屿全军入，沧溟一战收。降帆来蜃市，露布彻龙楼。上将能宣力，奇功本伐谋，伏波名共美，南纪尽安流。"把施琅比做伏波将军马援，把收取台湾归功于他。康熙又在"封侯制诰"中赞扬施琅"矢心报国，大展壮猷，筹画周详，布置允当，建兹伟伐，宜沛殊恩"。施琅去世以后，康熙还表彰他"才略夙优，忠诚丕著""忠勇性成，韬钤夙裕""果毅有谋，沉雄善断"，把收取台湾看做是为清朝"扫数十年不庭之巨寇，扩数千里未辟之遐封"。[19] 以上是康熙对施琅的评价，但只是一种评价，并非全部。

康熙还曾经对施琅作过另一种评价。康熙二十三年内阁学士石柱（或作席柱）被派往广东、福建处理开放沿海边界问题，回京以后，康熙向他询问福建陆路提督万正色、水师提督施琅的情况。石柱说:"水师提督人才颇优,善于用兵,但既成功,行事微觉好胜。"这时,康熙竟然当着石柱等人的面,对施琅作了这样的评价:"粗鲁武夫,未尝学问,度量偏浅,恃功骄纵,此理势之必然也。"[20]

以上两种评价截然不同。"粗鲁武夫,未尝学问"和"有谋善断""筹画周密""才略夙优"等等是相互矛盾的。但这二者都是康熙亲自提出的,究竟应以何者为准呢?我认为这都是康熙对施琅的评价,它反映了康熙对施琅既给予重用又不无戒心的实际情况。这一点我们还可以从康熙对施琅的态度上得到证实。

二、康熙对施琅的态度

康熙二十七年(1688年)康熙皇帝召见施琅时对他说:"尔前为内大臣十有三年,当时因尔系闽人,尚有轻尔者。惟朕深知尔,待尔甚厚。其后三逆反叛,虐我赤子,旋经次第平定。惟有海寇游魂潜据台湾,尚为闽害,欲除此寇,非尔不可。爰断自朕衷,特加擢用。尔果能竭力尽心,不负任使,奋不顾身,举六十年难靖之寇,殄灭无余,此诚尔之功也。迩来或有言尔恃功骄傲者,朕亦闻之。今尔来京,又有言当留尔勿遣者。朕思寇乱之际尚用尔勿疑,况今天下已太平反疑尔勿遣耶!"[21]从这一段话看来,似乎朝廷内部一直有人对施琅怀有戒心,而康熙则向来信任施琅,对他是"用尔勿疑"的,事实并非如此。

施琅在任内大臣期间(康熙七年至二十年),并没有得到重用,所谓"朕深知尔,待尔甚厚",只是一般的笼络羁縻。那时康熙曾经先后任命王之鼎、万正色为福建水师提督,而没有考虑起用施琅。后来李光地向康熙推荐施琅时,康熙还问道:"施琅果有什么本事?"[22]"汝能保其无他乎?"[23]可见那时对施琅还不信任。

康熙重用施琅是在重新授予他福建水师提督职务之后。那时康熙不仅亲自接见施琅，赐食赐马，加予宫保衔，而且在进取台湾的过程中，给他以大力支持，提供方便的条件。例如，施琅请求将侍卫吴奇爵调去随征台湾，兵部议不准行。康熙说："吴奇爵在京不过一侍卫，有何用处，若发去福建或亦有益。"[24]满足了施琅的要求。又如，施琅要求授予陈子威等人官职，吏部不准。康熙却指出："目前进取台湾，正在用人之际，福建总督、提督、巡抚凡有所请，俱着允行"。[25]这种做法可以说是破例的。更突出的是施琅多次请求独自进取台湾，不让总督、巡抚插手，康熙竟然批准了这种请求，这种做法也是少见的。此外，康熙还命令派往广东、福建办理展界事宜的大臣，凡事要同施琅会商，因为"施琅于沿海岛屿情形无不悉知"[26]。最后，在台湾弃留问题的争论中，康熙也支持了施琅。以上情况表明，在这个时期，康熙对施琅是十分信任的。

但是，康熙对施琅并不是有求必应、一味迁就的。例如，有一次，施琅保荐被参官员出任新职，有的官员指出："施琅虽有大功，不宜干预此事。"[27]另一次，在议论应否设置福建总督时，大学士明珠指出："今当福建多事之日，提督施琅又屡干预地方事务，因施琅系有大功之人，故彼处巡抚每事曲从，如此恐将来事有未便。"[28]对于以上看法，康熙都认为是正确的。他还通过内阁学士石柱等人，了解施琅的实际表现，作出"粗鲁武夫"之类的评价。

总之，施琅"矢忠报国"、忠心耿耿地为清王朝效劳，进取台湾立了大功，正因为施琅能够为康熙所用，所以康熙给他专征的权力，并且封侯受赏。但是，康熙又从清朝统治的长治久安着想，不允许施琅干预地方事务，不允许施琅触动既定的成法。康熙对施琅的态度不是出自一时的好恶，而是以巩固清朝统治这个最高原则为依据的。

三、"专征台湾"问题

《清史稿》施琅传的"论曰"写道:"及琅出师,启圣、兴祚欲与同进,琅遽疏言未奉督抚同进之命。上命启圣同琅进取,止兴祚勿行"。据此说法,似乎康熙并没有给予施琅"专征"的谕旨,而《八旗通志》施琅传则肯定有这样的谕旨。究竟康熙是否支持施琅"专征",有待辨明。

从史料上看,施琅曾经三次请求"独自进取台湾"。第一次是二十年十月,即施琅刚刚复任不久,便上了题本,指出:"督抚均有封疆重寄,今姚启圣、吴兴祚俱决意进兵。臣职领水师,征剿事宜理当独任。但二臣词意恳切,非臣所能禁止。且未奉有督抚同进之旨,相应奏闻。"[29] 第二次是十一年三月,施琅上《密奏专征疏》,要求由总督姚启圣驻扎厦门,居中节制,而由他"专统前进"。第三次,在同年七月十三日《决计进剿疏》中再次请求"独任臣以讨贼""责臣必破台湾,克奏肤功",并且表示"事若不效,治臣之罪"。显然,施琅一贯是不愿意与督抚共同进兵的。

施琅何以屡次请求专征呢?主要是担心姚启圣等人不熟识海上情况,遇事掣肘。他与姚启圣就出兵时机问题发生过争执,他对李光地说:"不是总督掣我肘,去年已出兵矣。"[30] 所以施琅公然向朝廷提出,姚启圣"生长北方,水性海务非其所长",而他自己"生长滨海,总角从戎,风波险阻,素所履历"[31],坚决要求让他独自带兵进取台湾。

康熙对这个问题的态度前后是不一致的。当施琅第一次题奏时,康熙命令"总督姚启圣统辖福建全省兵马,同提督施琅进取澎湖、台湾。巡抚吴兴祚有刑名钱粮诸务,不必进剿"。[32] 可见当时并未准许施琅专征。《清史稿》所说的正是这个时间的事。第二次，康熙仍然命令姚、施二人"协谋合虑，酌行剿抚"[33]，也没有答应施琅的请求。可是，施琅并不罢休，他第三次请求专征，康熙认为施琅"提请不令总督进兵"是"妄奏"，他质问道："为臣子者，凡事俱应据实启奏。如此苟且妄奏，是何道理？"[34] 可是两个月以后，康熙的态度有所改变，他要大臣们就这个问题进行会议。大学士明珠提出："若以一人领兵进剿，可得行其志，两人同往，则未免彼此掣肘，不便于行事。照议政王所请，不必令姚启圣同往，着施琅一人进兵似乎可行。"康熙同意这个办法，并且说："进剿海寇关系紧要，着该督抚同心协力，趱运粮饷毋致有误"，"施琅相机自行进剿，极为合宜"。[35]

由此可见，起初康熙并未命令施琅专征，但后来毕竟下了专征的谕旨。《清史稿》作者未见到上引史料，他的看法是片面的。

施琅与李光地

一、李光地保举施琅

一般史籍都指出，保举施琅复任福建水师提督的是姚启圣，[36] 而《清史稿》则说："内阁学士李光地奏台湾可取状，因荐琅习海上事，上复授琅福建水师提督，加太子少保，谕相机进取。"《福建通志》也说："内阁学士李光地奏琅可任专征。"李光地自己写道："余力保其平海。"[37] 这说明李光地推举施琅确有其事。我们从《榕村语录续集》还可以看到以下史料：

二十年二月康熙问李光地："施琅果有什么本事？"李答："琅自

幼在行间经历得多，又海上路熟，海上事他亦知得详细，海贼甚畏之。"对此，康熙只是"点首而已"。[38]这时李光地还没有正式推荐施琅进取台湾，康熙也还没有表示要任用施琅。

二十年七月康熙又问李光地："汝胸中有相识人可任为将者否？"李推说"命将大事"要由皇帝决定，自己不敢与闻。康熙"敦问再三"，李光地只好答应再考虑几天。后来康熙派大学士明珠去问李光地，李答："都难信及，但计量起来还是施琅。"他列举了施琅的有利条件，一则施琅全家被"海上"所杀，"其心可保"，二则施琅比别人熟悉海上情况，三则有谋略，"海上所畏惟此一人"。[39]李光地还写道："予荐施平海时，上问汝能保其无他乎，予奏，若论才略实无其比，至成功之后，在皇上善于处置耳。"[40]在他的推荐下，康熙决定复授施琅福建水师提督，负责进取台湾。

二、李光地对施琅的评价

李光地对施琅颇为推崇，除上述以外，还有如下评语。

"施素不多言，言必有中，口亦不大利，辛辛苦苦说出一句，便有一句用处。"[41]"人论本朝之将，以赵良栋、施琅并称。今观之，赵虽御下亦有恩威，临事亦有机智，若论能揽天下之大事，刻期成功，未必如施。予曾多与议，虽邓禹之初见光武，孔明之初见昭烈，所言相似，而岳武穆之破杨幺不是过也"。[42]这说明李光地对施琅的评价是很高的。

最奇怪的是他居然还发表了如下的议论："予所见文武大臣有风度者，魏环溪、施尊侯（琅字），而施虽骄，然生来骨骄，非造作也"，"（琅）尝言郑氏窃据岛外，未遵正朔，杀之适成竖子之名，穷蹙来归，大者公，小者伯，一门忠义何在，不报父弟之仇，乃以深报之也。斯言也，谁谓琢公（琅号）不学"。[43] 这两段文字似乎并没有超过上述的评价，可是，它却是针对康熙的批评而发的。康熙说施琅"恃功骄纵"，而李光地却说他"生来骨骄，非造作也"；康熙说施琅"度量褊浅"，李光地却说他"有风度"；康熙说施琅"粗鲁武夫，未尝学问"，李光地却说"谁谓琢公不学"。这简直是与康熙针锋相对，完全否定康熙对施琅的批评。这些言论如果在康、雍、乾年间刊刻出来，必定酿成文字狱的一个大案。好在《榕村语录续集》到了光绪年间才被刊印行世，才有可能保留这样一些有价值的史料。

在进取台湾问题上，李光地是支持施琅的。直到二十七年四月康熙还提到："台湾之役众人皆谓不可取，独李光地以为必可取，此其所长。"[44] 而在台湾弃留问题上，李光地和施琅的意见则恰恰相反。

当时施琅上《恭陈台湾弃留疏》，说明台湾对沿海各省的重要意义，台湾经济条件的优越，反驳弃守台湾的种种论调，提出"弃之必酿成大祸，留之诚永固边圉"，因而请求朝廷派兵固守。对于这个问题，不少朝廷官员、封疆大吏持反对意见，主张放弃台湾。

康熙曾经问过李光地，李主张"应弃"，"空其地任夷人居之，而纳款通贡"，甚至认为"即为贺兰（荷兰）有亦听之"，[45] 坚决反对施琅派兵固守的主张。

其实，主张固守台湾，促使康熙将台湾保留在清朝版图之内，是施琅的一大功绩。评价施琅不能不涉及这个问题，而李光地恰恰在这个问题上对施琅不能作出正确的评价。历史已经证明，施琅关于台湾弃留的见解，比李光地高明得多。

施琅与姚启圣

一、姚启圣保举施琅

《台湾外纪》《海上见闻录》等书都提及福建总督姚启圣推荐施琅为福建水师提督，进取台湾。李光地也说："施琅本与（姚启圣）相好，又是渠所荐过者。"又说"当日施尊侯本老公祖（指姚启圣）所荐"。[46]可见姚启圣推举施琅应是事实。但各书多将此事记于康熙二十年条下，而《台湾外纪》另在康熙十八年写道，姚启圣"保琅为福建水师提督平海。奉旨调镇江将军伯王之鼎为福建水师提督"，《国朝先正事略》则说："启圣为布政使，尝疏荐之。"姚启圣于十五年十月任福建布政使，十七年升为福建总督，据此，应当是在十七年以前已经保举施琅了。以上两次保举是否事实，需要加以考辨。

姚启圣《忧畏轩奏疏》写道："臣任藩司时，……即以为海贼异常猖獗，水师亟须得人事"，向康亲王杰淑等人保举施琅，"后闻施有子侄在海，且当日撤回原自有因，臣亦不敢力保"。[47]可见在康熙十七年以前，姚启圣曾经保举过施琅，但只是向康亲王提出，并未向皇帝题奏。康熙于十七年命令姚启圣等人："当此海寇鸱张之会，统辖水师，非才略优长，谙练军事不可，总督姚启圣、提督杨捷、巡抚吴兴祚其遴选保奏。"[48]于是姚启圣便于十八年六月向皇帝保奏，他写道："臣任藩司时，闻知原水师施威名，郑锦畏之如虎，……通省乡绅、贡举生员、文武兵民、黄童白叟，万口同声，皆知其堪任水师提督也。"[49]所以姚启圣于十八年保举施琅也是事实。由于这两次保举在《清实录》中没有记载，所以有些史书未曾提及。

二、姚启圣"赏不及"的原因

收取台湾后，施琅封侯，而姚启圣被议叙。《清史稿》施琅传认为其原因在于"既克（台湾），启圣告捷疏后琅至，赏不及，郁郁发病卒"。《国朝先正事略》说得更具体："琅由海道奏捷，七日抵京师。启圣由驿驰报，后二日。"[50]

究竟谁的报捷题本先到？查《清实录》《起居注》，均载二十二年闰六月十八日姚启圣题报"施琅进剿台湾，克取澎湖"，到了二十九日（起居注为二十六日），施琅的题报才到达京师。可见"克取澎湖"的捷报是姚启圣的先到。至于郑克塽"进投诚表章事"，施琅的奏报先于七月初七日到京，由姚启圣转奏的题本则于七月二十七日到达。当时郑克塽"并未言及剃头登岸"，因此朝廷并未把它当做克取台湾的捷报。

施琅有关收取台湾的题本，计有《赍书求抚疏》（闰六月十一日）、《台湾就抚疏》（七月二十四日）、《赍缴册印疏》（七月二十九日）、《报入台湾疏》（八月初九日）、《舟师抵台湾疏》（八月十九日）等件。《国朝先正事略》所谓"七日抵京师"的题本，指的是八月初九日《报入台湾疏》。其实，八月十五日到达京师的是七月二十九日的《赍缴册印疏》，康熙正是根据这个题本，认为"海洋远徼尽入版图"，而表示"朕心深为嘉悦"。[51]这个捷报确是先由施琅题奏的。

但是，是否就因为姚启圣的捷报迟到而"赏不及"呢？事实并非如此。姚启圣之所以未能获赏，是因为康熙对他不满。当年九月康熙说："朕观姚启圣近来行事颇多虚妄"，主要有以下几件事：一、办事不力，"当施琅进兵时，不及时接济军需，每事掣肘"；二、冒功夸诞，"并无劳绩，而奏内妄自夸张，称臣与提臣如何调度，……明系沽名市恩，殊为不合"，[52] "并未渡海进剿，今见台湾归顺，海寇荡平，妄言曾保举施琅，……明欲以施琅功绩攘为己有也"。大学士明珠等人也说："姚启圣乃一好事夸诞之人""并无功绩，乃言以己之功让与施琅，是即欲以施琅之功归之于己耳"。因此康熙下令："姚启圣前有议叙之旨，应停止。"[53] 由此可见，姚启圣之所以"赏不及"，原因并不在于捷报迟到。

三、姚、施二人的关系

施琅在《飞报大捷疏》中曾经肯定姚启圣捐造船只、捐养水兵、催运粮饷等功劳，说："今日克取澎湖之大捷，皆督臣赏赉鼓舞之功，乃有此成效也。"姚启圣也曾经上疏，"以己功让与施琅"。表面上似乎互相谦让，关系融洽，实际上他们二人为了争功，都耍了一些手腕。

他们在出征时机和专征台湾问题上的矛盾已见上述。到了取得台湾以后，施琅得知姚启圣"抢先上本，说（总兵）朱天贵阵亡，是他的标员，已成大功，象施琅全无作为者，遂蒙优旨"。施琅为此衔恨在心，他"蓄毒入郑家，得姚一点阴利事"，指使陈起爵向皇帝报告，以此攻击姚启圣。[54]

而姚启圣早在得知施琅奏请专征时，便大为不满，他立即题奏，反驳施琅的说法，说他自己"出海操练数月，荷托皇上洪福，臣亦安然无恙，不呕不吐，何以知臣出海竟无所长"[55]，说他得知施琅请求专征的消息，"不禁中心如焚如溺而不能自已也"[56]。姚启圣竟然用三千金收买给事中孙蕙，要他"上本说兵不可轻动"，阻止施琅进兵台湾。[57] 在收复台湾以后，姚启圣在报捷疏内主要说他的部下朱天贵等人的功绩，只附带提及"提臣及各镇官兵奋勇效命"[58]，而企图贬低施琅的作用。

这些情况表明，姚，施二人之间的矛盾是相当尖锐的，他们勾心斗角，互相掣肘，以致拖延了收取台湾的时间。

(《福建论坛》1982 年第 5 期)

注释：

[1] 谓"总兵施琅"疑有误。施琅初降时只授副将，至顺治十八年才升为同安总兵官。见《清世祖实录》顺治十八年十月二十五日条。

[2] 杨英《从征实录》，页一、八。(中研院本)

[3] 江日昇《台湾外纪》，卷六，阮旻锡《海上见闻录》，永历四年。

[4] 《八旗通志》，施琅传。

[5] 杨英《从征实录》，页十六。

[6] 阮旻锡《海上见闻录》，永历五年，《从征实录》，页十五。

[7] 李光地《榕村语录续集》，卷十一，页四。

[8] 杨英《从征实录》，朱序，页十六。

[9] 《福建通志》，列传，清一，施琅传。

[10] 夏琳《闽海纪要》永历五年。

[11]《台湾外纪》卷三十。

[12]《郑氏史料三编》，页二〇四、二一〇，姚启圣《忧畏轩奏疏》，卷四，页五十九。

[13]《榕村语录续集》，卷十一，页十二。

[14] 施琅《靖海纪事》，决计进剿疏。

[15] 同[13]卷十一，页六。

[16]《台湾外纪》卷三十。

[17]《八旗通志》，施琅传。

[18] 同[13]卷十一，页六。

[19] 均见《靖海纪事》。

[20] 第一历史档案馆藏:《汉文起居注》,康熙二十三年七月二十二日。

[21] 同上,康熙二十七年七月十五日。

[22]《榕村语录续集》,卷十一,页一。

[23] 同上,卷九,页十三。

[24]《汉文起居注》,康熙二十年十一月八日。

[25] 同上,康熙二十二年七月七日。

[26] 同上,康熙二十二年十一月十七日。

[27] 同上,康熙二十二年十二月十三日。

[28] 同上,康熙二十三年五月初一日。

[29]《清圣祖实录》二十年十月二十七日。

[30] 李光地《榕村语录续集》,卷十一,页四。

[31]《靖海纪事》决计进剿疏。

[32]《清圣祖实录》,二十年十月二十七日。

[33] 同上,二十一年四月十七日。

[34]《汉文起居注》,康熙二十一年八月初四日.

[35] 同上,二十一年十月初六日。

[36] 施琅于康熙元年升为福建水师提督(见《清圣祖实录》元年七月二十七日),七年进京,授内大臣,撤提督(见《台湾外纪》,卷十四)。

[37]《榕村语录续集》,卷十一,页八。

[38] 同上,卷十一,页二。

[39]《榕村语录续集》,卷十一,页三。

[40] 同上,卷九,页十三。

[41] 同上,卷十一,页七。

[42] 同上,卷十一,页六。

[43] 同上,卷九,页七。

[44]《汉文起居注》康熙二十七年四月、初一日。

[45]《榕村语录续集》,卷十一,页十一。

[46] 同上,卷十二,页十一。

[47]《忧畏轩奏疏》,卷三,页九。

[48]《清圣祖实录》,十七年八月十八日。

[49]《忧畏轩奏疏》,卷三,页八。

[50]《国朝先正事略》姚启圣传。

[51]《清圣祖实录》,二十二年八月十五日有"赍缴册印疏"的摘要。

[52]《汉文起居注》康熙二十二年九月初九日。

[53] 同上,十月十一日.

[54]《榕村语录续集》,卷十二,页十二至十三。

[55]《忧畏轩奏疏》,卷五,页五。

[56] 同上,卷四,页八五。

[57]《榕村语录续集》,卷十二,页十一.

[58]《忧畏轩奏疏》,卷五,页七八。

第三部分

台湾历史的"失忆"

　　台湾的历史并不久远，台湾的史料也不缺乏，要写出一部客观的台湾史，在现今台湾的条件下，是不难做到的。许多台湾学者正在那里精心地研究，他们已经做了很多工作。有水平、有分量的论著已经不少。可是，也出现了不少歪曲历史、捏造历史和制造历史的"失忆"的著作和言论。尤其是一些不懂得台湾历史的政客，竟然大谈台湾历史，力图歪曲、改写历史，为他们的政治目的服务。于是，错误百出，谬种流传，而一般人却无法辨明是非，以致人云亦云，以讹传讹，造成很大的混乱，错误的历史几乎变成了真实。

　　就以日据时期来说，距离现在只有半个世纪，可是当时的情况已经被许多人所淡忘了。在日本殖民统治下，台湾人民在政治上、经济上的处境究竟如何，说法很不一致。台湾的历史学者有鉴于此，已经做了不少口述历史的访问和纪录，希望能够提供真实的历史，并在这个基础上，写出日据时期的台湾史，这项工作是非常重要的。

　　由于目前台湾学者多侧重于学术的研究，不愿意出面批评台湾史论著中的错误，更不愿意触动某些政客的观点，这就可能使得制造历史的"失忆"的企图得逞，这是相当令人担忧的事情。

　　我认为，作为研究台湾历史的学者，不仅要告诉人们正确的台湾历史应当是怎样的，而且也有必要告诉人们哪些说法是错误的，这样才会使得伪造历史的人不能得逞，才会使得年轻读者免受其害。

我从来认为现实是和历史不可分割的。有些不研究台湾历史的人却大谈台湾历史，显然他们的兴趣不在于历史，而在于现实。过去的史明、王育德等人，我们已经作过批判，现在这些人已经没有多大影响了。现在鼓吹此类观点的，多是对台湾历史没有研究的人，他们还比不上史明，尽管史明的观点有不少错误，但他对台湾历史确实花了一些研究功夫。有些研究过台湾历史的学者，出于某种原因，也会有一些偏激的观点，产生一些错误的认识，但总的来说，这些人的说法还不太离谱。只有彭明敏等几个人，对台湾历史发表过不少错误的言论，而他们又有学者的身份，欺骗性较大。特别是在纪念《马关条约》一百年活动时，一些人伙同外来的政客、学者，集中地对台湾历史作出不少"新"的解释，明白地表示他们是要为分裂主义的政治目的服务的。对于这些人的错误言论，我们有必要给予反驳。

这里发表一组批评错误观点的文章，回答被他们歪曲的十几个历史问题。我想主要靠历史事实说话，让人们看一看他们是如何歪曲历史、篡改历史的。这样，他们借以制造的政治观点也就不攻自破了。

一、台湾历史的特色

台湾历史有什么特色？相对于大陆来说，台湾历史有什么特殊性？这本来是一个值得研究的课题，需要经过深入的探讨，才能得出正确的结论。可是，有人未经论证，提出了各种见解，似是而非，给台湾历史制造了一个新的盲点，所以有必要加以澄清。

《认识台湾（历史篇）》指出，"多元文化是台湾历史的一大特色"，"国际性是台湾历史的另一特色"（指的是"与四邻关系密切"），"对外贸易的兴盛是台湾历史的又一特色"；"冒险奋斗、克服困难的精神也成为台湾人独特的性格"。[1] 还有人强调台湾具有"海洋型文化",例如,郑钦仁认为大陆是大陆型文化,以农立国,安土重迁,民族观(即中原文化本位主义)是内向的。台湾则具有"海洋性因素",开放、自由、进取,但又自谦自卑。[2] 由此引申出台湾社会上一种更加"化约"的观点:台湾是海洋文化,求变,求新;大陆是中国文化,封闭,保守。把二者断然区分,成为对立体。

上述几点能算是台湾历史的特色吗?

所谓"海洋型文化"

对于上述看法——即台湾与大陆的区别在于,一个是海洋型的文化,一个是大陆型的文化——许多台湾学者已经提出不同的看法。

台湾中研院三民所1984年出版的《中国海洋发展史论文集》,陈昭南的引言指出:"中国不只是一个大陆国家,也是一个海洋国家","今日台湾乃是中国人向海洋发展所造成的历史事实"。李亦园的序言更明确地指出,中国海洋发展史"如从地理区域的观点而言,大致可分为三个部分,其一是作为海外发展基地的沿海地区,其次是沿海的岛屿,包括台湾与海南岛,再次是非本地的海外地区"。[3] 余英时在《发现台湾》序《海洋中国的尖端——台湾》中指出,海洋中国"是从中国文化的长期演进中孕育出来的",从16世纪以来,"中国已不仅是一个内陆农业的文明秩序,另一个海洋中国也开始出现了"。所谓"海洋中国",包括东南沿海地区以及向海岛海外的发展,郑芝龙、郑成功父子依靠海上商业力量建立的政权"象征了现代海洋中国的开始"。至于台湾"真正成为海洋中国的尖端则是最近四十多年的事"。(不过,余先生在同一篇文章中也说过"三百多年来台湾一直扮演海洋中国的尖端的角色"这样前后矛盾的话)。[4]

民进党人中对此稍有研究的人士，也没有对台湾与大陆作出前述断然的区分。

陈芳明认为台湾"一方面背向古老的亚细亚大陆，一方面又朝向浩瀚奔放的太平洋"，因而"不能不带有大陆性的保守与海洋性的开放之双重性格"。许信良认为"海洋与大陆的依违游移，就成为台湾历史的一出主要戏码"，"它（台湾）既不完全属于海洋，又不完全属于大陆"。[5]

实际上，从文化角度来看，"海洋中国"是中华文化的一个组成部分。

根据文化生态理论，一种文化的形成与发展，是和自然环境、社会经济环境、社会制度环境密切相关的，而不单纯取决于地理因素。中华文化是在辽阔而复杂的地理环境中，在农业文明和宗法社会的条件下发生和发展起来的。与欧洲海洋文明相比，中华文化具有明显的大陆型文化的性格，或称之为"大陆海洋型文化"。古代中国滨海地区也有海洋文化，但未形成为中华文化的主流。唐宋以后，现在的闽粤江浙一带，海上交通和对外贸易逐渐兴盛，如果要用"海洋中国"的概念，首先应当是指这些地区，正如李亦园先生所说，它是向海岛和海洋发展的基地。东渡开发台湾和漂洋过海到东南亚及世界各地谋求发展的，绝大多数是这些地区的人。

台湾是"海洋中国"发展的产物。东南沿海人民不断向海岛和海洋发展，早在宋元时代，福建泉州就是当时世界大港之一，明末郑成功父子以闽南为基地向海外发展，台湾正是在这种历史背景下，由闽粤移民开发的。

通常海岛的文化不是来源于本土，而是来源于大陆，移民则是大陆向海岛传播文化的一个重要途径。当然，通过与其他地区的交往，海岛也会吸收其他外来文化因素，汇入原有的文化体系，从而形成具有本土特色的文化。

台湾文化源于中国大陆,在相当长的时间里,台湾文化与中国文化(尤其是闽南文化和客家文化)没有太大差别,是中国文化中的一种区域文化,并没有形成一种与中华文化不同的特殊的"海洋文化"。日本殖民统治以后,台湾受到日本文化的影响,近50年来受到西方文化的影响也较大,对外往来较多,"海洋文化"的因素明显增强。而大陆则受马克思主义的影响较大,在国际势力的封锁下,"海洋中国"的发展受到限制,但改革开放以后,这种特征正在恢复。现在两岸仍然都属于中华文化,两岸文化的差异是在吸收外来文化和继承传统文化上的差异。林满红指出:"将台湾的历史根源窄化为海洋文明实不完整。中国文明是台湾的资产,也是与大陆合作的重要基础。"[6]这个观点是符合客观实际的。

多元文化并非特色

什么叫特色?特色应当是与众不同的地方,你有他也有,就不算特色了。要谈台湾的历史特色,就应当把台湾与周边地区相比,看出它与众不同的地方。

多元文化是不是台湾历史的特色?实际上中国古代文化是多元发生的,它的发源地散布在广阔的土地上,由各地的民族文化逐渐融合而形成中华文化。此外,中华文化还吸收了一些外来文化的成分和因素。中华民族的成分是复杂的,中华文化是多元的。可见,多元文化并非台湾所特有,不能算是台湾历史的特色。

对外关系密切和对外贸易兴盛是不是台湾的特色呢?如上所说,台湾是"海洋中国"发展的产物。早在台湾与外国交往之前很久,大陆沿海地区已经与外国有相当的交往,对外关系的密切和对外贸易的兴盛，远非台湾所能相比。后来台湾成为荷兰殖民者的贸易重镇，但对外贸易的主要货物是大陆的丝绸、瓷器，并且主要由大陆商人供应，到了大陆发生战乱时，台湾的转口贸易就衰落下去了。到了清代前期，台湾在政治上、经济上或其他方面几乎与外国没有任何来往，大陆成为台湾出口贸易的唯一对象。鸦片战争以后，福建的福州、厦门首先开放为通商口岸，1960年以后，台湾的港口才陆续开放。由此可见，台湾的对外关系和对外贸易并没有比国内其他地区特殊，也谈不上特色。

至于冒险奋斗、克服困难的精神，恐怕也非台湾所独有，以此作为台湾历史的特色，就过于"一般"了。

那么，什么是台湾历史的特色呢？本文不作专题的研究，只是举出一些事例参与讨论：

一、台湾曾经被荷兰侵占达38年，被日本殖民统治达50年，这是国内其他地区所没有的，不能不算是台湾历史的特色。

二、台湾与其他地区相比，是一个开发较晚的地区，而且主要是由福建、广东的移民开发的，这更是其他地区所没有的。由此还带来其他的特点，例如，台湾在历史上，不仅在经济上、文化上、社会关系上，而且在政治上与福建、广东都有特别密切的关系，这样的"历史特色"是任何人所无法抹杀的。

注释：

[1] 《认识台湾（历史篇）》教科书，第4页。

[2] 郑钦仁：《生死存亡年代的台湾》，稻乡出版社，1989年。

[3] 《中国海洋发展史论文集》，"中研院"三民所，1984年。

[4] 《发现台湾》，天下杂志，1992年。

[5] 许信良：《新兴民族》，远流出版公司，1995年，182页。

[6] 林满红:《马关条约百年省思》,《联合报》,1995年4月14日。

二、台湾历史的开端

从考古发现可以知道,台湾至少有几万年的历史。"左镇人""长滨文化""大坌坑文化""圆山文化""十三行文化"等等,都是台湾早期人类活动的遗迹。

至于有文字记载的历史,也有1000多年,从公元230年的"夷洲",到607年的"流求"、1291年的"琉求"、明朝后期的"东番",所有这些,都比荷兰人入侵台湾要早得多。

可是,有些主张"台独"的人士,竟然说什么"台湾的信史是从荷据开始的","1624年荷兰人入台是台湾史的肇端"[1],"最早开发台湾的是荷兰人"[2],这如果不是对历史的无知,就是有意伪造历史,有意制造"历史的失忆"。

早期台湾历史的简况是众所周知的,不需要重复。就以荷兰人侵台前后的历史来说,以下几点是谁也无法否定的:

早在荷兰人入台以前,就有许多汉人居住在台湾。

明朝中叶以后,大陆居民前往台湾的人数不断增加。有许多渔民在魍港、鸡笼、淡水等地捕鱼,并且在岛上搭寮居住,还有不少商人在台湾一带活动。明朝当局为了防御倭寇,每年定期派兵巡哨台湾。1603年,福建浯屿把总沈有容曾经带兵到达台湾,和他同行的福建连江县人陈第还写了《东番记》,记载了当时台湾的风土人情以及当地居民与福建人民进行贸易的情况,被称为全面记述台湾的创始之作。

荷兰人的记载也可以证实这一点。

1622年荷兰人来台时,看到有汉人在那里定居,并且经营商业,买卖鹿皮等物。在番社里也有汉人居住。

1623年荷兰人来到萧垄，发现在土著居民住处有一千到一千五百名汉人，从事各项商业贸易。

据外国人记载，在荷兰入侵的初期，居住在台湾的汉人就有五千人左右。[3]当时，荷兰人和郑芝龙双方都占有一部分"平地"。

1885年C.I.Huart写的《台湾岛之历史与地志》指出："西班牙人在台湾发现许多从南方大陆出发的中国移民，早在十五世纪，便已定居在那里。"

1898年W.A.Pickering（必麒麟）写的《老台湾》也说："在荷兰人占领之前，台湾早已成了中国人与日本人之间重要的贸易中心"，"当荷兰人在1624年到达台湾并且准备在那里定居时，他们发现很多中国人的小社会，其数目之多，足以为他们引起不少难题"。

郑成功与荷兰人都承认台湾属于中国

早在明朝万历末年至天启元年（1618—1621），海上武装集团首领颜思齐、郑芝龙先后入台，康熙年间季麒光的《蓉洲文稿》指出："台湾有中国民，自思齐始"，这当然不是指颜思齐是第一位到达台湾的中国人，而是把他看成是有组织地开拓台湾的第一位领袖人物。至今在云林县北港镇还有一座"颜思齐先生开拓台湾登陆纪念碑"，表达了台湾人民对开拓先驱的崇敬和缅怀。

荷兰人入侵初期，在纳税问题上与日本人发生争执，日本人强调他们比荷兰人先到台湾，但荷兰人认为"台湾土地不属于日本人，而是属于中国皇帝。……如果说有什么人有权利征收税款的话，那无疑应该是中国人。"[4]

郑成功在收复台湾过程中，与荷兰方面曾经有多次书信来往，提

到了以下几点:

1660年,郑成功写信给荷兰方面,指出:"多年以前,荷兰人前来大员附近居住,我父一官当时统治此地,曾予开放、指导。"当时郑芝龙是海上武装集团的首领,在台湾设有佐谋、督造、主饷、监守、先锋等官职,管理他们所占据的地区。

1661年4月,郑成功再次写信,指出:澎湖邻近厦门、金门岛屿,因而就归其所属;大员(台湾)位于澎湖附近,此地应由中国政府管辖。"这两个位于中国海的岛屿上的居民都是中国人,他们自古以来占有并耕种这一土地,以前,荷兰舰队到达这里请求贸易,当时他们在此没有任何土地,但本藩父亲一官出于友谊才陪他们看了这个地方,而且只是将这个地方借给他们。……你们必须明白,继续占领别人的土地是不对的(这一土地原属于我们的祖先,现在理当属于本藩)。"[5]

1661年5月,荷兰方面致函郑成功,指出:"尊大人在此时,常对本公司的无数宽厚行为表示感激,并愿真诚友好,……不意殿下不愿如此,而竟然对本公司采取敌对态度。"郑成功明确答复:"该岛是一向属于中国的。在中国人不需要时,可以允许荷兰人暂时借居;现在中国人需要这块土地,来自远方的荷兰客人,自应把它归还原主,这是理所当然的事。"[6]

由此可见,当时台湾的归属并没有发生问题。

台湾主要是大陆移民开发的

除了早期汉人在台湾从事捕鱼和贸易以外,海上武装集团还在这里与日本人进行贸易,颜思齐、郑芝龙到达台湾以后,更多漳州、泉州一带人民前往台湾,开辟土地,形成部落。

荷兰人入台以后，为了提供所需的粮食，以及发展殖民经济，以利掠夺，也鼓励中国大陆人民移居台湾。当时有如下记载：

"荷兰人从澎湖移居台湾以来，中国人急遽增加。"

"（荷兰东印度）公司由于迫切希望同中国贸易，就离开澎湖，迁到福摩萨，并答应准许该地的中国移民照旧居住和生活，新从中国来的人，也准予定居和贸易，以此作为交换条件。结果，有很多中国人为战争所迫，从中国迁来，于是形成一个除妇孺外，拥有二万五千名壮丁的殖民区。男人大部分依靠经商和农业为生。从农业方面，生产出大量的米和糖，不但足以供应全岛的需要，而且每年能够用船载运到东印度群岛地区，我们荷兰人从这项上获利不小。"

从1640年到1661年，在赤嵌附近的中国移民大约从5000人增加到35000人，在全岛大约有45000人。他们开垦土地，年产糖10000至20000担，稻米近20万担。这些开发工作都是中国移民辛勤劳动的结果。

当时在台湾的荷兰人大约有1000多人，他们是为荷兰东印度公司服务的。其中有长官、评议长、政务员、商务员、税务员、会计长、检查长、法院院长等官员，还有牧师等神职人员以及经纪人、职员、译员等雇员，此外有数量达900名以上的军官和士兵等军职人员，当然还有一些妇女和儿童。他们都不直接从事生产和开发。

荷兰人不从事生产和开发，但在台湾开发中也起了一定作用，主要表现在：第一，他们参与了招徕大陆移民的工作。当时除了郑芝龙、苏鸣岗以及其他大陆商人招徕移民以外，也有一些是自发的移民，此外，还有一部分移民是由荷兰人用船只运载去的；第二，荷兰人曾经奖励移民进行农作，提供耕牛，减免税收，目的是为他们提供粮食和砂糖，公司通过收税和经营贸易，取得巨大利益。

当时，土著居民地区除了在台南附近以外，基本上尚未开发。大约 35000 名大陆移民开发了台南地区，并扩及北部的北港、萧垄、麻豆、湾里和南部的阿公店等处，耕地面积达到 12252morgen（荷兰的地积单位，相当于台湾田制的一甲，约等于大陆的 11.31 亩），这是任何人无法否定的事实。

以上的历史事实证明，早在荷兰入侵以前很久，中国大陆移民就已进入台湾从事生产和开发，即使在荷兰占领时期，开发台湾的主力仍然是中国大陆的移民。所以，说"台湾历史是从荷兰人入台开始"，说"台湾是荷兰人开发的"，进而主张"台湾只有四百年的历史"，都是不符合历史真实的。宣扬这些论点，是歪曲了台湾历史，是对台湾人民的欺骗，是对殖民者的歌颂，也是对台湾人祖先的背叛。

注释：

[1] 铃木明：《台湾起革命的日子》，前卫出版社，1992 年，19 页。

[2] 冈田英弘：《台湾的历史认同和清朝的本质》，马关条约一百周年研讨会论文。

[3] 曹永和：《台湾早期历史研究》，联经出版公司，1979 年，129 页。

[4] 《郑成功收复台湾史料选编》，福建出版社，1982 年，95—96 页。

[5] 吴玫译：《有关郑成功军队进攻台湾登陆过程的若干史料》，台湾研究集刊，1988 年 2 期。

[6] 《郑成功收复台湾史料选编》，福建出版社，1982 年，153 页。

三、明郑政权的性质

郑成功收复台湾以后，以台湾为东都，设一府二县，即承天府与天兴县、万年县，在台湾建立了行政机构，其后，由他的子孙继续实行有效的统治达 22 年之久。这就是台湾历史上的郑氏时期，或明郑时期。

郑氏在台湾建立的政权属于什么性质？有些人提出了一些看法。例如，有人认为在郑经统治下，已经是独立的政权，当时中国出现两个政府，也就是两个国家。有人则认为"郑氏乃亡命汉人于中国海之外建立的政权，所以不能以此说台湾是中国的一部分"。[1] 有人则说，郑氏是一个外来政权。[2]

要成为一个国家必须具备四个要素：有定居的居民，有确定的领土，有一定的政权组织，拥有主权。主权是国家独立自主地处理对内对外事务的最高权力，是国家的根本属性。如果有政权机构和定居的居民，而没有主权，那只能是一个国家的行政单位，或殖民地，而不是一个国家。

明郑不是一个独立的政权

郑氏政权始终没有把自己作为一个独立的政权看待，他们曾经极力争取成为一个半独立的政权而不可得，怎么能说它是一个独立的政权乃至国家呢？

郑氏三世一向以"藩"自称，只承认自己是一个"王"，即延平王，这个王是由南明王朝永历帝册封的，归南明王朝管辖。当然，当时南明王朝名存实亡（到 1662 年，南明亡），延平王和西宁王成为南明王朝的两大支柱，互不相属，也不受桂王的实际领导。但是，郑氏始终尊奉南明的正朔，直到永历帝死后 20 多年的康熙二十二年（1683 年），"海上犹称永历三十七年"[3]，郑氏第三代仍然称为延平王世子，表明自己始终是明朝的臣子。郑氏从来没有称帝，没有成为一个独立于南明王朝之外的政权，更没有成为一个独立的国家，而只是明朝政权的一个地方行政单位。这是根据历史事实对郑氏政权作出的定位。

明郑也不是一个外来政权

所谓"外来政权",要有一个明确的界定,究竟是指从外国来的,还是指从外地来的?

台湾历史上曾经两度受到外国人的统治,即荷兰的殖民统治(1624—1662年)和日本的殖民统治(1895—1945年),都是由外国人来统治中国人,它们都是"外来政权"。

可是有人却把郑氏政权和清朝政府,乃至以蒋介石为代表的国民党政权也称为"外来政权",那就混淆了与前者的界限,而实际上二者是有本质区别的。

在郑氏政权下,统治者与被统治者主要都来自中国大陆。当时在台湾的汉人约有10—12万(其中郑氏军队为60000人)。土著人口据估计为10—15万,但在郑氏统治下的土著人口并不多,其余的多数是到清代才"归附"的。所以,郑氏政权统治的居民,主要是过去和当时从大陆移民到台湾的汉人,有的还是由郑氏招徕的。正如前文所说,即使在荷兰侵占时期,荷兰人也承认台湾是属于中国皇帝的。郑成功也多次明确指出台湾是中国的。中国人的政权,统治中国人开发的土地,怎么能说是"外来政权"呢?

如果以为统治者是从台湾以外来的,就是"外来政权",这意味着只有本地人统治本地才不叫"外来政权",而这种情况却不多见。在中国古代,逐渐形成一种回避制度,本省人一般不能在本省当官。所以,历来福建的官员多是外省来的,浙江的官员也多数不是浙江人,按照上述说法,福建、浙江以及全国各地岂不都是"外来政权"?由此可见,不由本地人统治,不是台湾的特例,而是全国各地的通例。不能以此作为"外来政权"的依据。

"照朝鲜例"只是谈判的筹码

有人说，当时中国已由清朝统治，而"郑氏乃亡命汉人于中国海之外建立的政权，所以不能以此说台湾是中国的一部分"。郑氏确实不愿臣服于清朝，他们多次与清方谈判，总是坚持郑氏是"于（清朝）版图疆域之外，别立乾坤"，甚至说"台湾远在海外，非属（中国）版图之中"[4]，因此要求对他们"照朝鲜例，不剃发，世守台湾，称臣纳贡"，这就是要以台湾未受清朝统治作为谈判的筹码，争取得到"半独立"的地位，但没有得到清朝的允许。清朝认为"朝鲜系从来所有之外国，郑经乃中国之人"，不能援朝鲜例。不管不同的统治者对台湾归属的看法如何，当时台湾毕竟是由中国人的政权实行管辖权的，并没有外国人在那里统治，台湾主权归于中国是十分明确的。

以上是从主权归属的角度，说明郑氏政权的性质，即它既不是"外来政权"，也不是"独立政权"，而是自称归属于明朝的中国人组成的政权，在它的统治下的也是中国人。尽管它还没有归附于清朝，但它和任何外国都没有归属关系。至于有人认为郑氏政权是以海商为主干的反清割据势力，那是从阶级属性角度提出的看法，不在本文讨论之列。

郑氏时代台湾的开发

有人为了说明郑氏是"外来政权"，就说它把台湾当做殖民地，对台湾的搜刮榨取不比荷兰人仁慈，从而认为"郑氏的来临对台湾是不利的"[5]。

所谓殖民地，是资本主义时代的产物，是受资本主义强国侵略而丧失了主权，在政治、经济上完全受统治和支配的地区。郑氏既不是外国政权，又没有发展到资本主义阶段，它与殖民统治有本质的差别。

郑氏政权作为封建政权，它必然要剥削百姓，但它与荷兰殖民者不同，荷兰人把所有的土地收归公司所有，称为"王田"，而郑氏在将"王田"改为"官田"之外，还有私田（当时称为"文武官田"，实际上是土地私有制的表现形式）的存在，而且其数量达到20000多甲（约23万亩），而官田则不及10000甲，这些私田都是在郑氏时代开发的。

郑氏时代开发的地区比荷兰侵占时期要大得多，就是说，当时不但在台湾中南部地区有成片的开发，而且西部沿海的地区（北港溪以北和下淡水溪以南）也有了点状的开发，其中郑军屯垦的营盘田就有40多处，遍布今日的台南、高雄、屏东、嘉义、桃园、台北等地。只是由于后来郑军退出台湾，大量土地抛荒，实际增加的田园数量并没有那么多。此外，这个时期台湾"人居稠密，户口繁息，农工商贾，各遂其生"，商业有所发展，对外贸易也相当发达，远洋船队与日本、暹罗、交趾、东京、吕宋、苏禄、马六甲、咬留巴等地直接往来，郑氏还和英国签订了通商协议，英国东印度公司在台湾建立了商馆。这也反映了郑氏时代台湾开发的成绩。郑氏还把大量大陆居民移居台湾，把大陆的政治、经济、文教制度移植到台湾。早期移民（包括军事移民——郑氏的军队）为台湾的开发作出了自己的贡献。由此可见，否定郑氏时代的开发，说郑氏对台湾不利，都是不符合历史事实的。

注释：

[1] 冈田英弘:《台湾的历史认同和清朝的本质》，马关条约一百年研讨会论文。
[2] 李筱峰等:《台湾历史阅览》，《自立晚报》文化出版部，1994年，68页。
[3] 《海上见闻录定本》，福建出版社，1982年，76页。
[4] 《康熙统一台湾档案史料选辑》，福建出版社，1983年，70页。
[5] 宋泽莱:《台湾人的自我追寻》，前卫出版社，1988年，69页。

四、移民与祖籍地的关系

台湾主要是由中国大陆移民进行开发的，移民主要来自福建和广东两省。从明末到清代前期，有上百万移民到了台湾。他们为什么要移民台湾呢？本来这在历史上是可以找到答案的。可是近来有些人出于某种政治目的，却妄自做出解释，他们说，"移民来台，放弃中国，不愿接受中国的统治"，"是带着和中国断绝关系的心情移民台湾"，[1]移民"被当政者放逐于中国社会之圈外，而和中国大陆完全断绝了关系"。[2]这些说法完全背离了历史真实。

移民的原因和目的

一般来说，移民的原因，大体上可以用"推力"和"拉力"两个方面的因素进行解释。推力，主要是指原居住地在经济上、政治上、宗教上、种族上给全部居民或部分居民造成困难的条件，迫使他们向外迁移。经济萧条、失业严重、粮食缺乏、人口过剩、天灾人祸、生态环境恶化、外族入侵、内部战乱、政治迫害、种族歧视、宗教矛盾等等都可以成为移民的推力。拉力，主要是指移居地提供了比原居地较好的生活条件，吸引人们向那里迁移，例如，便于寻找财富、有较好的经济出路、比较容易获得土地或其他就业机会、可以摆脱政治上的迫害和其他敌对力量的威胁等等。

从移民的类型来说，基本上有两种，一种是开发型的，一种是强制性的。前者是为了生存而迁往他地，在那里寻求进一步的发展；后者则是以行政手段或是出自军事目的而强制迁移的。

大陆对台湾的移民，基本上属于开发型。早在郑芝龙时期，就有大批"饥民"前往台湾，其目的显然是为了从事开垦，寻找生路。在荷兰统治时期，多数移民则是为了逃避战乱而来到台湾的，而荷兰人鼓励汉人前去耕种，也成为一种拉力。郑成功时代，清朝当局在大陆沿海实行迁界政策，迫使沿海居民失去土地，遭到破产，这时郑氏招募沿海人民从事开垦，形成一股强大的拉力。同时，还有几万名"军事移民"，即郑氏的军队，他们出于政治原因到达台湾，这是带有强制性的，后来这些人几乎全部回到大陆。到了清代前期，从1684年到1811年，这120多年间，台湾人口从七八万人，增加到190万人，显然主要是"移入增长"。大量移民来台，其中主要是"无田可耕、无工可雇、无食可觅"为生活所迫的下层贫民，而当时台湾刚刚设立府县，许多土地尚未开发，开垦以后，产量很高，这就吸引了广大大陆人民冒险偷渡前来谋生。移民中还有一些是"犯罪脱逃"的"触法亡命"。此外，也有一些商人，有的从事小本经营，有的则经营进出口贸易；还有就是少数专门前来台湾从事招垦的富豪。

并没有"放弃中国"

从以上移民的原因和目的来看，可以看出，主要的是经济因素，就是为了生存，为了发展，不得不背井离乡，前来台湾。从移民的成分来看，除了少数罪犯以外，并没有人怀着非"同中国决裂"、非"放弃中国"、非"断绝关系"不可的仇恨心理。即使是罪犯，在当时条件下，恐怕也难有这种强烈的分离主义的"政治意识"。历史事实提供了恰恰相反的证据：移民与祖籍地不但没有"完全断绝了关系"，而且始终保持着密切的联系。

以从事招垦的富豪为例，他们作为垦户，在领到垦照以后，往往从原籍招徕佃户，前去开垦。同安籍的王世杰曾经回来招募泉州籍的乡亲100多人，开垦竹堑。林成祖垦号为了筹集资金，曾经向在厦门的陈鸣琳、郑维谦招股。更多的移民是以祖籍地缘关系为基础，共同进行开发的。至今台湾各地还保留着一些地名，诸如同安、南安、南靖、安溪、平和、永定、大埔、饶平、镇平、海丰、惠来等等都是以原籍的县来命名的，也有采用大陆上更小的地名的，如田心、田中、大溪等等，都是当年大陆各地人民前来台湾共同开发的见证，也是移民们怀念故乡的一种表现。

移民在台湾定居以后，有的回故乡把妻子儿女迁移过来，有的回原籍娶亲，还有的把父母、兄弟等亲属也带来台湾。这在乾隆、嘉庆年间更是普遍存在。闽南各地的族谱中，有不少"率眷往台湾"的记载。同时，也有从台湾回原籍祭祖、修坟、盖祠堂、修族谱的记载，有的甚至要归葬祖籍，有钱人是以灵柩归葬，一般人只能用"瓦棺"归葬了，这表明移民们至死还怀念故乡。至于大量的移民死后只能埋葬在台湾，但在他们的墓碑上却不忘写上"安邑""南邑""和邑""靖邑""惠邑""银同""金浦"等等祖籍地名，以表示自己的根在大陆，也为后人寻根留下了依据。

有些移民发财致富以后，在台湾建造房屋，俗称"起大厝"。他们往往从大陆请来"唐山"匠师，采买大陆出产的福杉、乌心青石、红砖等建筑材料，按照大陆的建筑格式兴建。现在台湾还保留着一些这样的传统民居。至于民间风俗习惯，更是和祖籍地十分相似，祭拜"唐山祖"，奉祀祖籍地的保护神。所有这一切都表明移民们对祖籍怀有深切的感情，他们是不会和祖籍"断绝关系"的，说他们"放弃中国"，完全是蓄意的捏造。

也没有"在中国社会之圈外"

移民生活在台湾，不论在经济上、政治上，还是其他各方面，都没有和大陆相脱离，他们仍然生活在中国社会的"圈内"，而没有跳出圈外。

清朝前期，台湾基本上没有同外国进行贸易，"大陆却几乎成为台湾对外贸易的唯一对象"。在最初的100年中，只有厦门与台湾的鹿耳门对渡，后来增加了晋江的蚶江与彰化的鹿港、福州的五虎门与淡水的八里对渡。当时台湾各地有北郊、南郊、糖郊、泉郊、厦郊等，从事与大陆各地的贸易；大陆也有台郊、鹿郊等相应的组织，说明两岸贸易关系相当密切。

台湾出产的大米需要出售，福建缺粮需要购买，台湾出售大米，换回所需的日用品。两岸互通有无，互惠互利。台湾的糖也运到厦门及大陆各地出售，运回纺织品、日用杂货、建筑材料以及各地的土产，两岸间每年有几千艘商船往来。

在政治上，台湾与福建的关系特别密切。台湾作为福建的一个府长达200年之久。起初还设立了"台厦兵备道"，后来改称"台厦道"。从1684年到1727年，台湾与厦门在行政上属于同一单位。长期以来，台湾的饷银是由福建拨给的。直到台湾建省前不久，沈葆桢还指出："闽省向需台米接济，台饷向由省城转输。"可见，从行政上看，两地的关系也是十分密切的。

台湾属于福建，台湾人民的生活同大陆并没有脱离。在经济上，没有脱离相同的经济圈，在政治上，也没有脱离中国政府的统治。移民不是被放逐的，大陆人民，祖籍地人民从来没有"放逐"移民台湾的骨肉同胞，台湾人民的先辈也没有自我"放逐"在中国社会的"圈外"。这样的历史是不应当"失忆"的。

险恶的用心

有人企图篡改这段历史，其目的不在于昨天而在于今天。有人居然这样说："我们的祖先在十六世纪，不惜违背大清禁令，背弃祖坟，甘冒天险远渡来台，目的不在扩大中国的领土或主权，而在脱离悲惨贫困的生活，来台湾开创新世界。因此，今天任何欲将台湾交给中国的说法都是数典忘祖的。"[3]

是的，移民们是为了生存、为了发展而前来台湾，他们并没有扩大领土主权的政治目的，也不可能有其他的政治目的。由此可见，上述引文作者所说的移民要"放弃中国"，要"断绝关系"，"不愿接受中国的统治"等等说法有多么荒谬。

但是，移民没有政治目的，并不能用以说明一个地方领土、主权的归属问题。台湾是中国领土，台湾领土主权属于中国，这是全世界公认的，不会因为早期移民缺乏政治意识而有所改变。

提出上述观点的人，其目的在于分裂祖国，这是他们的险恶用心所在。一方面，他们运用偷换概念的手法，把早期移民不是为了"扩大领土主权"而来，与台湾的归属混为一谈，妄图用以否定台湾领土主权归属于中国的事实；另一方面，他们又歪曲早期移民的意志，说移民是要"放弃中国"，"不愿接受中国的统治"，从而引出要把台湾交给中国是"数典忘祖"的谬论。实际上，我们在以上两则中所引用的资料，足已批驳他们的说法。台湾人的先辈始终没有"放弃中国"，他们一直与原乡保持着密切的关系。由此可见，真正"数典忘祖"的，正是那些歪曲台湾历史、企图分裂祖国的政客们。

注释：

[1] 彭明敏：《自由的滋味》，台湾文艺出版社，1987年，250页。
[2] 史明：《台湾不是中国的一部分》，前卫出版社，1992年，36页。
[3] 《自立早报》，1995年4月17日。

五、台湾开港后与大陆的关系

外国列强通过鸦片战争，打开了中国的大门。1842年签订的《南京条约》，规定开放五个通商口岸：广州、厦门、福州、宁波、上海。第二次鸦片战争以后，1860年又签订了《北京条约》，规定开放一批新口岸，包括天津、牛庄（后在营口设埠）、登州（烟台）、潮州（汕头）、琼州、南京、九江、汉口等，台湾（安平）、淡水两个口岸也在这时开放。

开港以后，台湾与大陆的关系如何？有人不从历史实际出发，而是凭自己的想象，认为既然开放了，对外国的贸易必然发展，与大陆的关系必然削弱，甚至互相脱离。有人武断地说："1860年，台湾开港通商以后，产品输往世界各地，与世界的关系日益紧密，渐渐走向世界，而脱离中国"[1]，"1860年后台湾成为国际贸易体系的一环"，"台湾经济永远有自己的经济圈，是绝对不属于中国的"。[2] 这些说法对不对呢？我们先从台湾开港以后与厦门的关系讲起。

台湾与厦门

根据早期历任厦门税务司（都是外国人）的报告，台湾和厦门有着十分密切的关系，而且厦门处于主导地位：

"台湾是福建的粮仓。它的港口与厦门间整年都有着大量的商业往来。"（1871）

"本口岸与打狗和淡水口岸间的贸易是非常有价值的。打狗和淡水口岸每年都从厦门运去大量的外国棉毛制品、棉纱、金属、鸦片和其他杂货。"（1872）

"台湾所有的商行都是厦门商行的分行。"（1873）

"由于厦门所处的有利位置，台湾的通商口岸对厦门处于附属的地位。"（1875）

"厦门是台湾的货物聚散地，本地的所有商行都在台湾设有公司。"（1878）

"厦门的复出口贸易几乎完全在本口岸与台湾之间进行。本口岸与台湾岛有着密切的商业联系。"（1881）

当时台湾的重要出口货——茶叶，与厦门的关系特别密切，台湾茶叶主要是经由厦门出口的：

"台湾茶叶贸易以前仅由外国商人经营，过去三年来，则主要由中国商人经营。但所有茶叶运到本口岸后仍然在本地转售外国商人，由外国商人经办复出口。"（1876）

"就台湾茶的贸易而言，本口岸是它的总的贸易中心。"（1878）

"淡水的主要货物是茶叶，经由厦门转船复出口。"（1880）

"台湾茶叶贸易一直是经由本口岸进行的。"（1882）[3]

据统计，从1872到1891年间，台湾乌龙茶有98%是经由厦门转口美国的。

这些史实可能已经被许多人所忘记，但是它毕竟是事实，这些事实足以说明台湾在"走向世界"的过程中，并没有"脱离"厦门，台湾是和厦门一道成为"国际贸易的一环"，所谓"台湾开港以后就和大陆脱离"的论调是没有史实依据的。

台湾与大陆其他地区

台湾不仅与厦门有着密切的关系，而且与大陆其他地区也有不少贸易往来。台湾学者林满红在两岸经贸关系史方面有相当深入的研究，在她的论著中，可以看到这样的记载：[4]

糖：台湾白糖主要供华北食用，只有小部分输出日本。赤糖供大陆和日本食用，也有一些供欧美澳各国精制用。1860—1895年间，大陆和日本一直是台糖的主要市场。华北、华中是台湾糖的主要出口地。大陆进口台湾糖的口岸以芝罘（烟台）、天津、上海、宁波、牛庄为主。

米："台湾北部因茶、樟脑等非粮食作物从业者增加，由开港前原有二十几万担米出口到大陆，转而渐需由大陆进口，量多时亦达二十几万担。但与此同时，台湾中部每年又有五十万担米出口到大陆。"

开港后，大陆货进口增加。每年仍有2800艘左右的中国式帆船进出于两岸之间。鹿港等地还有不少郊商从事对大陆各地的贸易。当时两岸贸易主要是由大陆资本所控制，往来两岸的船只是由大陆商人提供和经营。所以，开港以后，"1860—1895年间，台湾的贸易对象虽扩展而包括全球，与大陆之间的贸易仍然增加"。

"台湾境内南北之间的商贸关系，反不如台湾与大陆间的商贸关系密切。"

由此可见，这个时期，台湾并没有"脱离中国"，台湾也没有形成"自己的、绝对不属于中国的经济圈"。

台湾所处的地位

正如上面所说，台湾两个口岸是第二批开放的。在当年西方列强的心目中，这批新口岸当然也是他们所觊觎的对象，但就重要性上说，绝不会超过第一批。福建的四个口岸，厦门、福州都是1843年开埠的，淡水则是1862年开埠的，而作为淡水子口的鸡笼口则于1863年开港，打狗口原来定为安平港的子口，先于1864年开港，实际上后来打狗成为正口，安平则到1865年才设立分关，归打狗关管辖。这就是说，福、厦两口比台湾两口大约早20年开放。所以，讲台湾历史，如果不同全国历史联系起来考察，就不全面。只说"台湾的战略商业地位的重要性，一直受到国际的觊觎"，而不讲其他地区，就可能使人误认为当时台湾的重要性超过了全国任何地区，这是不符合历史的真实的。

开港以后，台湾的淡水、打狗都成为对外贸易的重要口岸，在全国对外贸易中占有一席之地。那么和其他口岸相比，台湾处在什么地位呢？我们可以把台湾两个口岸的进出口值与福州、厦门、上海列表比较如下：

进口值比较

单位：万海关两

年份	上海	台湾	厦门	福州
1868	4491	115	339	341
1870	4632	146	420	273
1875	4688	222	461	273

续表

年份	上海	台湾	厦门	福州
1880	5604	359	541	280
1885	5941	319	724	280
1890	6625	390	612	264
1893	8376	483	671	415

出口值

单位比较：万海关两

年份	上海	台湾	厦门	福州
1868	3502	88	100	1325
1870	3061	166	164	756
1875	3080	182	347	1222
1880	3617	487	363	913
1885	2765	382	453	773
1890	3272	426	351	556
1893	4997	634	534	515

（台湾包括淡水和打狗在内）

从上表可以看出，在进口值方面，台湾两口合计起来从来没有超过厦门一口；台湾和福州相比，在前期进口不及福州，后期则超过福州。在出口值方面，台湾与厦门不相上下，总的看来略多于厦门；而台湾与福州相比，则基本上不如福州，有时相差甚远，但最后一年则超过福州。如果把台湾和上海相比，少则相差七八倍，多则相差三四十倍。总之，台湾和福州、厦门一样，在清代后期中国的通商口岸中属于不很发达的地区，对它的"走向世界"和"国际化"程度不能估计过高。

注释:

[1] 张炎宪:《威权统治和台湾人民历史意识的形成》,《马关条约》一百年研讨会论文。

[2] 宋泽莱:《台湾人的自我追寻》,前卫出版社,1988 年,70 页。

[3] 以上均引自《近代厦门社会经济概况》,鹭江出版社,1990 年。

[4] 参阅林满红:《四百年来的两岸分合》,自立晚报文化出版部,1994 年。

六、是荒芜之地,还是先进省份?

从 19 世纪 70 年代开始,清朝当局为了防御外国的侵略,一方面加强台湾的海防,一方面筹备台湾建省。1874 年钦差大臣沈葆桢到达台湾,他着手筹建闽台水陆电线,建设新式炮台,购买洋炮和军火机械,建立军装局和火药局调用兵轮,采购铁甲舰,使用机器开采基隆煤矿,这表明台湾的近代化已经开始。后来,新任福建巡抚丁日昌,继续购买洋枪洋炮,造铁路,设电线,开矿,招垦,进一步推进台湾的近代化。到了建省以后,第一任台湾巡抚刘铭传更是全面推行近代化,到甲午战争以前,台湾已经是全国最先进的省份之一。

建设成就和经费来源

当年值得一提的近代化建设,有以下几项:

新式炮台:从 1886 年开始,在澎湖、基隆、沪尾、安平、旗后五个海口兴建十座西式炮台,购买钢炮,加强防御。

制造军械:1885 年在台北兴建机器局,自造军械,并设立军械所和火药局。

铁路：1887年开始修建铁路，台北至基隆段28.6公里，1891年完工；台北至新竹段78.1公里，1893年完工。是全国最早一批自建的铁路。

邮政：1886年设电报总局，架设水陆电线1400多华里。1888年设邮政总局，是全国最早自办的邮政业务。

工矿：1885年重办基隆煤矿，1887年成立煤务局，采用机器采煤；1886年在沪尾设立官办硫磺厂；1887年设立官办机器锯木厂。

招商兴市：1886年设立商务局，购买商船，设立轮船公司。1885年建设两条大街，1887年继续建设街道，装设电灯、自来水，建造大稻埕铁桥。台北成为商业发达的迈向近代化的城市。

新学堂：1887年创立西学堂，1890年设立电报学堂。

附带谈一谈台湾近代化建设的经费来源问题，大家知道，19世纪80年代，正是台湾建省的时期，当时由于经费困难，建省工作拖延了相当长的时间，可是，既然经费困难，为什么却能够开展这么多的新式建设呢？建设经费究竟从何而来？

实际上，在台湾建省以前，台湾的财政一贯需要福建给予协济，大约每年20万两，它是从闽海关四成洋税中拨付的。建省时，就是为了经费问题，反复讨论，最后决定，由闽海关每年照旧协银20万两，再由福建各库每年协银24万两，此外，粤海、江海、浙海、九江、江汉五关，每年协济36万两，以五年为期。后来，粤海等五关并没有协济，而是由户部一次性拨给36万两，作为筹办台澎防务之用。所以，台湾常年的协银只有福建的44万两了。

五年中，福建一共协银220万两，这些钱主要用于办理台湾海防、修筑铁路和防军的兵饷。澎湖、基隆、沪尾、安平、旗后五口购炮筑台的经费，就是从这里开支的。建筑铁路的经费一时无法筹集，也只好"先行挪用"福建的协饷，实际上，后来有一大部分就是由这项经费开支的。

据统计,当年几项重要建设:修建从基隆到新竹的铁路、架设台湾到福建的水陆电线、清赋、兴建台北机器局,一共用银213万两,相当于福建的全部协饷[1]。所以,可以说,在台湾近代化建设中,福建人民给予了一定的支持。当然,其余经费则是由台湾自行筹集的,主要的功劳应当归于台湾人民。正是由于台湾人民的辛勤劳动,许多新式的事业蓬勃发展,使台湾这个最后设立的行省后来居上,成为全国洋务运动中的先进省份之一,这个历史功绩是不能"失忆"的。

台湾的地位

当年台湾的近代化建设,在全国范围内处于什么地位呢?我们可以逐项比较如下:

从官办军事工业来看,全国早期建立的机器局之类的机构有21家,其中最大的是江南制造总局(1865)、金陵机器局(1865)、福州船政局(1866)、天津机器局(1867)等,不仅规模比台湾的大,而且建立的时间也比台湾早了20年左右。

从民用工业来看,全国主要的企业有:轮船招商局(1872)、开平矿务局(1878)、电报总局(1880)、漠河矿务局(1887)、上海机器织布局(1880)、湖北铁政局(1890)等等。其中,轮船招商局比台湾早了14年,电报总局早了6年。基隆煤矿开办虽然比开平煤矿早,但规模远不如开平,而最早的煤矿则是直隶磁州煤矿(1874)、湖北广济兴国煤矿(1875)。早在1874年,沈葆桢就提出要在台湾架设电线,这本来是最早的尝试,但没有成功,不久,外商在福州、厦门架设电线,后来又有官办的津沪线(1881)、苏浙闽粤线(1883)等。台湾的电线是在1887年丁日昌买回福厦线后才架设的,第二年刘铭传又架设了福州到沪尾的海底电缆。

至于铁路，1874年美英商人非法修建了吴淞铁路，两江总督沈葆桢经过交涉将它收回，并准备把它移到台湾，后来因为经费问题，不了了之。最早自建的铁路是开平矿务局建成的从唐山到胥各庄的单轨铁路（1880），后来扩展到阎庄、大沽。台湾的铁路也是属于最早的一批。

中国的邮政最初是由海关试办的（1878），到19世纪90年代才收归官办。台湾可以算是最早自办地区邮政业务的。

全国最早设立的新式学堂，大约有20多所，其中著名的有：北京同文馆（1862）、上海广方言馆（1863）、广州同文馆（1864）、福州求是堂艺局（1866）、天津水师学堂（1880）等，都比台湾西学堂建立得早。

采购洋炮和修筑西式炮台，在全国其他地区也都较早进行，例如，大沽、北塘、新城筑洋式炮台（1875），山东烟台等地炮台用克鲁伯后膛大炮（1875），闽江口南北岸及长门建洋式炮台（1880—1881），旅顺口仿筑德国新式炮台（1882），江阴、吴淞炮台用西洋14口径800磅子大炮（1884）等等。

总之，台湾的历史是中国历史的一个组成部分，不能孤立地就台湾讲台湾，因为台湾的情况是和全国总的形势分不开的，只有把台湾和全国各地联系起来考察，才能看到它的历史地位，才能看到它和全国各地的联系和区别。

经过中国人民开发、建设，尤其是经历了清代后期的近代化建设，台湾已经成为全国先进的地区之一。可是，现在有人却企图否定这些事实，彭明敏竟然说："日据当初，台湾是荒芜之地，可说是世界上最落伍、野蛮的地方。"[2] 这不仅是对历史的无知，而且是对台湾人先辈最大的不敬。

但是，另一方面，当时的台湾，在全国范围内也不是唯一的先进地区。这是因为推行"自强新政""富国强兵"的"洋务运动"早在19世纪60年代就已经开始了，而台湾则晚了十几年。尽管台湾的发展比其他地方要快，但就具体项目来说，不见得都是最早的、最先进的。以天津地区为例：它拥有天津机器局，是早期军事工业中较具规模的；它有全国第一条铁路；最早一批船坞——大沽船坞（1880）；最早用西法开采的煤矿之一——开平煤矿；最早设立的电报局（1879）；最早的近代邮政总汇，发行了全国第一套大龙邮票（1878）；它拥有全国最重要的新式海军——北洋水师；较早开办的新式学堂——水师学堂和武备学堂等等。由此可见，天津在当时也是全国最先进的地区之一。所以，说台湾是清代后期全国最先进的地区之一，是符合实际的，说它是唯一先进的地区，并且超过全国其他任何地区，则未免言过其实。

注释：

[1] 参阅邓孔昭：《台湾建省初期的福建协饷》，台湾研究集刊1994年4期。
[2] 《自由时报》，1995年4月18日。

七、谁应当对《马关条约》负责？

1895年4月17日，清朝政府与日本签订了《马关条约》，规定把台湾"永远让与日本"。这是中国近代史上最惨痛的丧权辱国的条约之一。从此，台湾同胞陷入日本侵略者的殖民统治达50年之久。究竟谁应当为《马关条约》负责？是日本，还是清朝当局，或者是整个中国？有必要加以辨明。

日本蓄谋已久

早在明治初年，日本就竭力向外扩张，他们提出："为了征服中国，我们必先征服满蒙；为了征服世界，我们必先征服中国。"后来又以夺取朝鲜作为"渡满洲的桥梁"，以占领台湾作为向东南亚扩张的基地。当时，日本统治集团中兴起一股"征台论"，开始对武力侵台进行准备。日本对台湾的觊觎是这样一步一步进逼的：

1873年，日本官员向清朝的总理衙门进行试探，企图了解清廷对台湾"土番"的态度。同时，日本派海军少佐桦山资纪和陆军少佐福岛九成企图对台湾进行侦察，未能取得成效。不久，福岛九成便成为日本驻厦门的领事，潜入台湾，搜集情报。

1874年，日本借口三年前琉球人遇风，漂流到台湾南部，被牡丹社居民杀害，组织"台湾生番探险队"，发动3000多人的军队，进攻牡丹社等处，并且建立都督府，实行屯田、植林，企图长期占领。这是日本企图占领台湾的第一次尝试。

1884年，日本乘中法战争的机会，派军舰到台湾窥探。

1886年，日本参谋本部长山县有朋派人来中国调查，事后写出《讨伐清国策案》，提到要把中国的许多地方"并入日本之版图"，其中就包含了台湾。

1894年，日本发动甲午战争，首相伊藤博文提出"直取威海卫并攻取台湾"。[1] 他认为直逼京师可能招致列强的共同干涉，而夺取台湾则符合朝野的议论。这个意见得到日本上层人士的支持，他们同意把夺取台湾作为战争的目标之一。

只要列出上述事实，人们就不难看出，日本当局对于侵占台湾是蓄谋已久的，而通过战争，逼使清廷割让台湾，则是他们的一种手段。

清廷战败屈服

1895年2月,日军攻陷威海卫,北洋舰队覆灭,清廷无力继续抵抗,只得俯首求和。

日本早已准备好了条约草稿,割地赔偿已不可避免。在谈判过程中,日本已经派兵进军台湾,攻占澎湖。后来,日本同意在北方战场上停战,而台湾澎湖则不在停战之列。这说明,日本不仅要通过谈判夺取台湾,而且在军事上已经开始了占领台湾的行动,他们企图先行占领,迫使清廷就范。

当时清廷已经没有力量阻挡日本的侵略,但是他们也知道割让辽东和台湾是一个十分严重的问题,有人还反对割让台湾,连光绪皇帝也哀叹道:"台湾割则天下人心皆去。"清廷还想在辽东、台湾之间留下一处,那当然是所谓"龙兴之地"的辽东了。但是,同李鸿章谈判的伊藤博文回答说,对于所提条款"但有允与不允两句话而已",没有商量余地。这样,连辽东也没有保住,被割让的不仅仅是台湾一省。

在当时的条件下,有所谓"弱国无外交"的说法,战败国的使臣基本上没有讨价还价的能力。李鸿章在谈判中所作的任何努力都无济于事,最后只能接受日本的全部条款。伊藤还特别指出,台湾要在换约后一个月内交割清楚。李鸿章说,要两个月才行,贵国何必这么急,台湾已经是你们口中之物了。伊藤竟然回答说,还没有吞下去,肚子饿得很呢。战胜国的首相盛气凌人到了极点,战败国只好接受丧权辱国的不平等条约。

对于割让台湾,祖国人民采取什么态度呢?

早在谈判之前,朝廷内部以翁同龢为代表的主战派极力反对割地,认为"台湾万无议及之理",他们同主和派展开了激烈的争议。后来,在北京的一些中下级官员也纷纷上书抗争,反对割让台湾。他们责问:台湾"何罪何辜而沦为异域"?割让台湾,势必造成人心涣散,"民心一去,国谁与守"?并且指出,今天可以割让台湾给日本,明天就会把其他地方割让给法国、英国、俄国。他们主张拒绝和议,同日本展开持久的战争。

《马关条约》签订以后,在北京应试的各省举人,深为台湾人民反对割让台湾的行动所鼓舞,他们纷纷集会,向都察院上书、请愿,提出要求"严饬李鸿章订正和款,勿割台湾"。以康有为为首的1000多名举人联名"公车上书",反对和约,反对割地,要求变法自强。在签约到换约的20多天中,有3000多人上书,反对割让台湾,这是中国近代史上一次空前的壮举,一次规模盛大的爱国运动。尽管当时全国人民的抗争无法改变台湾被日本侵占的命运,但是两岸人民的心是连在一起的,祖国和人民并没有忘记台湾和台湾人民,这就是当年的历史真实。

卑劣的手法

可是,1995年,在纪念《马关条约》100年时,有人提出,"台人被祖国出卖","被祖国出卖的台湾人有什么资格自称中国人呢"。在某些人策划的所谓"告别中国游行"中,有人则提出,"中国是出卖台湾的国家,中国在任何危急的时候,随时可能再出卖台湾"。[2]这是以卑劣的手法偷换概念,篡改历史,为其分裂主义的政治目的服务。

从上述史实可以明显地看出,日本侵占台湾是蓄谋已久的,日本是侵占台湾的罪魁祸首,它应当对《马关条约》负主要的责任。清廷腐败无能，在日本侵略者面前，无力抵抗，战败屈服，被迫割地求和，它也应当为《马关条约》负责。如果只强调清廷的罪责，而不谴责日本的侵略，那是本末倒置。

至于说"台人被祖国出卖"，那是偷换概念，把腐败的"清廷"等同于在清朝统治下的祖国。对于割让台湾，清廷是难逃罪责的，而祖国和人民则反对割让台湾，不愿意让台湾沦为日本的殖民地；台湾是被清廷割让的，不是被祖国和人民割让的。如果从批判的角度，可以说，腐败的清廷"出卖"了领土和主权，不仅是台湾，连同他们称为"龙兴之地"的辽东也"出卖"了。即使这样讲，"出卖"台湾和台湾人民的，也绝不是祖国和人民。

至于说"中国是出卖台湾的国家"，那更是怀有恶意。它不仅把清廷等同于当年的中国，而且企图把"出卖"台湾的罪责强加到今天的中国和中国人民头上。事实上，清廷与各国签订不平等条约的罪责，已经不能追究于推翻清廷的中华民国了，更何况现在的中华人民共和国。

问题的要害还不在这里，接下去的一句"中国在任何危急的时候，随时可能再出卖台湾"，这种无中生有的谬论，已经超出了制造"历史的失忆"的范畴，而是对中华人民共和国政府和人民的严重诽谤和污蔑，也是一次严重的挑衅，它不能不引起人们对分裂主义言论的严重关切。

注释：

[1] 参阅黄秀政：《台湾割让与乙未抗日运动》，台湾商务印书馆，1992年。
[2] 《自由时报》，1965年4月17日。

八、所谓"自由选择国籍"

根据《马关条约》第五条的规定,条约批准及换文后两年内,台、澎住民欲迁出者,可自由处置、出售其财产而离去,但限期届满后仍未迁出者,则宜视为日本臣民。台湾总督府发布告示,并制定有关台湾居民去留和国籍归属的法规,以1897年5月8日为限期,逾期未离去者,则视为"日本帝国臣民"。对于这些规定,有人作出这样的评论,彭明敏说:"马关条约中有一则相当民主的规定,明令两年内生活在台湾的住民可自由选择回中国或留下;结果只有4000人选择回中国,这证明,人民所认同的是台湾这块土地。"[1]还有人说:"几乎全部台湾人民,虽是违反自己的意志被置于日本的统治下,却是以自己的自由意志抛弃清国国籍。"[2]当时台湾人民有这样"自由""民主"的权利吗?请看历史的事实。

自由选择是空话

1897年究竟有多少人决定离开台湾回到大陆,有不同的说法:彭明敏说是4000人;戴宝村说是5640人,占全岛人口的0.19%;史明说有6456人;李筱峰也说是6456人,占280万人口的0.28%。可见资料来源不一,统计数字不一定准确。

当然,回到中国大陆的在总人口中占极少数,那么是不是台湾人民"违反自己的意志被置于日本的统治下,却以自己的自由意志抛弃清国国籍"呢?这句话本身就是矛盾的,既然台湾人民在"违反自己意志"的日本统治下,他们怎么有可能"以自己的自由意志"来选择国籍呢？在当时并不是每个人都可以轻轻松松"自由迁回大陆"的。请看从日据时代过来的前辈老人的叙述：

黄旺成："因故土房产难迁，所以多不敢轻易返大陆。"

陈逢源："当时有财产的人很少返大陆。"

林熊祥："板桥林本源家各房，为了避免和日本人接触，都搬厦门鼓浪屿去居住。只留下林嵩寿等人管理他们庞大的产业。"

林土木：不愿受日本统治而内渡的台湾遗民是没有台湾籍的。林维源之子林尔嘉始终不愿取得台湾籍。

当时日本人也看出这一点，他们指出：农民工人安土重迁，又因贫困而无力迁徙；商贾则因在台经营已久，获利甚多，并多在台湾安家，迁居别处，将会人地生疏；士绅则因有志于宦途或在大陆已有家业，而大多返回大陆。由此可见，返回与否，主要根据切身利益和经济条件而定。

早在《马关条约》签订之前，在北京的台湾举人们就指出："祖宗坟墓，岂能舍之而去？田园庐舍，谁能挈之而奔？"这就是绝大多数台湾人民不得不留在台湾的根本原因。"故土房产难迁"正是主要的原因之一，所以"有财产的人很少返大陆"。但这也不是绝对的，有些有财产的人也回大陆，只留下一些人在台湾管产业。《台湾新报》指出，台北"大稻埕的茶商大多是泉州、福州、厦门等地的豪商，其在故乡均有妻眷财产，在台湾不过是买小妾，购置大厦，无怪乎多数不想归化"。至于没有财产的人也有难处，他们所耕种的土地和所居住的房屋一时也离不开，而在大陆却举目无亲，无法谋生。受到这些条件的限制，一般平民还有多少"自由选择"的空间？绝大多数人不论意愿如何，只能留在台湾，他们是毫无选择余地的。连日本人写的《台湾近代化秘史》都说："清国的官宪和接受清国的开拓许可证支配广大土地的大租户都有逃往大陆的自由，然而在台湾出生、在台湾死的台湾人则没有可逃的去处，只有在日本统治下活下去一途而已。"由此可见当时台湾人民的处境。而鼓吹日本"相当民主"、台湾人民有"自由选择"的权利，就是歪曲了历史的真相。实际上，在当时的条件下，所谓台湾人民可以"自由迁回大陆"，只是一句空话；所谓台湾人民可以"以自己的自由意志选择国籍"、自动"抛弃清国国籍"的说法，不仅是歪曲历史，而且是捏造历史。

并不排斥中国

台湾人民认同台湾，并不排斥认同中国。在当时，即在日本侵占台湾的初期，台湾人民的"自由意志"是什么呢？请听听老一辈的回忆：

林呈禄："对日人的殖民地统治怀抱不满，景慕祖国，这恐怕是每一个台湾人的心情，当然想有机会就摆脱这个枷锁回到祖国去。"

黄旺成："台湾人对日本人之抵抗，当然是希望复归祖国。"

林熊祥："日军据台湾初期，草野之民多以干戈相向，毁家纾难者不胜枚举；士绅巨商则以服倭为耻，举家西渡者为数亦众。"

施江西："先父怀念祖国，所以在替我们兄弟命名时，决定以长江为中心，因此我们四兄弟，按排行列为江东、江西、江南、江北。"

早在签订《马关条约》的过程中，台湾人民就表明"抗倭守土""全台赤子誓不与倭人俱生"的坚强意志。后来成立的"台湾民主国"也表示了"台湾绅民，义不屈倭，愿为岛国，永戴圣清"的立场。日据初期台湾人民的抗日武装斗争，更以实际行动表明了自己的意志。全岛从北到南，处处展开抗日斗争。全体军民同仇敌忾，奋起抵抗。连日本人都说：抗日军民"有一种不怕死的气概，相当不可轻侮"。是什么力量在鼓舞他们呢？义军在抗日檄文中指出："此次征倭，上报国家，下救生民"，"奉清征倭"，"歼灭日本军，以回复清政"。后来还以"驱逐日人""光复台湾"为号召。这些用无数人的鲜血和生命写成的光辉历史，才是真正的台湾人民自由意志的体现，是任何人也抹杀不了的。相反地，所谓台湾人民"以自己的自由意志抛弃清国国籍"的说法，却永远也无法找到事实根据。企图歪曲历史为自己所用，却受到历史事实的无情批判，这正是历史伪造者的悲哀。

注释：

[1] 《自立早报》，1995 年 4 月 17 日。
[2] 张德水，《激动，台湾的历史》，台湾前卫出版社，1992 年。

九、所谓"地方自治选举"

日据时期，日本对台湾实行殖民统治，本地人民毫无政治权利，因此，台湾人民发动了许多反抗民族压迫的斗争。议会设置请愿运动和地方自治运动是其中以比较温和的方式进行的抗争，却也被日本殖民者视为眼中钉，始终受到压制，而不能达到目的。1920 年，台湾当局公布实行所谓"通往地方自治之基础"的市街庄制，1935 年则举行仅有的一次半官选半民选的地方自治选举，对此，当年的台湾人士纷纷加以抨击，揭露其假自治的实质。可是，现在有人却把这种选举吹捧为"台人初尝自治之味"，从此"台湾成为重视法治秩序的公民社会"，"日本高效率的殖民统治，让台湾第一次有了现代法律上的人格观念"等等。[1] 历史的真相究竟怎样，让我们先看看时人的评说。

自治的欺骗性

1920年实施的地方自治制度，街庄长和州市街庄协议会员全部是官选的，在州市协议会员中，日本人比台湾人多出一倍。后来进行过改选，情况没有什么变化。对此，《杨肇嘉回忆录》写道：这种自治"纯粹是属于欺骗性的"，"纯属安抚性质"，正是由于那是假的自治，才引起台湾进步人士长达15年的议会设置请愿运动。《台湾民报》的评论指出，各街庄协议会员多是"不合用的旧人物"和不晓世事的"土富"，被选者"专重在富有金钱和奴隶根性的二大要件"。结果选出来的多是"御用绅士"和"依靠官厅势力的事业家"。

1928年全岛改选2200多名协议员及200多名街庄长，十之八九仍是"旧御用者"，并且以财产取人，以金钱换取地位，无法代表民意。因此，《台湾日日新报》要求选出"有才能、有人望之士"。当时台湾人士还羡慕同样沦为日本的殖民地的朝鲜，《台湾民报》指出，朝鲜的地方自治改革方案，除了道的议员还有三分之一官选外，州府、郡、县的议员都改为民选，"比之我台湾州市街庄咨询官选制十年不改，可说是进出数步了"。

对于这样的"地方自治"，《台湾民报》对它作出这样的评价："官选的协议会，年年开会都没有什么议论，没有特别的研究，变成一种无用的机关。"他们认为那是"假装的民意机关""假民意的各州市街庄协议会""官命的协议员"，做的是"御用的奉行官事"，"日本内地是立宪法治之国，台湾仍是警察万能之地方自治制实行了六年，没有表示改为民选的诚意，可谓台人只有纳税的义务，全无参政的权利了"。

可怜的选举

1935 年，终于作出了一个小小的改变，即改为一半民选一半官选。这次选举规定年满 25 岁、有独立生计的男子，纳税年额在 5 元以上者才有选举权。有多少台湾人有资格参加选举呢？根据杨肇嘉的统计，台湾人有选举权的只有 28952 人，而日本人却有 30969 人。《台湾近代民族运动史》也写道：在台中市，有选举权的日本人为 2000 余人，而台湾人中则有 1800 余人。另一种统计是向山宽夫《日本统治下的台湾民族运动史》所提供的，有选举权的日本人（包含少数的朝鲜人）39627 名，台湾人 186672 名，整个台湾只有 20 多万人参加选举。

对于这次选举，台湾人士纷纷表示反对。从事地方自治运动的杨肇嘉说："我不满意街庄仍为咨询机关以及各级民意代表的半数官派。这根本失去了地方自治的意义。"对于选举权的限制，他也极端反对，他认为这是少数人操纵多数人的选举。台湾自治联盟发表宣言指出："即将实施之改正地方自治制度，仅改正旧制度之一小部分，虽则前进一步，但仍不能副岛民之舆论，尤与本联盟年来所要望者相距甚远。不但不能反映民众之利益，在文化向上、民风进步之今日，殊难唤起民众热烈之关心。"

这次选举的参选者大多是花得起选举费用的人物，而中产阶级以下者则没有人可以出来竞选。选举的结果是，在市一级的议会中，日本人占 51%，台湾人占 49%，在街庄一级中，则台湾人占大多数。当选者都有相当的资产，多数人还曾担任过助役、街庄长、协议会员。大实业家、实业经营者、开业医生、区长、庄长、公学教师、律师、地主、富商等被民选或官选为州、市议员。"上流阶级议员永远垄断议会，真正能传达民众心声的议员很少"，"如此，将使中产阶级以下者感到迷惑"，"显示州会议员实质的参与管道开放有限"。[2]

这样的"议会"，由行政机关首长兼任"议会"的议长；各级"议会"不能罢免同级的行政首长，而台湾总督可以命令各级议会立即解散。黄昭堂也认为"将其视为地方自治的话，是没有什么实质意义的"。日本人古野直也把这种制度称为"有名无实的地方自治"，并且说"50年的台湾统治，本质上脱离不出殖民地支配的框架，所谓一视同仁，只不过是一个空洞的口号罢了"。

《台湾省通志》"政治志议会篇"对1935年的"议会"也作了这样的评价："半数虽为民选，复因选举权、被选举权严加限制，又为间接选举，事实上虽有议决权，本已谈不上意见表达，而日人复于制度上，以设置参事会为方法，进而由行政长官控制议事机关，实际上离地方自治甚远。"

这些看法表明，有不少台湾学者是否定日据时期的地方自治的，吹捧"议会"选举是对历史的歪曲。

至于说日据时期台湾已经"成为重视法治秩序的公民社会"，"让台湾第一次有了现代法律上的人格观念"，更是颠倒是非，混淆黑白。对此，台湾的法制史学者早已作了深入的批判。戴炎辉指出："台湾（人与地）只是（日本国家统治权）支配的对象，而不视为其本国之同体构成分子。"黄静嘉指出："殖民地法制，其基本性格系为适应殖民地资本主义发展的需要而产生并存在的，目的完全是为殖民地资本主义的利益，殖民地人民的自由、尊严、财产、生活与生存的权利，当然不是此一法制所需维护的客体。实际上它正是毫无怜悯地以法律的形式，或法律外的形式，桎梏、役使、剥夺、榨取殖民地人民之脂膏去奉养财阀独占资本的利益。"由此可见，吹捧日据时期"法治"的人，离开历史真实已经不知道有多远了。

注释：

[1]《民众日报》，1995年3月31日。
[2] 吴文星：《日据时期台湾社会领导阶层之研究》，台湾正中书局，1992年。

十、所谓"生活水准急速提高"

日据时期台湾人民的生活状况如何，这本来是不难回答的问题，有许多当事人还健在，也有不少当年的文字记载。显然不同阶层的人们有不同的生活处境，一般人民的生活水平并不高，在战争期间，人民的生活更加困苦。可是彭明敏却说："在日本人的重整和引导下，台湾经济有了可观的发展，生活水准急速提高。"[1] 实际情况如何，不妨先看看老一辈人的回忆。

一般生活状况

黄旺成：日据初期，台湾人"大部分从事农商业，谋生不易。白领阶级之职位是很难得的。民房，在市区多为瓦厝、土角厝，乡下则多为草厝。三餐吃稀饭过日者颇多"。

林土木：日据时的公学校简陋极了，庙宇当校舍，学童都是赤脚而不穿鞋袜的。

陈逢源：日据初期，"一般人生活艰苦，只可做小生意。地主阶级之生活比较好，医生、教员、低级官吏之生活都还好。地主之子弟才有办法到日本留学"。"日据时期台湾人之知识阶级不能上进，而且人民生活艰苦，所以才发生政治社会运动。"日据后期，物资缺乏，"三餐副食只有蔬菜而已。油类、鱼、肉类甚为缺乏，黑市盛行。余又常到黑市小店吃些鱼、肉补补营养，但又不新鲜。有钱无物可买，人民都营养不足，健康情形不佳"。

蒋渭川：日据前期，主要衣料是粗布，"处处染房林立，以台湾土产的蓝色、黑色染料代客染布。在农村家家户户都用泥土自行染衣，习以为常"。

朱昭阳："学校的伙食简单，当时社会生活水准不高，我们乡下来的同学都不觉得差，但家境富裕的同学就认为不好，他们往往突破禁令，自备食物佐餐了。"

吴火狮："依稀记得母亲常唤我们这些小孩子去田里捡些蕃薯叶、田螺之类的东西来供她养猪、养鸡的。有时候跑出去外头玩也是随时留意，看看能不能捡到别人丢弃不要吃的、用的回来"，"说是开店做生意，其实在那个年头能谋个温饱，生活应付得过去就心满意足了"，"记得我和大部分同学也都是光着脚去上学，至于鞋子通常是吊在肩头，一路带去学校，放学再带回家里而已"，"我母亲常从富人家残余的饭菜中，捡出还能食用的米粒和酱瓜"。

吴修齐：村里普渡本来要演戏，因为"查看结果大多数人家没有蕃薯干可煮，煮蕃薯藤的居多，戏也就不演了"。

到了第二次大战期间，台湾人民的生活更加困苦。"台湾人被迫勒紧裤带，饮食状况在数量上和质量上都恶化了；减少粮食消费所造成的缺口，由白薯代替"，"战时一星期的米粮分配只够吃4—5天"。吴浊流回忆说："1941年，战时物资缺乏，一个月配给的米只够吃二十天。"吴修齐说："当时脚踏车缺乏新的内胎可替换，都是旧胎一补再补，实在不堪修补了，就以草绳替代内胎。"

工人的生活

20年代，煤矿工人平均每人一年生产432元48钱，而每日工资只有1.60元，当时米价每斗3.143元，工资"尚不能够追及米价之昂涨，而他们生活的低下是愈急变的，所以石炭（煤）生产额的膨胀，可以说是皆由他们的膏血成立的"。经营者"以苦力头为直接责任者，而使包办之，酷使坑夫像牛马一样"。织布熟练女工每月27—28元，普通女工11—12元，而在日资工厂扣除午饭每日1元50钱，工钱百分之五的储金，熟练女工每月只领14—15元。日华纺织会社工资最低的女工每日约18钱，劳动时间为10小时40分，后来又延长为11小时。茶箱工一人一天工钱60钱，有时更少，供应三餐，都是稀的稀饭，菜又不足，工人每天要买10钱的菜。最熟练的工人每月才14—15元。当时工厂大量雇用女工，因为女工的工资只有男工的一半，"后来日本人认为雇用女工的工资还太高，所以就派人到厦门，雇用中国流氓在街头宣传'有机会到台湾发财'，诱骗中国人到台湾来"，这些"支那苦力"的工资比女工还低，而且往往都有卖身契约。"很多支那苦力不堪虐待，没有多久就死在九份、金瓜石，能够苟全生命回到中国的，实在是寥寥无几。"

农民的生活

1930年，台湾本地人"约有四分之三尽皆从事于农业，同时仅8%从事于工业矿业，并包括从事家庭工业之人数"。1929年发表的《告农工兄弟书》指出："我们四百万的大多数民众早已无业可就，无生可享，尤其农工兄弟所受的压榨更是惨不忍睹，工资日日降低，物价太高，住家要户税，耕田要地税，车税、马税、牛税、保甲费、街庄费……还要用强权来霸占农民兄弟的土地，强夺农民兄弟的香蕉、凤梨、竹林、甘蔗等等。"1926年底，台湾总督府将官有地3886甲预约出售给退职官员，而其中有的是两次洪水后，农民经过艰辛劳动才回复的田地。当时大甲农民组合提出：农民生活的降低，日甚一日，不堪设想。1927年的大甲农民陈情书更具体地指出："近来我们无产农民的日子怎样也没办法维持了，每天家族总动员，不分老幼都出动，不分昼夜牛马一般工作，生活一点也不好转。不仅如此，借债则越来越多，陷入连番薯都三餐难继的情形。"大肚乡农民祖传土地50多甲被"退官"所占，提出抗议："若以征服者之态度，而对吾等之被征服者，不肯丝毫反省，则吾侪农民不得不作相当之决心。"农民的竹林被三菱会社占领，确立了业主权，要农民承租，租额比以前多6倍。农民砍竹子自用，却被告发为盗伐罪，而被拘留于郡警察课。当时，台湾一半以上农民没有耕畜。佃农和半佃农约占69%，有77%的农民每人只耕0.75甲以下的土地。"农民的食料，家家都是蕃薯签和炒盐白豆，又没有能力供儿童上学。"

在这种情况下，农民发动了抗争。《台湾民报》指出："最缺乏社会教育而最富于传统观念的农民，能共同一致的缘故，不消说是他们的生活条件已经降到饥饿线下，不能维持其口腹，任他们终日劳苦，犹不能改善丝毫。"到了30年代，台湾农民的生活不仅没有改善，反而更加恶化："台湾农村实在已经如此残破不堪了。以北部农民为例，西海岸的岛民一日只能吃两顿，而那两顿也不过是蕃薯签。"1931年，税金苛重，公地租、户税、所得税的金额即达一亿二千万元，每户平均每年须缴300余元，其他的临时苛税不计其数，无日不缴税，农民成为纳税的奴隶。

在日本统治下，台湾以米、糖为主要产品。从事米、糖生产的农民处境是怎样的呢？

先谈稻农的情况。生产蓬莱米成本较高，大部分费用用于购买肥料等，农民收入减少，但又不能不种，因为其他食米不能销售日本。蓬莱米增产并不表示景气，只要能维持各项消费（租税、灌溉费等）就不错了。米价提高，农民获利也不多，因农民售米的价格并非市场价格，其间经过地主、高利贷者、经营商、进出口商及日本轮船公司的层层盘剥，扣去利润，农民所得很少。同时其他物价也随着上涨，农民生活无法提高。如果稻米降价，例如，30年代初，稻粟每千斤价从80—90元降到20—30元，价格减低为三分之一，农业收入也减到从前的三分之一，这样的价格已经低于生产费用，而税金、公课依旧不减，农家连最小限度的生活都已无法支持。嘉南、桃园两大圳被认为日据时期对台湾农业贡献最大，在这个区域内的农家，生活是不是会好一些？答案是相反的。《台湾民报》指出，这些地区"其状更惨了"，在嘉南一带，因水租不能缴纳，而土地被其差押竞卖的不计其数；在桃园，土地所有者因不能完纳水租，要把土地所有权放弃尚且不许逃责，而对水租滞纳的利息很高，所以农民的土地面临被差押、竞卖的命运。这些地区因为租税过重，不仅农民，甚至地主也入不敷出，"卖田而不得买手，不得已典子借钱缴纳公课者不乏其人"。

所以，稻农当米价下跌时，吃了大亏，而在米价上涨时，则无米可卖，反而要买米充当伙食，卖贱买贵，同样要亏。1934—1935年日本国内稻米丰收，生产过剩，台湾总督府便限制农民种稻，命令良田改种苎麻、黄麻和亚麻等，故意让台湾缺粮，以便输入日本剩余的稻谷。1943年，每百斤上等米15.47元，而成本每斤却要1—2元不等，农民多生产多赔钱。

再看蔗农的处境。蔗农的命运操纵在日资糖厂资本家手中。1930年，嘉南大圳斗争委员会指出："嘉南大圳竣工启用的今天，有的说是为了贫民群众的福祉（应为"毒死"），有的说是为了增进幸福（应为"下毒"）……大圳组合规约完全是为了拥护制糖公司啊！与公司共谋，用三年一次的灌溉法来害我们的民众。"蔗农只能把甘蔗卖给糖厂，"甘蔗价格由会社（制糖公司）自定，而且秤量也有欺诈，肥料成分的不实和其价格的不公平，（蔗农）受会社数重的剥削，彻底的站在被榨取的地位"，"制糖会社的烟筒，是农民眼中的催命鬼。"《杨肇嘉回忆录》也指出："他们（日本当局）为了维护其官僚资本家投资于糖业的利益，竟不惜以法令来限制蔗农，并由官方规定价收购，致使蔗农蒙受重大损失。"制糖公司任意采收，任意秤重，任意规定价格，而蔗农不得越区出售，吃亏很大。1933年，蔗农负债的达87.42%；1936年，一甲地一年半的蔗作收入只有日币50元，而种稻和薯则有200元收入；日据后期，强行收购甘蔗，每百斤6毛钱，一万斤60元，而生产费用达500多元。"农产物无端廉贱，而租税公课有加重而无减轻，所以民众的经济困难至于极度，加之制糖会社更将糖价的损失转嫁于农民"，而在糖价上涨时，日资糖厂也不肯减轻农民的负担。所以，日据时期有一句民谚："第一戆，种甘蔗给会社磅。"

以上是一般工人、农民的生活状况，当然，地主的生活要好得多。吴修齐家是小地主，他回忆说："大多数人住茅草屋时；我们家已住有儋瓦房了，养了好几头牛，也有牛车。当别人蕃薯干不够吃时，阮没听说缺少的。"有人回忆说："我们在佃农家中吃过中饭，饭菜都还不错，原来那不过是为了请'头家'特别地煮的，我想我家附近的都市小孩在吃的常常是番薯稀饭和空心菜，更何况乡村人呢。至于我家，每餐都是大鱼大肉、山珍海味。"戴国煇说："家叔念了后藤新平所创立的台北医学校，毕业后成为开业医生并赚了大钱。"柯台山家有不少土地，是所谓"笃农家"，"除了日本警察时常光顾，在我们田地上的日本退休官员，以及盐水港制糖会社的人也不时上门。每次这些人来，家父都得弄日本酱菜罐头给他们吃"。

我们引用上述资料，不过是为了提供比较具体的情况，说明从日据初期到中期、后期，台湾大多数人民的生活并没有多大改变，尤其是一般工人、农民始终生活在困苦的环境中，所谓"生活水准急速提高"完全是不符合历史实际的。

注释：

[1] 彭明敏：《自由的滋味》，台湾文艺出版社，1987年。

十一、怎样看待日据时期的建设

日本殖民统治台湾达50年之久，在这么长的时间里，台湾当然有所建设，有所发展，例如：一些基础建设（电力、交通、港口等）、米糖经济开发的基础（土地资源、水利设施、生产技术）、工业化某些成果（电力、机械、水泥、肥料、工矿等）和近代的社会经济制度（管理体制、教育和劳力素质等）。

怎样看待这些建设成果，历来有不同的看法。有人着重揭示其殖民掠夺实质，有人则赞扬日本发展台湾经济的良苦用心；有人认为它对台湾经济发展影响不大，有人则强调它为台湾经济发展奠定了基础。彭明敏就说："日本当时将台湾建设成一个东南亚数一数二的地区，这是触目可见的事实"，"若客观地论述功过，日本领台这段是极为重要的一段历史，不容加以抹灭"，"现在台湾经济发展奠基于当时"。[1] 这是为日本殖民统治歌功颂德的典型实例。

这里涉及对殖民主义的认识问题。唯物史观对殖民主义不是用简单的道德判断评定是非,在揭露其侵略、掠夺的罪恶本质的同时,也肯定其在客观上的进步作用。可以说,殖民主义具有两重性:一方面通过商品输出和资本输出,破坏殖民地的社会结构,另一方面也带来了新的生产力和新的社会因素;一方面进行破坏和掠夺,另一方面进行开发和建设。其动机是卑鄙的,一切都是从殖民母国的利益出发,但却充当了历史的不自觉的工具,不得不为殖民地留下一些"遗产"。

用这个观点看日据时期的台湾社会经济建设,可以得到如下一些看法。

殖民主义的掠夺本质

日本殖民者的目的在于"工业日本,农业台湾",后来则要把台湾作为其"南进政策"的基地。所以,日本在台湾的建设就是为这个目标服务的。在前期,"台湾一方面输出农产品以弥补日本农产品之不足,另一方面亦成为日本工业品的市场,双方形成垂直分工关系,此为殖民地经济之普遍模式"[2]。何保山也指出:"殖民地策略是开发台湾作为日本的补充,因此重点放在把这两个地区的经济一体化上面。即把台湾变成日本的附庸,帮助日本养活不断增加的工业人口。"从台湾对日本的贸易来说,从1905年开始,几乎连年出超,平均约占输出贸易额的30%左右,1939年从台湾输出日本的比日本输入台湾的价值竟多了6倍,"表现出对台湾人民的高度剥削","台湾的巨额经济剩余都转移到日本去了。"[3]从台湾财政来看,台湾支付日本的大部款项不是来源于日本企业的利润,而是来自日本殖民当局的税收。日本曾经将台湾岁入关税的一半补给本国中央的财政。"殖民地提供这么多的财源来给本国,实是向来各国的殖民地所没有的,台湾可说是贡献于本国财政是很大的。"到了日据末期,台湾近代产业完全被日本资本所支配，日资占了压倒的比重，土著资本只是中小资本，发展有限。所以台湾旅日学者刘进庆指出："殖民地统治的本质便是压制与掠夺"，"在日本殖民统治的半个世纪里，台湾经济在日本资本主义制度下推行了殖民地的经济开发。就其根本意义而言，台湾殖民地经济发展是对日本资本主义作出贡献的"。[4] 换言之，日本只是为了发展其本身的资本主义而利用台湾，根本无意推动台湾经济的资本主义化，当时台湾的社会经济，只是典型的殖民地经济，而不是什么"近代化的资本主义经济"。

被称为"铁血诗人"的吴浊流早年就已经有了这样的认识："要榨取台湾，必先把台湾建设起来才行，所以他们首先对邮政、电信、航运、港湾、道路、铁路等，从原已略有基础的交通上，按部就班地进行建设"，"而在工业方面，则始终站在殖民地政策的立场，不愿谋求全面的发展。例如没有重工业，让台湾的建设没有基础；没有肥料工业，让台湾的农业受限制；没有纺织工业，让台湾人穿衣服都要靠日本。总之，日本人在台湾的现代文明建设，是为了他们本国的利益，而不是为台湾人谋福利的。"他的看法比现在的许多人要高明得多。

动机是卑鄙的，发展有局限性

农业生产的基本条件，如土地开发、水利设施、品种改良等有一些进步，米糖经济有相当的发展，但土地大部分被日本人占有，公有地占66.6%，即绝大部分土地归当局所有。资本主义大地主（主要是日本财阀）占有私有土地30%多，大中地主也占30%，而无地少地的农户却占人口的70%。当时，台湾除了制糖，几乎没有什么工业发展可言。而日本帝国主义发展台湾制糖业是为了它本国的需要，并非为了台湾人民。从贸易来看,1939年台湾出口货81%是农业原料制成的货品,如米、糖、茶等,"进口则是为出口所需的铁路材料、筑港材料、装米和糖的麻袋、肥料等,对岛民无直接用处,不过便于日本人获得所要的货物而已"。邮政、电报、电话也多数是日本人使用的。在建设纵贯铁路和公路时,征用土地和保甲工(义务劳动),台湾人民的土地白白被征用,良田美宅化为乌有,却得不到补偿,并且无穷无尽地动用保甲工,使得人民叫苦连天。至于日本人建设阿里山铁路,其目的是为了采伐红桧等树木,用于建筑和造船,也不是为了台湾人民的利益。

有些人最爱宣扬的,一是当时台湾成为"糖业王国",二是1939年台湾的工业比重已经超过农业。其实,台湾所谓"糖业王国"有其显著的特点:台湾的砂糖产量中几乎有90%是输出岛外的,其中绝大部分输往日本;土著资本受到排挤和兼并,日本的糖业垄断资本完全控制了台湾的糖业经济。这到底是谁人的王国,不是很清楚吗?至于工业比重超过农业,也有其特点:它仍然是典型的殖民地工业,是为日本的南进政策服务的,是为军事需要而生产的;"台湾所有工业化计划都是以日本的资本来进行的,台湾的中国民族资本决不能参加工业化计划,而同时却需要大量地利用台湾的原料与人力,以最苛刻的剥削方式,进行战时工业的新计划";大部分仍是砂糖和罐头食品,1940年工业总额中食品工业占65.1%。所以,所谓台湾工业化,实际上是台湾产业日本化,这种工业化的结果,"使台湾人民付出重大的无形的代价,例如被外人统治的耻辱,丧失政治自由和经常是个人自由,并丧失发展自己的社会类型的机会",它阻碍了台湾出现资本家阶级,因而台湾居民中没有支持经济的决定性因素。以致日本突然撤退,经济增长就会停滞,1945年的情况就是如此。

客观上对生产的发展有一定的作用

随着农业生产的发展，稻米和蔗糖产量的提高，台湾地主和商人得到一定程度的资本积累，但也受到制约，发展有限。"至于广大的农民和劳动者，则仍然不得不忍受贫困，这则是殖民统治的逆面结果"，他们在殖民统治下并不能"分享"其成果。只有到了日本殖民者失败以后，台湾人民才能继承殖民地时期留下的一些"遗产"："这就是近代社会经济制度的建立、基础设施的整备、米糖经济的开发以及工业化的推进等四个方面。"这些"遗产"战后被继承下来，发挥了正面和负面的作用。例如，水利设施和农业生产技术，对战后农业的恢复和发展、对50年代台湾的出口贸易都有一定作用；进口替代工业的发展也利用了日据时期工业化的经验；经济管理体制、教育水平、劳力素质和基础设施也为战后初期台湾经济的发展提供了有利的条件。另一方面，日本垄断资本的支配体制和战时管制经济，也被继承下来，成为国民党的国家资本支配体制，形成"恐怖政治下的搜刮经济"，给台湾人民带来严重的危害。

总之，对日本殖民统治下的建设，不能唯道德判断，而否定了它在客观上促进生产、为经济发展提供条件的一面，也不能没有道德判断，而掩盖它的掠夺本质，甚至美化殖民主义。为日本帝国主义歌功颂德，不仅在理论上是错误的，在今天，显然是出自媚日反华的分离主义的政治目的，人们不能不对它有所警惕。

（《海峡评论》1998—1999年第89、95、96、97期）

注释：

[1] 彭明敏：《自由的滋味》，台湾文艺出版社，1987年。

[2] 黄富三等：《台湾近代史（经济篇）》，台湾省文献会，1995年。

[3] 隅谷三喜男等：《台湾经济发展的成就与问题》，厦门大学出版社，1996年。

[4] 同上。

参考书目：

1. 《杨肇嘉回忆录》，三民书局，1967年。
2. 黄富山等：《近现代台湾口述历史》，林本源文教基金会，1991年。
3. 黄进兴：《吴火狮先生口述传记》，允晨丛刊，1990年。
4. 林忠胜：《朱昭阳回忆录》，前卫出版社，1994年。
5. 谢国兴：《吴修齐先生访问记录》，"中研院"近史所，1992年。
6. 林秋敏等：《林衡道先生访谈录》，"国史馆"，1996年。
7. 许雪姬：《柯台山先生访问记录》，"中研院"近史所，1997年。

前仆后继五十年

——台湾人民抗日斗争史的回顾

1994年，我在台湾进行学术交流时，曾经特地访问了雾社起义所在地。令人十分感慨的是，在今日台湾，当年抗日斗争的历史已经被许多人淡忘了。台湾被日本侵占50年，这是台湾人民特有的不幸的经历，而台湾人民的抗日斗争，则是台湾历史上的光辉一页，这一段历史是绝不应当"失忆"的。

自从清政府在日本侵略者的逼迫下签订了《马关条约》以后，台湾人民一直坚持反抗斗争，前仆后继，英勇牺牲。许许多多先辈留下了可歌可泣的光辉事迹，这是激励台湾人民自强不息的精神遗产，也是中国人民爱国精神的突出体现，子孙后代都不应当忘记。

台湾属倭　万姓不服

1895年，清朝政府在甲午战争中遭到惨败，4月17日，被迫签订了《马关条约》。割让台湾的消息，激起全国人民的愤怒，各界人士纷纷上书，反对割地求和。消息传到台湾，引起全岛的震惊。人们奔走相告，哭声遍野。台北民众鸣锣罢市，前往官府愤怒抗议清政府割让台湾的卖国行径，誓死抗日，保卫台湾，要求军械局继续生产,并且留下饷银、厘金作为抗战的费用。他们有的写了血书,要求清政府删除割地的条款,表示不愿意臣服于日本,要和自己的家乡共存亡,"愿人人战死而失台,决不愿拱手而让台"。台湾同胞还发出檄文,表示和李鸿章等人不共戴天,准备好刀枪,准备随时随地杀死这些卖国贼。在民情激愤的情况下,台湾巡抚唐景崧急忙禀告朝廷:"台民不愿归倭,尤虑乱起",台湾的局势已经无法控制了。

在北京的台湾籍举人汪春源、罗秀惠、黄宗鼎等闻讯后立刻到督察院联名上书,反对将台湾割让给日本,表示台湾人民不愿意和日本人生活在一起,否则只有等到矢亡援绝、台湾人民全部战死为止。他们指出,祖宗坟墓、田园庐舍不能放弃,只要政府不割让台湾,"台地军民必能舍死忘生,为国家效命","与其生为降虏,不如死为义民",慷慨激昂,掷地有声。

在面临割地厄运的关头,台湾人民表现出爱国爱乡的无比激情,悲壮惨烈,足以动天地,泣鬼神。清政府也看到"台民誓不从倭",曾经电告李鸿章,暂缓批准和约,可是为时已晚。日本侵占台湾蓄谋已久,它绝不可能把咬到嘴里的肉吐出来,割台的命运已经无可挽回了。

愿为岛国　永戴皇清

台湾人民看到清政府已经决心割让台湾,而列强也不可能对台湾伸出援手,要摆脱沦为殖民地的命运,只有依靠自己。5月15日,以丘逢甲为首的地方士绅,在台北筹防局集会,请唐景崧暂时负责台湾政事。他们以全台绅民的名义,致电朝廷,指出"台湾属倭,万姓不服",朝廷既然决定放弃台湾,百姓只好"据为岛国,遥戴皇灵"。

21日，丘逢甲等推举唐景崧为总统，丘逢甲为全台义军统领，刘永福为大将军，决定成立"台湾民主国"。

25日，"台湾民主国"正式成立。唐景崧穿着朝服，向北面九叩首，表示忠于清朝，然后就任总统，定年号为"永清"，以蓝地黄虎旗为国旗。致电清朝政府，表明："台湾绅民，义不臣倭，愿为岛国，永戴皇清。"这说明台湾人民之所以成立"台湾民主国"，是为了抗拒日本，同时也表明"我君可欺，而我民不可欺；我官可玩，而我民不可玩"，尽管清朝统治者已经屈服于日本侵略者，但台湾人民仍然坚持爱国立场，誓死抗拒日本。

从前有些主张"台独"的人，把"台湾民主国"作为台湾早就有"台独"传统的见证，而极力加以鼓吹；后来发现历史事实对他们不利，因为"台湾民主国"是忠于祖国的，只是"以独立为名，行抗日之实"，于是，他们又反过来极力贬低"台湾民主国"了。

黑旗义军　拼死疆场

5月29日，日本侵略军在澳底登陆，接着，向基隆等地进攻，遭到守军的抵抗。不久，唐景崧逃往厦门，"台湾民主国"便宣告灭亡了。但是，以刘永福为首的黑旗军和新楚军等部清军，仍然和台湾各地自发组织的义军一同抗击侵略者，从北到南，与日军展开了激烈的战斗。义军首领徐骧、姜绍祖、吴汤兴、林昆冈、江国辉，黑旗军等部将领杨载云、吴彭年、杨泗洪、王德标、柏正材等等，为了保卫台湾，奋起抵抗，而英勇地牺牲在战场上。黑旗军和义军的鲜血洒遍了台湾的山河。

6月底，日军占领新竹。7月8日，义军兵分三路向新竹发起进攻。吴汤兴等部在十八尖山与日军作战，杨载云等部从两翼夹击。义军占领虎头山，发炮轰击新竹城。日军以强大火力进行反攻。徐骧南下助战，迫使日军退入城内。姜绍祖则进攻东门。后来大队日军包围了义军，义军同敌人肉搏，不少人英勇牺牲。在争夺新竹的一个多月中，经历了大大小小20多次战斗。姜绍祖在枕头山作战时，直打到弹尽援绝，被俘牺牲。

8月间，在彰化一带，义军吴汤兴、徐骧和黑旗军吴彭年、王德标等部一共3000多人，与由北白川宫能久亲王率领的1万多名日军对阵。双方在八卦山展开肉搏，面对凶恶的敌人，义军拼死奋战，击毙日军1000多人，抗日军民也遭到日军炮击而大量伤亡。吴彭年身中数弹，英勇牺牲，他所率领的队伍伤亡殆尽。义军首领吴汤兴在义民庙附近与日军作战，弹尽力竭，遭到日本骑兵队的袭击而战死在八卦山下。这场战役，义军在力量对比悬殊的情况下，仍然奋勇作战，牺牲了近500人。只有徐骧率领20多人拼死抵抗，才得以突围。

10月间，形势对抗日义军已经十分不利，许多将领战死疆场，义军伤亡惨重，兵力单薄，弹尽援绝。在距离台南府城很近的曾文溪，义军仍然坚守在最后的防线上，准备同敌人展开最后的斗争。20日，日军到达曾文溪，徐骧所部奋起应战，把日军阻挡在东岸。守将柏正材等也打退了进攻文溪庄的日军。后来，日军旅团长亲自率兵两侧夹击，并且用猛烈的炮火轰击义军。徐骧中炮身负重伤，还跃起高呼：大丈夫为国而死，可以无憾！直到壮烈牺牲。柏正材和王德标也同时战死。同一天，在保卫萧垅的战斗中，义军首领林昆冈和他的儿子也中弹牺牲。

从6月到10月，台湾义军和黑旗军等部经历了大小100多次战斗。不仅如此，在这个过程中，广大人民不论男女老幼，都起来抵抗日本侵略者。日本人不得不承认，他们经常遭到台湾民众的袭击，人民就是士兵，甚至年轻妇女也拿起武器，一面喊叫，一面战斗，一点也不怕死。日本侵略者采取全面扫荡的"焦土政策"来对付台湾人民，他们决定"不论良莠，一网打尽"。在三角涌，日军见房就烧，见人就杀，在几小时内，把一座繁华的乡镇变成一片焦土。在大林，日军大肆强奸、杀害妇女。西螺和土库的市街几乎完全被烧毁，萧垅全体村民都遭到屠杀，成为"无人村"。日军的残暴罪行是罄竹难书的。

台湾人民的抵抗，使日军无法轻易地占领台湾，他们不得不付出很大的代价：出动了7万大军和许多军舰，用了5个月的时间，官兵死亡近5000名，负伤人数达2.7万多名，这比在甲午战争中日军伤亡的人数还多将近一倍。台湾军民用鲜血和生命，表现了爱国爱乡的精神，在历史上写下了光辉的一页。

七年奋战　血染山河

1895年11月17日，日本的台湾总督桦山资纪宣布"全岛平定"，但是，台湾人民的抗日斗争并没有停止，从1895年到1902年连续进行了七年的武装斗争。詹振、陈秋菊、胡嘉猷、林李成、简义、张吕赤、黄国镇、陈发等都是当年著名的抗日义军领袖，特别是被称为义军"三猛"的简大狮、柯铁、林少猫，更是其中的佼佼者。

简大狮在淡水观音山一带，聚集1000多人共同抗日，曾经袭击金包里、沪尾、士林等地，杀伤日军。1898年台湾总督对义军实行"招降政策"，不少义军迫于力量悬殊，处境艰难，只得暂时接受招降，以图再起。简大狮等表面上被招降，实际上还在山区活动。日本方面先发制人，发起攻击，很多义军惨遭杀害。简大狮逃往厦门，收集武器，准备再战，可是却被漳州官府拘捕，交给日本人。简大狮愤怒地指出："我是台湾清国之民，聚众万人，反抗日本。日本人视我为土匪，清国应当视我为义民。我生为清国之民，死作清国之鬼。交给日本，我死不瞑目。"简大狮最终被日本人杀害。

柯铁在云林大坪顶建立抗日基地，把它称为铁国山。1896年6月，他们围歼日军侦察队，包围南投，袭击斗六，曾经光复云林。日军为了报复，派出"讨伐队"，对附近进行扫荡，接连5天，有50多个村庄中的4900多户被毁，无辜百姓被杀的传说有3万人，这就是骇人听闻的"云林大屠杀"。台湾同胞的鲜血染红了大片的山河。日军的暴行激起人民更加强烈的反抗，义军袭击了林圯埔日本宪兵队，攻占了斗六。可是，日军以优势兵力反攻斗六，接着，用猛烈的炮火轰击铁国山。柯铁退入内山，仍然坚持斗争。在日军实行"招降政策"时，柯铁提出，要把铁国山归还，保留军队，并设立"治民局"，由台湾人治理，日本当局不肯接受。后来，义军处境日益困难，实在无法坚持，只得在保存部属、归还铁国山的条件下，接受招降。

林少猫是南部最有实力的抗日义军首领。他曾经前往厦门购买武器，回台后招集几百人，在凤山、潮州、大目降等地打击日军。1898年底，率领上千人攻打恒春城，占领了虎头山。日军以炮火夹击，义军腹背受敌，只得撤走。第二年，日方进行招降，林少猫提出，要设立自治区和"治民局"，官员不得进入，居民为了自卫可以携带武器，当局要赔偿损失等等。日方基本上接受了他的条件。当时有人说，这是总督府向林少猫投降。实际上，日军对归降者经常采取监视和暗杀的手段。1902年，日方密令消灭林少猫的队伍，林少猫出来应战，在敌军的炮火下，全家遇难。这样，坚持七年的抗日武装斗争，就被完全镇压下去了。

报仇雪耻　孤军犹斗

1902年以后，抗日斗争曾经暂时沉寂了5年。从1907年到1915年，又发生了反抗日本殖民统治的武装暴动，比较著名的有：

北埔事件　1907年，在新竹北埔，以蔡清淋为首，发动"隘勇"100多人，进攻警察分遣所和派出所，并且攻打北埔支厅，杀死日本警察50多人。这是反对日本资本独占樟脑事业、苛刻奴役隘勇的暴动，引起总督府的震惊，它立刻派兵搜查。起义者退入山中，许多人被击毙，其余的被判为"匪徒"而处死。

林圮埔事件　南投竹山一带大片竹林被台湾日本当局划为公地，日本资本控制了竹林的开发和生产，庄民生计受到威胁。在请愿无效的情况之下，1912年，刘乾、林启桢等人密谋抵抗，袭击了顶林派出所，打死日本警察3名。林圮埔支厅派出警察和保甲壮丁进行搜捕，刘乾等8人被处死刑。

苗栗事件　这是在辛亥革命影响下发生的。早在武昌起义发生时，台湾的报纸就作了报道，各省通电宣布独立的消息，更使台湾人民兴奋不已。1912年，同盟会员罗福星返回台湾，在苗栗、台北等地秘密发展组织，以"驱逐日人""光复台湾"为号召，参加者达1500多人。他们进行军事编队，准备发动起义，被日本警察发现，许多人被捕。罗福星在自白书上写着，光复台湾是为了"雪国家之耻，报同胞之仇"。在法庭上，他公开承认自己的目的是"使本岛（台湾）复归中国所有"。1914年3月，罗福星英勇就义。

噍吧哖起义（西来庵事件）　在辛亥革命影响下，台湾人民爱国情绪高涨，1915年，在余清芳、罗俊、江定等人的领导下，利用宗教信仰，宣传抗日。他们以台南西来庵为据点，提出"光复台湾"的口号，招集民众，筹集军费，准备发动起义。被日方发现后，他们攻打甲仙埔支厅的警察所，杀死日本官吏20多人，后来又围攻噍吧哖市街，被日军打败，牺牲惨重。余清芳等逃入山中，第二年被捕。在这个事件中，有1400多人被捕入狱，其中866人被判处死刑。

日本侵略者把这些事件称为"土匪"暴乱，有些人也认为这些事件规模小，有的还带有迷信的成分，而对此不屑一顾。实际上，台湾人民在极端困难的条件下，面对凶残的外来统治者，敢于提出"驱逐日人""光复台湾"，敢于起来作拼死的抗争，这种反抗侵略的民族气节是永远值得肯定的。

民族运动　祖国意识

从1915年以后，武装抗日斗争基本上结束了，而非暴力的民族运动却逐步地发展起来。在祖国"五四"运动、俄国十月革命以及世界各地民族运动的影响下，主要产生在20年代的议会设置请愿运动，台湾文化协会、台湾民众党、台湾共产党的成立，工人运动和农民运动，形成了台湾民族抵抗运动的高潮。林献堂、林呈禄、蔡培火、蔡惠如、蒋渭水、王敏川、连温卿、谢春木、林木顺、谢雪红、简吉等等，在这些运动中发挥了相当重要的作用。

议会设置请愿运动是为了争取台湾人的政治权利，要求废除殖民暴政"万恶之源"的"六三法"，要求承认台湾人的参政权，设置台湾议会。这是在殖民统治下，针对总督府的专制统治公开提出的地方自治的要求，尽管只能采用叩头请愿的方式，还是得到了台湾人民的支持。日本当局则视为"违法"而"绝难容忍"。他们制造了"治警事件"，拘押了蒋渭水、蔡培火等41人。

台湾文化协会成立于1921年，其宗旨是"助长台湾文化之发展"，实际上是为了进行文化启蒙宣传，弘扬中华文化，促进民族意识的觉醒。文协的工作揭露了日本殖民统治的实质，使台湾人民反日民族情绪不断高涨。日本当局立刻加强控制，进行镇压。有不少活动被解散和取缔，不少参加者被拘捕。到1930年，文协基本上停止了活动。

台湾民众党成立于1927年，它以非暴力的手段，争取地方自治，实现民族解放。民众党支持工农运动，推动地方改革，反对总督府的不良政策，还组织群众团体与日本当局抗争。1931年，民众党被扣上"绝对反对总督政治和民族自决主义"的罪名而禁止。

台湾共产党1928年在上海成立，作为日本共产党的一个民族支部，并和中国共产党以及第三国际保持联系。台共曾经在农民、工人中活动，号召人们起来同资本家作斗争。1931年，台湾总督府大肆搜捕共产党人，从此，台共陷于瘫痪状态。

20年代，在文化协会和共产党的领导和支持下，台湾农工运动有了相当的发展，成立了台湾农民组合、台湾工友总会等组织，在反抗日资剥削、压迫，争取劳工权益方面做了不少工作。

到了30年代初，日本当局采取高压手段对付台湾人民的抗争，上述民族抵抗运动都遭到镇压和禁止。尽管如此，作为殖民地的民族运动，台湾民族运动仍然显示出台湾人民不屈不挠的爱国精神和要求民族解放的共同愿望。

雾社起义　灭族深仇

1930年10月，台中埔里雾社地区的迈勃、钵仔仑等社人民，为了反抗日本当局侵占土地，反对繁重的劳役和日本警察的克扣工资，在首领莫那·鲁道的率领下，分头袭击日本人正在集会的运动场和警察驻所，杀死日本人134名，夺取枪械180支。日本殖民当局对于土著居民的"背叛"大为震惊，他们立即从台北、新竹、台中、台南等地调集大批军警前来围剿，进行残酷的镇压。土著居民奋勇抵抗，日军用山炮轰击，各社房屋大部被毁，起义群众只得退入深山坚持抵抗。日军进攻不能得逞，竟然丧心病狂地使用毒气弹进行轰炸。经过一个多月的抵抗，起义者死伤严重，弹尽粮绝，仍然拒绝敌人的劝降。许多人宁肯集体自杀，不肯俯首投降，莫那·鲁道也在山洞里自杀。这次参加起义的泰雅人同胞有1236人，其中战死和自杀的有644人，被捕的有564人。日本殖民者把被捕者集中在两个村庄里，唆使与日方合作的"友番"发动突然袭击，几乎把15岁以上的男子全部杀掉，被杀的有253人，只剩下老弱和妇孺，泰雅人几乎遭到灭族的厄运。日军的暴行引起广大台湾人民和中外舆论的一致谴责。

这是台湾最后一次武装的抗日斗争，它体现了土著居民和汉族居民一样，坚决反对日本殖民统治的勇敢精神。有些日本人企图贬低雾社起义的反侵略意义，然而，历史事实是无法抹杀的。

民族意识　牢不可破

中国抗日战争爆发以后，台湾同胞期待着祖国战胜日本，这样就有希望收复台湾。这时，日本殖民当局加强了对民族运动的控制，台湾抗日力量处境更加困难，有组织的社会运动基本上结束了，较大的抗日事件不再发生。日本殖民当局还制造了东港事件、瑞芳抗日军事件等，不少人被加上抗日罪名而遭到逮捕和杀害。

这个时期，有不少台湾同胞前往大陆参加抗战。他们组织了一些抗日团体，后来联合成立台湾革命同盟会，决心协助祖国抗战，并且推翻日本帝国主义在台湾的殖民统治。活跃在祖国东南地区的台湾义勇队，以"中国的台湾人"身份，积极从事"对敌政治，医务诊疗，生产报国，宣慰军民"的工作，出版《台湾先锋》《台湾青年》和抗日丛书，宣传抗日，瓦解敌军，为祖国的抗战事业贡献了自己的力量。

1943年至1944年，在海南岛的日本军队中，有万余名台湾士兵准备起义投诚，被发现而遭就地杀戮的有7000多人，正式参加抗日队伍的有4000多人。

台湾人民的抗日斗争和参加祖国抗战，显示出台湾人民是中华民族的优秀儿女，他们在民族危亡的关头，与全国人民同生死共患难，为祖国抗日战争的胜利和台湾的光复作出了积极的贡献。

50年的抗日斗争，使日军认识到，台湾人民的民族意识是牢不可破的，台湾人以中国为祖国的感情是难以磨灭的。抗日运动温和派的代表人物林献堂说：过去50年来，台湾同胞不断向日本帝国主义斗争，壮烈牺牲，前仆后继，一句话，就是为了民族主义。这是历史的经验。

可是，在今日的台湾，有人居然说，现在已不和日本打仗，还谈什么民族主义？有人更把民族主义说成是落后的、甚至是法西斯的意识。这完全是污蔑！我们讲民族主义，是为了保卫民族利益，维护民族尊严，反对民族压迫，争取民族解放，主张世界各民族平等，增进各民族团结，我们的民族主义是和国际主义相结合的。而帝国主义者则把民族主义作为侵略扩张的工具，把本民族的利益置于其他民族之上，鼓吹民族歧视，煽动民族仇恨，推行民族压迫的殖民主义和霸权主义。二者有本质的区别，岂能混为一谈。在有人攻击民族主义的时候，我们更应当警惕民族分裂主义和霸权主义的阴谋。在这个问题上，回顾台湾人民抗日斗争的历史，将给我们带来有益的启迪。

（写于 1997 年 3 月 20 日，刊于《台湾同胞抗日 50 年纪实》，中国妇女出版社，1998 年）

雾社 65 周年祭

去年年底，我们去台湾访问，有机会从中部横贯公路游览太鲁阁公园，本来到了大禹岭以后，要往北去梨山，可是我听说往南可以经过雾社，就请司机改道。能到雾社一游，对我来说，是一大幸事。因为我是研究历史的，十几年前写过一本《台湾历史故事》的小册子，其中就有《雾社深仇》一节，写的就是泰雅人抗日斗争的故事。后来四川有一位作者把它改编成电影剧本，寄给一个电影制片厂，结果连剧本也要不回来了。当然那都是过去的事了，现在我只想亲身经历一下我曾经神游过的地方。

雾社，现在的地名是仁爱。到了那里，司机还不停车，原来他知道我要看的是什么地方，便把车直接开到了纪念碑那里。是的，这正是我想要看的。一座白色的牌坊，中间写着"碧血英风"四个大字，那是陈诚所题。旁边有两副对联："百战忠魂千秋恨事，一朝义愤万古馨香"，"抗暴歼仇九百人壮烈捐生长埋碧血，褒忠悯难亿万世英灵如在永励黄魂"。我顾不得看完这些后人的题字，就一直冲上石阶，那上面有一座纪念碑："雾社山胞抗日起义纪念碑"。那次一共牺牲 900 多位泰雅人同胞，拉奥、拔沙奥、皮波·瓦里斯、皮波·萨波，还有花岗一郎、花岗二郎，他们都安详地长眠在这里。当年的血战早已成为过去，还有多少人能记得那灭族的深仇呢？哦，这里是莫那·鲁道（摩那·罗达奥）的墓。这位当年的领袖，到了最后的时刻，为了不让自己的尸体落入敌人手中，他独自走入深山，直到八年以后，人们才在人迹未到的岩窟中找到他的尸骨。现在他终于和他的战友、族人相聚在这里了。

凭吊了起义的英雄，我急忙去寻找当年的雾社公学校，起义就是在那里爆发的。就在纪念碑对面的斜坡下，有一所小学。我跑过去看了看，是一列新盖的平房，好像是教室，可是看不见人。原来的公学校可能已经找不到遗迹了。由于要赶路，我放弃了打听的念头，匆忙照了一张相就走了。

我很奇怪，在日本殖民统治下经过半个世纪的台湾，为什么有些人对日本的侵略、奴役已经淡忘？有人辩解说："本省人虽做日本的三等国民有五十年，受到严重的差别待遇与轻视，但大致尚能安居守业，对日本人也许怀恨不深"，而在大陆，受到日本的欺凌侮辱，无所不用其极，"侵占土地，屠杀人民，破坏主权，侮辱国格，个人则家破人亡，流离失所，其创深痛巨，超过亡国及做殖民地不知多少倍"。这显然是对台湾历史缺乏了解的表现。台湾沦为殖民地，台湾人民所受的痛苦怎么会不及大陆人民呢？不说别的，只要看一看雾社就可以了。这里我引用《雾社深仇》的两段文字："日本法西斯终于暴露出豺狼的嘴脸——他们竟然灭绝人性地使用毒气，十几架日本飞机接连地施放毒气。毒雾弥漫，白烟四起，在森林里，人们被毒气呛得喘不过气来，只得拼命地跑进山洞、岩窟。可是，山洞只能避开敌人的炸弹和炮火，却挡不住毒气的侵袭。老人和小孩在毒气的窒息下纷纷倒毙。母亲们抱着死去的孩子痛哭，不久，她们自己也被毒死了。有些人冒着毒雾从岩窟里冲出来，可是敌人早已封锁了通道，逃出来的人都被枪弹打死在山口。这是惨无人道的屠杀，雾社人民遭受到空前的浩劫，几百名群众被日本法西斯毒杀、枪杀在山林、岩窟之中"，"参加雾社起义的各个村庄都被放火烧毁，六百七十多个泰雅同胞遭到屠杀，幸存的五百多人被驱赶到西抱社等地。五个月后，日本侵略者又制造一次血腥的屠杀事件，就是所谓'第二次雾社事件'。二百多名手无寸铁的群众被杀害了，剩下的二百多人被赶到川中岛上。日本侵略者想用这种手段，把胆敢造反的'雾社番'消灭干净"。我也奇怪，为什么有些历史书对当年抗日的事件或是轻描淡写，或是只字不提了呢？我手头有一本刚刚出版的书，其中"台湾五百年大事记"一栏，不知是作者的疏忽还是有意的安排，那里面对日本侵占台湾时台湾人民反割让的武装斗争，几乎不曾涉及。值得台湾人民骄傲的徐骧、吴汤兴、姜绍祖、简大狮、柯铁、林少猫等抗日英雄，在他们心目中似乎已经不值得一提，雾社的英雄们当然也不在话下了。我发现有些主张"台独"的人，他们对台湾人民抗日斗争的态度还不如他们的前辈史明，史明在自己的书中还尖锐地揭露和抨击了日本的侵略和统治，表彰了抗日的义军。

我更奇怪，现在台湾有些人对当年日本的统治却"颇有好感"，连为他们辩护的人也觉得他们"给人以亲日的印象"。而另一些人则认为那是一种"媚日情结"，这是什么原因呢？辩解者认为从他们"在日人统治下长大，及在日本受教育的背景而言，并不足为奇"。最近还有人鼓吹日本统治台湾的"功绩"："日本政府有效统治达半个世纪之久，对台湾的影响至为深远，生活水准远高于骚乱的中国，这些因素皆有助于形成台湾人的'国家单位真实感'，总之，日本政府企图把台湾人变成日本人的努力虽然没有成功，但是却成功地使台湾人变得不象中国人。"我想，殖民者在任何殖民地总要培养一批效忠于他们的知识分子，这些人肯定对殖民者有好感。像王育德那样，在殖民地时代，当过"十足的日本人"，"体会到优越感"，所以他鼓吹在日本统治下，"台湾人就这样被强迫投入近代化社会，不管愿意与否，享受近代化的恩惠"。他的这种感情确实是"不足为奇"的，这些人和在日本统治下誓不低头的林献堂、蒋渭水、蔡培火、赖和等等当然没有共同的感情。日据时代一般知识分子，从小受的是日本教育，懂日文、日语，而不懂中文和普通话，他们对当年怀有特殊的感情，也是可以理解的，但是这种感情不至于导致至今还保留着"皇民意识"，以"不像中国人"而自豪，以致令人"有异样的感觉"。至于广大被奴役、被歧视的"二等公民"或"三等国民"及其后代，包括雾社的子孙在内，他们大概忘不了在日本殖民统治下"生为台湾人的悲哀"，很难培养出对殖民者的好感。我最奇怪的是，有些人不怪日本对台湾的侵占，只怪腐败的清朝当局割让台湾，不仅如此，他们还把对清朝的不满转嫁到今天的大陆，似乎台湾同胞沦为"亚细亚孤儿"的账要记在今天的大陆和中国政府的身上。于是有人说："中国历来对台湾的态度不是什么关心照顾，中国一向将台湾看作蛮夷岛"，"甲午战争中国战败，将台湾割让给日本，这造成台湾住民极大不满，怒责中国竟拿他们来做牺牲"。又有人说："被祖国出卖的台湾人，有什么资格自称中国人呢？"有人还庆幸台湾当年能够成为日本的殖民地，认为这样才使台湾建设成为近代化资本主义经济，成为与贫穷落后的中国迥然不同的社会，甚至认为，现在台湾的发展不如日本，因此，"台湾脱离日本的殖民地统治是祸是福颇值深思"，进而有人为第二次世界大战后台湾未能归并到日本而感到惋惜，有人主张台湾应当成为美国的第五十一州。我想，这些人是不敢站在抗日纪念碑前的，他们的"脱华论"和"反华情结"，也是绝大多数台湾同胞无法理解的。

今年是日本侵占台湾 100 周年，1930 年，当日本殖民者庆祝他们"平定"台湾 35 周年时，发生了"雾社事件"，至今整整 65 周年了。在回顾这段历史时，我想，时代在进步，我们不能只讲民族大义，还要讲两岸的共同利益，但是又不能不讲民族大义和全民族的长远利益。

当然我们不是狭隘的民族主义者，更不会把日本军国主义者的罪行转嫁在日本人民身上。但是，历史的教训仍然值得记取。所以在纪念雾社起义 65 周年的时候，我还要引用一段文字，表达对前人的哀思："白雾笼罩着群山，那山上的青松是历史的见证；浊水溪环绕着山脚，那溪水诉说着雾社人民的灾难。这深仇大恨，泰雅人永远记在心里。为了维护民族尊严而英勇牺牲的头人莫那·鲁道以及许许多多的泰雅人的优秀儿女，永远受到人们的怀念。"

（乙亥年正月初一写于厦门，刊于《台湾研究》1995 年第 3 期）

抗战胜利与"台湾光复"

今年是抗日战争胜利60周年，也是台湾光复60周年，在我们纪念这一伟大胜利的时候，明确二者的关系是十分必要的。

一、台湾光复与抗战胜利有没有关系？

国民党传统的说法也强调二者的关系，例如，何应钦在《八年抗战与台湾光复》一书中写道："过去几十年间，我们台湾同胞，前仆后继，反抗日人统治，是为了光复台湾归宗祖国；而我们全国军民，八年抗战，牺牲奋斗，也是为了光复台湾。这次对日抗战，我们中国牺牲无数军民的生命财产所得成果，到现在只剩下台湾。"现在，国民党主席马英九也指出："抗日战争的胜利和台湾的光复，是大陆牺牲3500万同胞，台湾牺牲65万同胞换来的。"

可是，日本人向来不承认战争的失败，他们说："我们败于美国的核弹。"台湾有人完全接受日本的观点，他们认为打败日本的"是美国而不是中国"，并且叫嚷："完全是因为美国打败日本，中国人一点功劳都没有。"

有人竟然还引用"数据"说：二战时日本军队死亡150万，其中120万是在太平洋战场上被美军歼灭的，在中国战场上日军只死亡3

万多人。

这完全不是事实。在第二次世界大战中,中国抗击时间最长,牵制和消灭日军最多。从1937年至1945年,盟国(中、苏、美、英四国)毙伤日军195万余人,其中中国战场毙伤133万余人,占日军伤亡人数的70%。日本投降时在华兵力约128万人,仅这一数字,就超过太平洋东南亚各战场日军的总和。中国对于第二次世界大战胜利所作出的贡献是不容忽视的。当年美国总统罗斯福就指出:"假如没有中国,假如中国被打垮了,你想有多少个师团的日本兵,可以调到其他方面来作战,他们可以马上打下澳洲,打下印度。"他还说,美国"忘不了中国人民在7年多的长时间里怎样顶住了日本人的野蛮进攻和在亚洲大陆广大地区牵制住大量的敌军"。英国首相丘吉尔也说:"如果日本进军西印度洋,必然会导致我方在中东的全部阵地崩溃。能防止上述局势出现的只有中国。"

有人强调美国的两颗原子弹和苏联红军出兵东北对于日本投降起了决定性作用,而忽视了中国军民所作出的巨大牺牲。美国历史学家孔飞力指出:"中国在二战中英勇无畏、果断坚决地抗击着日本法西斯主义的进攻。要是没有中国这个伟大的同盟国加入我们的阵营,抗击日本法西斯的战争将变得漫长得多,损失也将惨重得多。"英国《卫报》在一篇文章中指出:"如果不是中国付出2000多万人牺牲的代价,在亚洲战场拖住了日本军队,日本军队就会在中国战场迅速取得胜利后进攻苏联后方,并控制太平洋地区。没有亚洲盟国的抵抗,西方盟国将会付出更大的牺牲。"

在抗日战争中,中国人民付出了惨重的代价,有人把这一胜利说成是"惨胜",但是中国毕竟终于取得了胜利。"惨重的损失""巨大的牺牲"与"伟大的胜利"并不相悖,不能因为付出了惨重的代价而否定了胜利的事实。正是在抗战胜利的前提下,日本才不得不把被他们侵占了50年的台湾归还中国。胡锦涛在纪念抗日战争胜利60周年大会的讲话中强调："抗日战争的胜利，结束了日本在台湾50年的殖民统治，使台湾回到祖国怀抱。""台湾光复"是抗战胜利的结果，这是不容否定的。

二、台湾光复与台湾民众有没有关系？

有人认为说"抗战胜利"和"台湾光复"就会把功劳归于国民党，归于大陆，而与台湾民众则没有关系，这是一个很大的误会。

是的，在抗日战争时期，台湾民众的处境不同，有的参加抗日，有的加入日本的军队，有的是在日本统治下的一般平民，有的则是日本人的"协力者"，怎样看待他们在抗日战争和台湾光复过程中的地位和作用，似乎需要进行一番考察和分析。

1. 参加抗日的人士，包括前来参加大陆抗战的台胞，他们为抗战作出了重大贡献，这是毫无疑义的。但是，实际上台湾参加抗日的不仅是这一部分人，50年来台湾的抗日，有数十万人牺牲，他们也为抗战的胜利和台湾的光复作出了贡献。马英九说："在缅怀台湾先烈先贤光荣事迹的这一刻，我们对于台湾光复以前所有反抗殖民统治的民族英雄，必须予以肯定，并矢志继承。"

2. 没有直接参加抗日的台湾民众，同样作出了牺牲。台湾民众在日本殖民统治之下，遭受"亚细亚孤儿"的命运，他们更应当得到人们"同情的理解"。他们的处境与大陆沦陷区的民众有些相似：无法参加抗日活动，但也不愿当顺民，只好忍气吞声地等待日本的失败，两岸同胞都因祖国的不幸而承受了苦难。不过，与大陆沦陷区相比，台湾同胞受苦难的时间更长。

3. 那些在日本统治下出来担任一些下层职务的人，他们一方面为日本人工作，一方面为台湾人说话，暗中却祈求日本早日战败，台湾回归祖国，这些人似乎不能简单地一律归入敌人的阵营，应当进行具体分析。

4. 加入日本军队的先住民和其他"台籍老兵"，"在战争中面对死亡和困境，是人生最奇特的经验，而他们在太平洋战争中被当时的日本政府用来打中国人，战后又被国民党政府征调到中国打中共"。实际上他们也是日本军国主义发动战争的受害者。

5. 少数日本殖民统治的"协力者"和亲日派，他们站在日本殖民者的立场上，为虎作伥，理应受到道义的谴责。

总之，除了极少数亲日派以外，绝大多数台湾同胞和大陆同胞一样，都为抗日战争的胜利和台湾的光复作出了贡献或牺牲。在纪念抗日战争胜利60周年的时候，我们对于部分台湾同胞由于处境的不同，而产生的复杂心态，应当从特定的历史背景下进行考察。两岸同胞需要"同情的理解"，设身处地了解对方，互相包容，一同向前看，逐渐凝聚共识，共谋祖国统一，振兴中华。

(《学习时报》2005年10月)

台湾英烈永垂青史
——评电视专题片《台湾往事》

由中国华艺音像实业有限公司、中华全国台湾同胞联谊会、台湾夏潮基金会联合拍摄的 8 集电视专题片《台湾往事》，已经由中央电视台正式播出。这部电视片以客观平实的手法，再现了日本侵占台湾和台湾人民抗日斗争的历史，对于人们了解这一段的真实历史是很有帮助的。

早在 1979 年，当时台湾省籍的"党外""立委"黄顺兴先生在质询时就讲过这样一段话："本席深觉发扬我台胞传统之爱国精神，实为刻不容缓之民族精神教育的课题，并本席认为今日台湾尚多昔日'皇民'之纪念物，而无台胞抗日之隆重纪念亦为现下民族精神堕落之原因。"现在，20 多年过去了，情况却更加严重了。台湾有一些人故意制造历史的"失忆"，一方面极力淡化、抹杀台湾民众抗日斗争的光辉历史，一方面大肆为日本统治台湾歌功颂德，企图煽起"反中亲日"的情绪，为分裂主义的政治目的效力。

《台湾往事》正是为台胞抗日建造一种新的"纪念物"，让台湾同胞不忘先人的抗日业绩，不忘日本侵略所带来的灾难，还它一个真实的历史！

台湾同胞本来并没有忘记

我们在电视片中可以看到，至今在屏东县牡丹乡还保留着"石门古战场"的遗迹，再现了当年乡民用石头抗击日军的动人场景。还可以看到在台北县贡寮乡当年日军登陆的地方竖立的"盐寮抗日纪念碑"，在台北县树林镇的"乙未抗日先烈树林十三公墓"，在桃园县龙潭乡的"七十三公墓"。在苗栗县头份镇，有一座"杨统领庙"，祭祀的是一位当年抗日牺牲的新楚军将领杨再（载）云。在彰化县八卦山上，有"乙未年抗日烈士神位"，还有义军首领吴汤兴的衣冠冢。在云林县大坪顶有柯铁领导的"铁国山"抗日义军的遗迹，台南县玉井乡西来庵有"抗日烈士余清芳纪念碑"和昭忠祠，南投县有1930年雾社抗日起义的"雾社山胞抗日起义纪念碑""莫那·鲁道纪念公园""余生纪念碑"，当然还有"抗日战争胜利暨台湾光复纪念碑"。

原来台湾还保留着这么多抗日纪念碑，如果不看这部电视片，一般人是不会知道的，就连长期生活在台湾的人也不见得都很清楚。其实，在台湾还有一些抗日纪念碑，例如，苗栗市的福星公园内有一座"罗福星烈士革命事迹碑刻"；南投县还有"雾社起义战殁者纪念碑记"；新竹县北埔乡有"烈士姜绍祖先生成仁纪念碑"；还有"复中兴会烈士纪念碑"，纪念1907年以蔡清琳为首的一百多名烈士；台中县丰原市有"先贤丘逢甲先生誓师抗日碑"等等。

如果查阅台湾光复后编修的方志，就会发现那里保存着许多抗日史料。例如，《彰化县志稿》有"余清芳等革命事件本县人士列传"，记载了这个事件中牺牲的彰化县39位烈士的事迹；《苗栗县志》有罗福星等86位烈士的事迹；《云林县志稿》有"云林武装抗日运动"等记载。

以上事实说明，在经历过日本统治之后，光复初期台湾同胞并没有忘记台湾先烈的抗日事迹，他们通过树立纪念碑，编撰地方志书，极力要把这一段令人难忘的历史保留下来，让自己的子孙后代永志不忘。可是，近些年来有些人已经有意无意地把它遗忘了。《台湾往事》正是继承了抗日台胞的遗愿，再一次提醒人们：前事不忘，后事之师。

台湾人可以引以为荣

《台湾往事》歌颂了台湾抗日的先辈，他们以自己的英雄气概和爱国精神，抗击外侮，永不屈服，这些可歌可泣的光辉业绩，给台湾历史写下了光辉的篇章，台湾同胞是可以引以为荣的。

全台义军统领丘逢甲，各地义军首领姜绍祖、吴汤兴、徐骧、苏力，号称"抗日三猛"的义军领袖简大狮、柯铁、林少猫，都是台湾英烈的优秀人物。他们为了抵抗日本的侵占，领导民众英勇奋战，有的牺牲在战场上，有的被捕而英勇就义，丘逢甲在十分艰苦的条件下坚持斗争，终因战败内渡大陆，也受到后人的肯定。和他们并肩作战的有大陆籍将领刘永福、吴彭年、杨载云等人，台湾人民也不忘记他们的抗日业绩。

在日本占领台湾以后的武装抗日斗争中，罗福星与苗栗县的烈士们，是在中华民国建立的形势鼓舞下发动起义的。"西来庵事件"中的余清芳、罗俊、江定以及慷慨就义的900多名烈士，日本人把他们称为"匪"，尽管他们多是农民，受到近百年前历史的局限，只能用迷信的方式发动群众，可是他们却是真正的爱国者，他们公然提出"恢复台湾"的口号，向殖民者展开殊死的斗争，"台湾抗日英烈"他们当之无愧。

日据时代最后一次大规模的抗日武装斗争发生在雾社。以莫那·鲁道为首的泰雅人，对日本殖民者发起袭击，遭到残酷的镇压，几乎陷入灭族的境地。70多年之后，我们在电视片中看到莫那·鲁道的遗骸、听到他的孙女和族人平静的诉说，当年泰雅人英勇抗日的情景似乎又出现在我们的眼前。

台湾民族运动的领袖人物林献堂、反抗殖民统治的先驱者蒋渭水、台湾新文学运动的旗手赖和、台湾文坛的斗士杨逵、《台湾通史》的作者连横，以及谢雪红、叶陶等杰出女性，他们在台湾沦为日本殖民地的艰苦条件下，仍然以各种方式进行抗日斗争，赢得了台湾民众的崇敬和爱戴。

还有许许多多参加抗日武装斗争，参加台湾议会设置请愿、台湾文化协会、台湾新文学运动以及"工友会""蔗农组合"的台胞们，尽管无法一一提到他们的名字，但他们的事迹已经融化在"台湾抗日英烈"的集体活动中，在《台湾往事》中得到应有的肯定。这是可以告慰于台湾抗日先辈的。

唇齿相依　荣辱与共

台湾为什么会割让给日本？《台湾往事》提供的答案是：第一，日本侵占台湾是蓄谋已久的事，从牡丹社事件就开始了，当然其中还有复杂的阴谋与策划的过程。第二，清政府腐败无能，甲午战败，被迫只能在"允"或"不允"中选择，终于签下丧权辱国的《马关条约》。处在弱国的情况下，两岸同胞的"上书""请愿"已经无济于事，只能眼睁睁地看着台湾被日本侵占。

在台湾沦为殖民地之后，大陆也陷入被列强瓜分的困境，接着是推翻清朝的革命，又是军阀混战的乱局，八年抗战，大陆已经自顾不暇，帮不了台湾。只有到了抗日战争的胜利，台湾才能回归祖国。

《台湾往事》第8集有这样的场面：在日本投降以后，1945年9月2日，在东京湾的美国军舰密苏里号上，举行日本正式投降签字仪式；9月9日，在南京陆军总部大礼堂，举行中国战区日本投降签字仪式；10月25日，在台北市公会堂举行中战区台湾省受降仪式。这说明先有世界反法西斯战争的胜利、中国抗日战争的胜利，然后才有台湾的光复。中国人民，包括台湾人民在内，都为反法西斯战争、抗日战争、台湾光复付出了沉重的代价和巨大的牺牲，作出了巨大的贡献。

中国大陆和台湾唇齿相依，荣辱与共。祖国的贫穷、落后，导致两岸人民沦入屈辱的境遇，骨肉分离；只有祖国的繁荣富强，才能使两岸人民永远摆脱被殖民、被奴役的命运，实现中华的振兴。这可以说是《台湾往事》给我们留下的历史记忆。

(《人民日报》海外版2003年9月16日)

血浓于水

大家知道，台湾与福建的关系十分密切。台湾人的祖先多数是从福建移民过去的。至于台湾与厦门的关系如何，是不是比任何地方都要密切，这就未必众人皆知了。回顾一下历史上厦门与台湾两地之间的相互关系，总结一下近十年来的两地关系，也许对于进一步发展两地或两岸之间的关系有所裨益。

一衣带水

厦门到台湾有多少距离？打开福建省地图，可以看到这样的数字：从厦门到高雄165海里（306公里），而从厦门到福州则有201海里（372公里）。至于从厦门到澎湖就更近了，只有102海里（189公里）。厦门到台湾比到本省的省会还近，所以，自古以来，两地的地方志书都记载了相互间在地理上的关系。早期的《鹭江志》就说："鹭岛距同邑七十里，四面环海，为漳泉之咽喉"，"台澎之门户，诚海疆要地也"。《厦门志》也说："厦门东抗台澎，北通两浙，南连百粤"，"厦门重镇海口，控制台澎，声援联络，舟师商舶往返不停"。《台湾府志》则说："（台湾）与泉州府同安县之厦门，东南斜对"，"台湾附近闽南，俨如屏障"。

厦门到台湾的航程，古代是以"更"为单位来计算的，一日一夜定为十更。"台湾至澎湖五更，澎湖至厦门七更"，厦门去台湾只要一天多的时间。在顺风的情况下，"自澎往厦，悉以黄昏为期，越宿而内地之山隐现目前"。如果风不顺，从台湾到澎湖就要一两天，到厦门就更慢了。《裨海纪游》记载了这样的情形："海舶已抵鹿耳门，为东风所逆，不得入；而门外铁板沙又不可泊，势必仍返澎湖；若遇月黑，莫辨澎湖岛屿，又不得不重回厦门以待天明者，往往有之矣。"可见，即使受到自然气候的影响，退回厦门，再次出发还是可以的。到了近代，"轮船不需一昼夜可达"，来往就更加方便了。

可是，政治气候的影响却要严重得多。清朝曾经禁止或限制大陆人民渡台，那时偷渡台湾就要冒很大的风险，不少移民在渡台的途中遇难。到了日据时期，两地人员的往来也受到各种限制，大陆向台湾的移民便中断了。日本投降以后，在短短的4年中，两地人民恢复了比较密切的往来。不久，联系又中断了。在改革开放之前的30多年中，两岸处在互相隔绝的状态，一衣带水的海峡成为难以逾越的天堑。直到今天，两岸还没有直接通航，从台湾到厦门，要经过香港转机，票价要17000元新台币；如果能够直航，4000多元就行了。至于海上通航，那就更不用说了。

一衣带水，是近是远，两地人民都有最深切的感受。

闽海雄风

在厦门可以看到许多古代留下的石刻，例如，南普陀寺有一方石刻，上载："万历辛丑四月朔，三山陈第、宛陵沈有容同登兹山，骋望极天，徘徊终日。"这里写的是将近400年前的事，1601年陈、沈二人来到南普陀，过了两年，他们一同前往澎湖、台湾，陈第写出了《东番记》。1604 年，沈有容带兵到达澎湖，责令荷兰侵略者撤走，在马公岛上留下了"沈有容谕退红毛番韦麻郎碑"。

此外，在鸿山寺有石刻："天启二年十月二十六等日，钦差镇守福建地方等处都督徐一鸣，督游击将军赵颇、坐营陈天策，率三营浙兵把总朱梁、王宗兆、李知纲等到此攻剿红夷。"虎溪岩的石刻："天启癸亥年十一月廿日，广陵朱一冯以督师剿夷至。"白鹿洞的石刻："天启癸亥冬晋阳赵纾督征到此。"这里讲的是公元 1622 到 1623 年的事，那时，荷兰侵略者侵扰澎湖和福建沿海一带，明朝官兵前来厦门抗击入侵者，这些石刻便是历史的见证。

再看鼓浪屿日光岩水操台的石刻："闽海雄风"。这是后人对郑成功叱咤风云于台湾海峡，坚持抗清驱荷事业的缅怀和纪念。在厦门，你可以看到郑成功的巨大塑像屹立在海边，郑成功纪念馆陈列着当年郑军挥师东征时的战舰和武器，水操台、演武池、读书处、嘉兴寨、延平故垒处处留下了这位民族英雄的遗迹。在台湾，你也可以看到延平郡王祠，人们也称它为"开台圣王庙"，此外也有很多郑氏时代的遗迹，人们不仅纪念郑成功收复台湾，而且颂扬他开发台湾的历史功绩。应当提到，对台湾开发作出显著贡献的陈永华，就是同安人。

在郑氏时代，厦门和台湾的关系更加密切。近人周振甫的诗写道："赤嵌城头赤帜飘，延平晚岁建功高。日光岩上天风急，似听军声十万潮。"赤嵌城在台湾，日光岩在厦门，当年的厦门正是郑成功率师东征、收复台湾的基地。郑氏把厦门称为思明州，而在台湾则设立了天兴州和万年州，这是郑氏管辖下仅有的三个州（金门称为所）。金厦和台澎是郑氏的两翼，尤其是厦门和台湾作为郑氏坚持抗清斗争的根据地，互相呼应，在历史上发挥了显著的作用。

台厦一道

大家都知道，清朝取得台湾以后，设立了台湾府，归属于福建省。可是，当时在省和府之间，还有一级行政机构，叫做"道"。最初管辖台湾的不叫"台湾道"，而叫"台厦道"。《台湾府志》写道："分巡台湾道一员，兼督船政。旧为台厦兵备，雍正六年改。"这句话需要说明。台湾道原来称为"台厦兵备道"（康熙二十三年，1684年），后来改为"台厦道"（康熙六十年，1721年），最后才改为"台湾道"（雍正六年，1728年）。这时由兴泉水道移驻厦门，两地的行政编制才分开了。这就是说，从1684年到1728年的44年间，厦门和台湾是属于同一个行政单位的，这样密切的关系，当然是别的地方所没有的。

在历史上当过台厦道台的只有11人，其中比较著名的有主持纂辑《台湾府志》的高拱乾和受到台湾人民爱戴的陈璸。

两地关系的密切，主要表现在移民和贸易往来上面。厦门从什么时候开始向台湾移民，没有确切的记载，可是从族谱资料可以看到，早在明朝后期，同安县就有陈、林、李、王、吴、蔡、许、庄、赵、卢、杜、颜、柯、方等姓人民移居澎湖，后来移民台湾。清代以后，移民就更多了。

在相当长的时间内，从大陆到台湾，需要进行偷渡，而厦门则成为偷渡的主要通道。《台海使槎录》指出："偷渡来台，厦门是其总路。又有自小港偷渡上船者，如曾厝垵、白石头、大嶝、南山边、镇海、岐尾。"这些小港也都在厦门附近。很多台湾人的祖先就是从厦门渡海，进入台湾的。

早期著名垦主王世杰就是同安人，他曾经回到家乡，招募乡民100多人前往台湾开垦，"为田数千甲，岁入谷数万石"，雄踞一方。同安籍移民对台湾开发也作出了贡献，至今在台北、台中、台南以及彰化、南投还留下了同安里、同安村、同安厝、同安寮的地名。清代早期著名的"林成祖"垦号，也和厦门有关。根据保存下来的一份合同，可以看出，有林天成、陈鸣林、郑维谦三人合股开发兴直庄的土地，其中林在淡水，而陈、郑都在厦门，这两人应当算是"不在地主"，只是出资，并没有直接插手经营。

整整100年的时间（1684—1784年），厦门和台湾的鹿耳门是两岸仅有的一对对渡口岸。清朝当局规定："商船自厦来台，由泉防厅给发印单，开载舵工水手年貌，并所载货物，于厦之大嶝门，会同武汛，照单验放；其自台回厦，由台防厅查明舵水年貌及货物数目，换给印单，于台之鹿耳门，会同武汛，照验出口。"

长期以来，福建缺粮，需要台湾接济，而台湾的饷银却要由福建提供。所以，在台湾建省前几年，沈葆桢还以"闽省向需台米接济，台饷向由省城转输"为理由，说明台湾暂时无法和福建分治。福建民间需要依靠台湾的粮食，同时，福建向台湾采购粮食也对台湾经济发展有促进作用。当福建暂时不向台湾购粮时，台湾道徐宗干曾经奏称："不食台米，则台米无去处，而无内渡之米船；无内渡之米船，即无外来之货船。往年春夏外来洋圆数十万，今则来者寥寥无几，已数月无厦门口商船矣。"厦门商船不来，台湾经济就发生困难。

除了民间食粮以外，福建的军粮也由台湾的田赋提供。商船去台湾贸易，必须配运兵谷、兵米，这叫做"台运"，它成为当年厦门地方的要政之一。《厦门志》第六卷专门写厦门与台湾之间军粮运输，称为"台运略"，这在其他地方志中也是少见的。

两地的贸易主要由"郊商"经营，台湾有"厦郊"，专门从事对厦门的贸易；厦门也有"台郊"。清代鹿港一地就有厦郊100多家。厦郊又称"下郊"，包括厦门、同安在内。咸丰三年台北地区发生"顶下郊拼"，就是以厦门、同安为主的"下郊"，联合漳州籍民众，与由惠安、晋江、南安、安溪籍民组成的"顶郊"之间的械斗。这次事件以后，同安籍的林佑藻率领乡人来到大稻埕，在那里立足、发展。后来，这个地方成为厦门的茶商和茶叶工人聚集的场所，在今天台北的迪化街，还可能流传着一些当年的故事。

御制龟碑

地理上的接近，有助于两地的交往与合作，同时也容易导致矛盾和冲突，再加上统治阶级从中利用，两地间的不愉快事件就难免发生。

康熙末年，台湾朱一贵起义时，清朝当局更加重视厦门对于台湾的重要战略地位。蓝鼎元是南澳总兵蓝廷珍的幕僚，他建议："控制台湾，惟厦门最为扼要。形胜所在，便于指挥"，"台湾机括全在厦门，不但咽喉控扼，且信息易通，一切呼应便捷，宜兼程赴厦，驻扎弹压"。果然，闽浙总督觉罗满保也认识到"厦门为控制全台咽喉"，因而坐镇厦门指挥一切。于是，与台湾一衣带水的厦门便成为清廷镇压台湾人民起义的基地。

《厦门志》卷一有"御制碑文"一项，所载全是有关"剿灭"台湾林爽文起义的事。同样，我们在南普陀大雄宝殿前面的走廊两侧，可以看到八块石碑，原来这些石碑是放在南普陀东侧八块石龟背上的，后来才移到寺内。这些石碑上刻的就是"御制碑文"。这是乾隆皇帝为了颂扬他的"十大武功"之一——"平定台湾"而特别制作的。这种石碑一共有三套，分别竖立在热河太庙、台湾府城和厦门。同样的龟碑，现在还保存在台南的赤嵌楼中。为什么有关台湾的碑刻要放在厦门呢？主要是因为厦门是清廷"平定台湾"的基地，闽浙总督坐镇厦门指挥镇压，清方派去的军队也由厦门等地渡台，从而说明了当年厦门与台湾另一层的关系。当然，这是清朝统治者的所为，和厦门人民没有关系。乾隆末年，同安人陈苏老、苏叶等组织天地会（在台湾起义的陈周全，就是在同安加入天地会的），反抗清廷的统治，也一样受到了镇压。

唇齿相依

早在鸦片战争以前，英国就准备占领厦门，以便控制整个福建和台湾。战争发生以后，英国先后攻打厦门和台湾。从此，在整个近代史上，厦门和台湾一再成为外国侵略者的目标。1841年8月，英军曾经占领厦门，接着，便向台湾鸡笼进袭，被当地守军打退。中法战争时期，法军进攻福州马尾以后，立即进攻台湾。福建方面以兵力、武器、军饷援助台湾，其中有不少是从厦门运去的。例如，光绪十年十一月初九，"厦门叶文润电，代汇津饷五万两已到台北，闽饷存厦十余万汇解亦完，省再拨十万"；十二月底，闽浙总督杨昌浚奏称："经由省厦设筹汇解，并由台汇，由省厦拨还，总共解银五十八万余两。"七月初九，"厦门来电，前解省毛瑟枪二千支，并哈乞开思枪三百支，同到淡水交收"。在反对日本占领台湾的斗争中，义军首领简大狮、林少猫等人都曾经来厦门采购、收集枪支弹药，以利再战。厦门和台湾患难与共，唇齿相依，共同的命运使两地更紧密地联系在一起。

厦门是五口通商的口岸之一，早在19世纪40年代就开港了。台湾的安平、打狗、基隆、淡水也先后在19世纪60年代开港。我们从厦门海关历任税务司的报告书上，可以看到这样的记载：

"台湾的所有商行都是厦门商行的分行。"（1873年，休士）

"由于厦门所处的有利位置，台湾的通商口岸对厦门处于附属的地位。"（1876年，康发达）

"就台湾茶的贸易而言，本口岸是它的总的贸易中心。"（1878年，穆和德）

"厦门的出口贸易几乎完全是在本口岸与台湾之间进行。本口岸与台湾岛有着密切的商业联系。"（1881年，吴得禄）

"台湾茶叶贸易一直是经由本口岸进行的。"（1882年，劳思）

这是当时外国人对厦门与台湾关系的看法，至少可以说明两地在经济上的相互关系。

不仅如此，在台湾建省的过程中，厦门也起了一定的作用。建省中的一大问题是经费困难。清廷决定由福建省每年拨给44万两白银予以资助，其中24万两由闽省各库协饷，另外20万两由厦门海关在四成洋税项下拨付。连续5年，一共拨了220万两，其中厦门承担了100万两。当年厦门并不"阔"，人均GNP可能不及几十美元，竟然能够掏出腰包资助台湾建省，从今天看来，还有点不可思议。可能清廷有鉴于此，台湾和福建分治以后，台湾的省长不称为台湾巡抚，而称为"福建台湾巡抚"，以表示二者之间不可分割的脐带关系。

唇亡齿寒

1895年台湾被日本侵占，长达50年之久。厦门、福建也成为日本台湾总督府的"对岸政策"的主要对象，划归他们的"势力范围"，加紧进行侵略。1938年，厦门沦陷，在日本统治下也有7年的时间。

在这个时期，两地发生了不少不愉快的事，这主要是由日本侵略所造成的。

日本企图在厦门设立"日本专界"，1900年又制造"厦门事件"，派兵登陆。接着，利用"台湾浪人"作为渗透和侵略的急先锋，在厦门干了不少坏事。"十八大哥""青龙会"都是日本的爪牙、扰乱厦门社会的害虫，挂着"日本籍民"招牌的住宅，让厦门人民不敢轻易靠近。沦陷期间，一度盛传伪厦门市府将划归台湾总督府管辖，其主要官员则多是台湾人。他们依仗权势，欺压人民。至今在鼓浪屿日本领事馆旧址的地下室里，还可以看到当年被关押在"活地狱"中的人们留下的字迹："水蛙发四月□日押送台湾"，"昭和十四年五月十五日送台湾法院周国流定罪七年"。

但是，在厦门的7000多名台湾同胞，多数是有正当职业的，不少人对甘当日本走狗的害群之马也恨之入骨，认为是"好人被歹人累"。还有一部分先进分子，先后成立抗日组织，发起抗日运动。"台湾尚志社""中国台湾同志会""闽南台湾学生联合会""台湾同胞抗日复土总联盟"都是在厦门建立和开展活动的。在沦陷期间，"台湾革命青年大同盟"还和"厦门青年复土血魂团"相配合，散发抗日传单。有的台湾同胞还参加血魂团，参与袭击日本侵略者的行动。

人员对流

台湾光复以后，两地人民恢复了相互往来。在短短的 4 年中，两地的商业贸易、物资交流、邮电交通、金融汇兑以及文化教育等方面的关系，有了相当大的发展。我想仅就两地间人员的交往提供一些情况。

1945 年 10 月，台湾行政长官陈仪就以"语言接近"为由，表示要在福建招聘人才。接着，又委托厦门市政府招聘国语教师。后来各行各业都需要人才，厦门大学就有不少毕业生赴台就业。与此同时，台湾也有不少学生前来厦门大学就读。于是，形成了一股人员对流的浪潮。

以厦门大学为例，1945—1949 年的毕业生，大约有近 500 名前往台湾工作，这在全国各校是少有的。1947 年有一位校友报告说，已经有二三百名厦大校友来到台湾。"我们播遍了全岛，大家努力着，苦干着。我们值得自己最大的安慰，那就是每个校友在各地工作，都给予当地的人民十二万分好感。台湾语是说'有人气'，'风评好'，'真优秀'。"他们在台湾从事电力、电信、公路、铁路、港务、资讯、水利、水泥、钢铁、造船、石油、化工、肥料、粮食、财税、保险、银行、糖业、专卖以及教育等专业的工作，为近半个世纪台湾的建设事业奉献了自己的一份力量。1992 年我访问台湾，旅台校友会宴请我们时，有一位学长说，我们都是勤勤恳恳地为台湾工作，没有任何人做过乌七八糟的事，这是可以告慰于母校的。这句话给我深刻的印象，我把它传达给了广大的校友。

1945—1948 年从台湾来厦门大学就读的学生，根据不完全的统计，大约有 50 名。他们多数选了政治、经济、外文、机电等系。这些台湾同学也都为祖国大陆的革命和建设事业作出了自己的贡献。其中有和我同届、新近当选为全国政协副主席的张克辉，当年的名字是"张有义"。在同届同学中，还有台湾著名的郭婉容女士。在我们同学保存的学生名册中就有她的名字，而且还编上了学号："2100 郭婉容 Guo Wanrong 经保（台）"，说明她是台湾的保送生，选的是经济系，可是她并没有来注册。据说郭女士还谈起过这件事，并且开玩笑地说，她差一点就成了"共干"了。这是在一个特殊时代留下的特殊记忆。

山重水复

由于众所周知的原因，两岸隔绝了几十年。那时，厦门成为对台斗争的前哨，台湾成为"反共复国"的基地，两地关系跌落到谷底。历史是复杂的，不能用线性的、简化论的思维方式来对待。一衣带水就必然关系密切，关系密切就必然团结友爱，事情绝对没有这么简单。有人想尽量强调两地关系中的密切、友好的一面，不提不愉快的过去，不讲两地的差异性，似乎这样就有利于关系的发展；有人却强调两地的差异性，淡化或抹杀两地关系的历史，强调台湾的特殊性，似乎这样就可以割断联系。这都不是实事求是的态度。

"山重水复疑无路，柳暗花明又一村。"改革开放与和平统一的方针，迎来了两岸关系的新时代。

厦门，这个距离台湾最近的城市，成为台胞进出最多的口岸之一，台商投资的热点之一，两岸试点直航的城市之一，台湾同胞最早前来访问的城市之一。这表明两岸关系不是从头开始，而是在旧有的基础上恢复和发展,历史的传统的因素,仍然发挥着作用。

最早前来祖国大陆访问的台湾《自立晚报》记者李永得、徐璐写道:"当我们抵达厦门后,看到与台湾乡村一模一样的四合院建筑,以及几乎相同的闽南话,才真切的感受到了这条源远流长的脐带。"尽管当时他们对祖国大陆还十分生疏,对许多现象还很难理解,但是,他们毕竟摸着了"脐带",这说明"脐带"本身有着惊人的力量。十几年过去了,两地人民彼此都更加互相了解,不论客观的差距,还是主观的认知都有不小的缩短,彼此的认同感都增强了。两地人民交友、通婚,亲密往来已经相当普遍。当然,差异仍然存在,有差异就有矛盾,这是不足为奇的。几十年的隔阂不是短期内所能消失的,"相逢一笑泯恩仇"也把困难估计得过低一些。但是,毕竟血浓于水,骨肉同胞,手足兄弟,为了中华民族的振兴,为了两岸人民的共同利益,两岸携手并进的日子不会太遥远。

(写于 1998 年,作为唐次妹著《厦门与台湾》一书的代序,鹭江出版社,1999 年)

《台湾历史纲要》的学术特色

根据《台湾历史纲要》编委会的要求，本书应当实事求是地正面地阐述台湾历史的发展进程，力求客观地反映历史的真实，为读者提供一部比较简明扼要、通俗易懂的学术性的台湾史著作。本书从早期的台湾写到1988年初，全书共七章。现在我向各位介绍《台湾历史纲要》（以下简称《纲要》）的一些特色。

台湾是中国的领土，台湾人民是我们的骨肉同胞，长期以来台湾历史的发展和全国（特别是福建）有着密切的关系，台湾历史是中国历史的一个组成部分。台湾历史和全国的历史有共同性，但作为一个地区，台湾历史也有其特殊性。如果只强调共同性，而忽视其特殊性，就不能正确地认识台湾的历史，也不能正确地认识台湾的现实；如果只强调其特殊性，而忽视了共同性，就不能正确地认识历史上的两岸关系和当前的两岸关系，也无法正确地认识和对待台湾的前途问题。注意体现历史的共同性和特殊性，这是本书的一个重要特色。

其次，《纲要》以台湾人民为主体，着重写台湾人民的历史，写人民的生息、开发、交往、抗争的历史。对台湾人民（包括大陆移民和土著居民）在台湾开发和经济发展上的贡献，反抗封建统治和抵抗外国侵略的斗争等方面都给予充分的肯定，对在日本殖民统治下台湾人民的处境和心态给予同情的理解，对当代台湾工人农民在经济发展过程中作出的贡献和牺牲、中小企业的作用都给予应有的肯定。

再次，《纲要》既写了台湾政治的发展历程，也用相当篇幅对各个历史时期的经济状况和社会状况作了较为具体深入的分析。这不仅有助于读者了解台湾历史的发展进程和重大事件；而且有助于了解台湾各个时期经济的发展水平、台湾人民在开发台湾和经济发展中的作用、台湾经济发展与大陆的关系以及与外国的关系；也有助于了解台湾各个时期的社会结构、相互关系、社会矛盾及其演变，台湾社会和大陆的密切关系等等。台湾主要是由大陆移民，特别是福建、广东移民进行开发的，所以，台湾和大陆，特别是福建的关系相当密切，这在本书中也有一定的反映。

此外，本书采用正面阐述的方式，没有直接针对不同的论点进行辩驳，但通过这些正面的阐述也可以澄清一些似是而非的观点，把被某些人歪曲的历史纠正过来，还台湾历史以本来的面目。

本书是由几位大陆学者共同撰写的，他们对所撰写的部分都有专门的研究，发表过不少论文或专著，因此能够提出自己独到的见解，其中有的已为海内外学术界所引用。作者还注意吸收全国（包括台湾）学术界的研究成果，在写作过程中查阅了大量历史文献、档案资料和学术论著，引用的书刊就有300多种。本书作为中国大陆学者研究台湾历史的一个成果，希望能够引起两岸学术界的共同讨论，促进学术交流。

（1996年在北京举行的《台湾历史纲要》首发式上的发言）